T0179564

Contemporánea

Federico García Lorca nació en Fuente Vaqueros (Granada) el 5 de junio de 1898, y murió fusilado en agosto de 1936. A partir de 1919 estuvo en Madrid, en la Residencia de Estudiantes, conviviendo con parte de los poetas que después formarían la Generación del 27. Se licenció en derecho en el año 1923 en la Universidad de Granada, donde también cursó estudios de filosofía y letras. Viajó por Europa y América y, en 1932, dirigió la compañía de teatro La Barraca. Sus obras poéticas más emblemáticas son el *Romancero gitano* (1927), donde el lirismo andaluz llega a su cumbre y universalidad, y *Poeta en Nueva York* (1940), conjunto de poemas adscritos a las vanguardias de principios del siglo xx, escritos durante su estancia en la Universidad de Columbia. Entre sus obras dramáticas destacan *Bodas de sangre*, *La casa de Bernarda Alba* y *Yerma*.

Víctor Fernández (Barcelona, 1975) es periodista, escritor, comisario de exposiciones y jefe de Cultura en Cataluña del diario *La Razón*. Ha editado, entre otros libros, *Cartas de Vicenta Lorca a su hijo Federico* (2008) y *Querido Salvador, Querido Lorquito* (2013). En Debolsillo, ha tenido a su cargo la edición de *Romancero gitano*, *Bodas de sangre*, *La casa de Bernarda Alba* y *El maleficio de la mariposa*.

Jesús Ortega (Melilla, 1968) es escritor y gestor cultural en el Centro Federico García Lorca. Es autor de los libros de cuentos *El clavo en la pared* (2007) y *Calle Aristóteles* (2011) y del ensayo *Proyecto Escritorio* (2016). Junto con Víctor Fernández, ha editado *Impresiones y paisajes* (2018) de Federico García Lorca. Su último libro es *La caja de alegría. Federico García Lorca en la Huerta de San Vicente* (2020).

Federico García Lorca

De viva voz

Conferencias y alocuciones

Edición a cargo de
Víctor Fernández y Jesús Ortega

DEBOLS!LLO

Papel certificado por el Forest Stewardship Council®

MIXTO
Papel procedente de
fuentes responsables
FSC® C117695
www.fsc.org

Penguin
Random House
Grupo Editorial

Primera edición: enero de 2021
Primera reimpresión: marzo de 2021

© 2021, Penguin Random House Grupo Editorial, S. A. U.
Travessera de Gràcia, 47-49. 08021 Barcelona
© 2021, Víctor Fernández y Jesús Ortega,
por la cronología, la compilación y la introducción
Diseño de la cubierta: Penguin Random House Grupo Editorial / Sergi Bautista
© Alfonso, VEGAP, Barcelona, 2020, por las imágenes de la cubierta

Printed in Spain – Impreso en España

ISBN: 978-84-663-5060-0
Depósito legal: B-14.532-2020

Compuesto en Comptex & Ass., S. L

Impreso en Liberdúplex
Sant Llorenç d'Hortons (Barcelona)

P 3 5 0 6 0 0

Índice

CONFERENCIAS

HOMENAJES

APUNTES Y FRAGMENTOS

Nota sobre la edición y un comentario

Lorca era un seductor irresistible. Cuando llegaba Federico «no hacía frío de invierno ni calor de verano: hacía... Federico», resumió célebremente Jorge Guillén. Su carisma se imponía por igual en las reuniones íntimas de la Residencia de Estudiantes y en los teatros abarrotados de Buenos Aires, en los ateneos de Barcelona y en las aldeas castellanas. Entre 1922 y 1935 las crónicas de prensa constataron decenas de veces que sus conferencias y alocuciones terminaban siempre entre los aplausos entusiastas de la concurrencia. En guerra constante contra lo que él llamaba «el moscardón del aburrimiento», el orador lograba una y otra vez que el público pasara de la expectación al arrobo, del silencioso interés a la carcajada rendida sin remedio.

Aunque se ayudaba siempre de los textos, sin improvisar, no solía leer dos veces la misma conferencia, sino que podía tachar y añadir frases casi sobre la marcha, consciente de los diferentes auditorios a los que se enfrentaba y de la necesidad de dar con el tono adecuado para conquistar el favor de cada uno.

Si leemos sus conferencias, alocuciones y homenajes no solo nos envuelve la sensación de estar ante una personalidad arrolladora, confiada en una portentosa capacidad para hacernos llegar sus argumentos en forma metafórica. También nos convencen, con Christopher Maurer, la reivindicación de los valores culturales del arte español, la ponderación de la doble tradición, culta y popular, que nutre su obra, las explicaciones sobre el misterio del proceso creador, la defensa de determinados artistas (Soto de Rojas, María Blanchard, José López Rubio) poco conocidos por el público.[1] En el fondo, Lorca está hablando siempre de lo mismo: de su visión personal de la poesía, del arte, de la cultura en tanto que lo mejor de que es capaz el ser humano. Vistos en su conjunto, diríamos que los textos de estas charlas componen una formidable poética implícita. Pues hable de lo que hable (el cante jondo, los toros, la pintura de vanguardia, las nanas, las canciones populares), Lorca está tomando posiciones en el bosque de las ideas literarias. Y lo hace de manera ensayística y no académica, es decir, literaria. Sus conferencias son, «a su manera, poemas».[2]

Alguna vez pensó el poeta en juntar estos textos en un libro, igual que lo había pensado de sus dibujos. Nunca sucedió. La variedad de versiones de que disponemos de muchos de ellos, entre borradores, copias y reseñas en prensa, harían casi imposible una edición definitiva, salvo que se tratase, como dice Maurer, de una *editio variorum*, diacrónica, que fuese capaz de recoger todas las modificaciones, todos los matices, y que estuviera siempre abierta a sumar nuevos datos.[3]

Desde 1997 no se reunían en un solo volumen las conferencias, alocuciones y homenajes de Federico García Lorca.

1. Christopher Maurer, «Introducción», en Federico García Lorca, *Conferencias*, Madrid, Alianza, 1984, p. 9.
2. Miguel García-Posada, «Introducción», en Federico García Lorca, *Obras completas IV. Prosas*, Barcelona, Galaxia Gutenberg, 1997.
3. Christopher Maurer, *op. cit.*, p. 12.

Lo hizo entonces, y con resultados excelentes, Miguel García-Posada. Pero aquellos textos se publicaron junto con las entrevistas, el epistolario y otras prosas en un tomo que a su vez formaba parte de un conjunto de *Obras completas*, de modo que podríamos decir que *De viva voz* supone la primera aparición individualizada, exenta, de las prosas que Lorca concibió para ser leídas en público.

No es la nuestra una edición crítica, sino una edición concebida con voluntad de llegar a todos los lectores. Los textos que proponemos provienen en gran parte de la edición de García-Posada (Galaxia Gutenberg, 1997), quien a su vez se basó en la fundamental de Maurer (Alianza, 1984), entre otras. Tomando esas versiones como punto de partida, hemos corregido erratas y modernizado la ortotipografía, así como realizado modificaciones menores, en la mayoría de los casos a partir del cotejo con las reseñas aparecidas en la prensa de la época. El resultado es el conjunto compacto que forman tanto las versiones canónicas de las conferencias como las deliciosas alocuciones y los breves y generosos textos de homenaje (aquí hemos incluido tanto los que fueron leídos en público como los que solo tenemos constancia de que se publicaron, para ofrecer una visión completa de este conjunto), además de unos apenas conocidos apuntes o fragmentos de charlas que Lorca concibió y nunca desarrolló. Los textos van acompañados de notas al pie con breves referencias a las fechas donde se leyeron o publicaron, apoyadas también en gran medida en la edición de García-Posada. Cierra el volumen un apéndice documental con materiales de la Fundación Federico García Lorca, la University of Miami y la Real Academia Galega.

Los textos están ordenados por orden cronológico en subgrupos genéricos (conferencias, alocuciones, homenajes, apuntes). Hemos decidido ofrecer, por su interés, las dos variantes de la conferencia lorquiana sobre el cante jondo, la de 1922, «Importancia histórica del canto primitivo andaluz llamado *cante jondo*», muy orientada a la defensa de la realización del primer Concurso de cante jondo en la Alhambra de Granada, y la de 1930, «Arquitectura del cante jondo», permeada por la irrupción del duende en la poética lorquiana y el reconocimiento de las individualidades en el cante; contienen notables diferencias de escritura y de enfoque. De la conferencia sobre Góngora hemos optado por publicar, siguiendo a Andrés Soria Olmedo, no la versión de 1926, sino la de 1930,[4] que contiene un entusiasmo mucho más matizado por el poeta cordobés. Incluimos, por último, un apartado de apuntes y fragmentos de conferencias que Lorca concibió y no pudo desarrollar, sobre las hadas, sobre «el viento, la brisa y el huracán» en la poesía del XVI y sobre «la Virgen del gótico» en Alfonso X el Sabio y Gonzalo de Berceo.

Creemos que las conferencias, alocuciones y homenajes de Federico García Lorca forman un grupo de textos de enorme atractivo, pese a no ser tan conocido como su poesía o su teatro, y que merece nueva atención. Si el poeta logró fascinar a todos aquellos ante los que se expresó *de viva voz*, los textos que le sirvieron de guía seguirán ejerciendo la misma fascinación a través de esa otra forma de conversación que es la lectura.

4. Federico García Lorca, *Obras completas, I (prosa y poesía)*, ed. Andrés Soria Olmedo, Madrid, Fundación José Antonio de Castro, 2019.

Introducción: el paraíso abierto

> Quiero poner toda mi buena voluntad para ver
> si logro entreteneros un rato con este juego en-
> cantador de la emoción poética.
>
> FEDERICO GARCÍA LORCA
> «La imagen poética de don Luis de Góngora»

Escribir para ser leído en público. Hacer del acto literario algo que va mucho más allá de la letra impresa. Transmitir la «emoción poética» a la vez que se es testigo directo de cómo es recibida por el público. Estos son algunos de los principales objetivos del Federico García Lorca conferenciante, aquel que se presenta en teatros y ateneos con sus cuartillas para hablar directamente a su auditorio, mirarlo a la cara y hacer de actor y director de escena de su propia obra. El Lorca conferenciante, que reunimos en este volumen, es un caso único dentro de su propia generación, con la excepción de los que se dedicaron a dar clases —Jorge Guillén o Pedro Salinas— o a realizar lecturas públicas de su obra ante grandes auditorios —Rafael Alberti—.

El poeta siempre quiso dirigirse personalmente al público, incluso en su teatro, como si hubiera comprendido la necesidad de añadir una explicación. Lo comprendió desde el principio, según vemos en la pieza con la que se estrenó como dramaturgo, *El maleficio de la mariposa*, donde expuso, a la manera de una introducción:

> Señores: La comedia que vais a escuchar es humilde e inquietante, comedia rota del que quiere arañar a la luna y se araña su corazón. El amor, lo mismo que pasa con sus burlas y sus fracasos por la vida del hombre, pasa en esta ocasión por una escondida pradera poblada de insectos donde hacía mucho tiempo era la vida apacible y serena. Los insectos estaban contentos, solo se preocupaban de beber tranquilos las gotas de rocío y de educar a sus hijuelos en el santo temor de sus dioses.

Este gusto o esta necesidad por la explicación no se limita a los primeros momentos de su teatro, esos movimientos iniciales de un autor que necesita justificarse ante un texto que viene dirigido por las intenciones empresariales. Si remiramos en los cajones del escritorio del último Lorca, aquel que se marcha de Madrid en julio de 1936 en dirección a Granada y a su muerte, nos encontraremos con la llamada *Comedia sin título*, en la que el personaje que se identifica con el Autor nos declara:

> Señoras y señores: No voy a abrir el telón para alegrar al público con un juego de palabras, ni con un panorama donde se vea una casa en la que nada ocurre y a donde dirige el teatro sus luces para entretener y haceros creer que la vida es eso. No. El poeta, con todos sus cinco sentidos en perfecto estado de salud, va a tener, no el gusto, sino el sentimiento de enseñaros esta noche un pequeño rincón de realidad. Ángeles, sombras, voces, liras de nieve y sueños existen y vuelan entre vosotros, tan reales como la lujuria, las monedas que lleváis en el

bolsillo, o el cáncer latente en el hermoso seno de la mujer, o el labio cansado del comerciante. Venís al teatro con el afán único de divertiros y tenéis autores a los que pagáis, y es muy justo, pero hoy el poeta os hace una encerrona porque quiere y aspira a conmover vuestros corazones enseñando las cosas que no queréis ver, gritando las simplísimas verdades que no queréis oír.

El Lorca conferenciante va de la mano de su proyección pública. Es su voluntad romper la timidez del autor encerrado en su jaula de cristal, rodeado en su habitación por sus cuartillas y su tintero. Esos primeros pasos, esa presentación ante un auditorio, comienza a dibujarse en 1916, siendo alumno de Martín Domínguez Berrueta, el profesor de Teoría de las Artes y de la Literatura en la Universidad de Granada, con el que recorre buena parte de la geografía artística española. Federico es el músico del grupo, es la atracción al piano que sorprende al auditorio formado por las autoridades locales, algo que recogen con nada ocultos elogios los periódicos de esas ciudades que el grupo estudiantil visita. Sin embargo, el músico poco a poco va dejando paso al escritor. La muerte de Antonio Segura Mesa, el maestro que cree en el Lorca pianista, y el rechazo de don Federico García Rodríguez a que su hijo se traslade a ampliar sus estudios en París, hace que surja otra voz, no interpretando una partitura sino escribiendo versos. El impulso recibido por Federico en la segunda parte de sus excursiones universitarias con Berrueta, especialmente de la mano de un maestro de la talla de Antonio Machado, lo llevará hasta la letra impresa. Será en ese momento cuando se atreva también a leer públicamente sus primeros trabajos. Es, sin que él lo sepa, también el nacimiento del Lorca conferenciante.

En 1922 tiene lugar en Granada el Primer Concurso de

Cante Jondo, una iniciativa de Manuel de Falla en la que el poeta tiene un papel destacado dentro de la organización, al igual que otros amigos suyos como Manuel Ángeles Ortiz, Hermenegildo Lanz o Ángel Barrios. Si bien los dos primeros pueden expresar su adscripción a la causa a través del arte —son los autores del cartel— o el tercero mediante la música, a Lorca le queda la palabra para exponer su proximidad a las ideas de Falla que justifican que se realice tan importante acto de recuperación del primitivo canto andaluz. Tiene dos formas de hacerlo: la palabra impresa o la palabra leída. Escoge los dos caminos, aunque el de la publicación no llegará hasta 1931 cuando vea la luz su libro *Poema del cante jondo*. Es el conferenciante quien se encarga de presentar en el Centro Artístico de Granada, el 19 de febrero de ese 1922, su personal visión del cante jondo. Pero pasa aquí un hecho que será uno de los ejes del conferenciante: sus textos serán reescritos a medida que pase el tiempo y el poeta considere que puede incorporar nuevas apreciaciones o corregir aquellas que ya no comparte. Esa charla, que en un primer momento tituló «Importancia histórica y artística del primitivo canto andaluz llamado *cante jondo*», conocerá nuevas versiones con los años. En 1930, durante su estancia en Nueva York, volverá a retomar el texto y trabajará a fondo en una nueva versión que leerá durante su paso por Cuba, ahora ya bajo el título de *Arquitectura del cante jondo*.

Lorca no fue nunca un autor que improvisara. Todo debía permanecer fijado por escrito, a veces desechando una primera versión del texto. Ya fuera una conferencia, una breve intervención ante los micrófonos de la radio argentina o un acto de homenaje a algún amigo, como podía ser Luis Cernuda con motivo de la publicación de *La realidad y el deseo*, el poeta no era dado a crear de manera espontánea ante un auditorio. Eso indica por un lado que los manuscritos que nos han llegado, afortunadamente la mayoría de estos textos, son las palabras exactas. Todo obedece a una necesidad de presentarse ante el público, dirigirse directamente al espectador, algo que también es resultado de su papel como dramaturgo. Un buen ejemplo de ello lo tenemos en una entrevista con Proel, en *La Voz*, el 18 de febrero de 1935, en la que apunta que «en nuestra época, el poeta ha de abrirse las venas para los demás. Por eso yo [...] me he entregado a lo dramático, que nos permite un contacto más directo con las masas».

Federico García Lorca solamente publicó un libro de prosas, *Impresiones y paisajes*, una obra que también puede verse como una tentativa de la faceta ensayista de su autor, en este caso con el arte como telón de fondo. Es ese mismo terreno el que pisa el conferenciante. Ya sea reflexionando sobre la poesía de Pedro Soto de Rojas o Luis de Góngora, la nueva pintura del momento, las nanas infantiles o su visión del duende, nos encontramos ante el ensayista. La conferencia se le presenta como un vehículo más práctico y rápido para expresar sus ideas ante el auditorio. La palabra escrita, en un país con una alta tasa de analfabetismo, puede ser un obstáculo para que sus ensayos/conferencias puedan llegar a más gentes. Es, en este sentido, un precedente inmediato de lo que hará más tarde cuando, junto con Eduardo Ugarte, se encargue de la dirección del teatro universitario La Barraca, poco después de que fuera proclamada la Segunda República, en 1931. No puede olvidarse, en este sentido, que cada una de las representaciones que esta compañía realizaba por los pueblos de España iba precedida de una breve alocución en la que el poeta presentaba la obra que levantaba el telón, detalles necesarios para contextualizar el drama o la comedia ante un público que pocas veces antes había disfrutado de una representación parecida. Es el caso de sus intervenciones en las que expresa su personal lectura de *La vida es sueño* o *Peribáñez o el Comendador de Ocaña*, ya sea en Almazán o en Santander.

Ese gesto, el de introducir el teatro clásico español, también lo emplea para dar a otros públicos las pautas necesarias para comprender su papel como autor dramático. En algunos casos lo considera casi una obligación, como cuando lleva a los escenarios bonaerenses su *Mariana Pineda* mucho tiempo después de su escritura, y sabiendo que ese texto ya no representa sus objetivos estéticos y artísticos. Pero ese mismo camino también sirve para su poesía. Sabemos, por el testimonio de algunos de sus amigos, que a Lorca no le gustaba explicar su obra poética, tener que dar explicaciones sobre sus versos. Por eso resulta excepcional que lo hiciera a propósito de dos de sus libros, las conferencias-recitales dedicadas al *Romancero gitano* y *Poeta en Nueva York*, en el primero de los casos por creer que no se había entendido y todo se había limitado a una imagen folclórica, y, en el segundo, como campo de pruebas antes de llevar el texto a la imprenta. Que de todo esto sabía hacer algo más que una sencilla lectura hay numerosos testigos, como Rafael Alberti, quien en *La arboleda perdida* rememora la intervención de Lorca en el homenaje a Góngora en el Ateneo de Sevilla, diciembre de 1927: «El fervor llegó a su apogeo cuando Lorca recitó una selección de sus romances gitanos. Se agitaron pañuelos, y Adriano del Valle, amigo de Federico desde 1918, se emocionó tanto que subió sobre su silla y le arrojó la americana, el cuello de la camisa y la corbata, como si el granadino acabase de hacer un pase soberano en el ruedo».

El poeta y el conferenciante, pues, van de la mano. Lorca no es solamente el gran especialista, por ejemplo, en Góngora, en el cante jondo o en las canciones populares españolas, sino que es también quien sabe que sus intuiciones son las de un inspirado creador de metáforas. Y eso es precisamente lo que buscaba el público que asistía a sus intervenciones.

A lo largo de su corta carrera literaria, interrumpida violentamente con su asesinato en agosto de 1936, Lorca se esforzó por demostrar a sus padres que podía vivir de las letras. El joven escritor, que había decidido dar la espalda a una carrera universitaria, tal y como le insistía sobre todo su padre, tuvo en las conferencias una de sus primeras fuentes de ingresos, no solamente en España sino también en sus viajes por América. Ese hecho lo encontramos con especial fuerza en su estancia en Cuba, donde no puede olvidarse que es invitado a dictar cinco conferencias. Entre los espectadores de esas charlas estuvo el poeta cubano Nicolás Guillén, quien apuntaría que «en esas mañanas habló García Lorca, y sus conferencias alcanzaron una resonancia única, tan otra cosa como eran de las conferencias-conferencias, almidonadas y con vaso de agua, que dan las personas importantes cuando tienen que dar conferencias».

Su paso por Argentina fue el espaldarazo definitivo que necesitaba para sus conferencias. Si bien en un principio su regreso al continente americano estaba centrado en apoyar el estreno de su teatro por la compañía de la actriz Lola Membrives, el espectacular éxito logrado hace que el público bonaerense pida más de él. Son las conferencias, con el auditorio lleno, uno de los mejores vehículos para seguir proyectando su obra ante un público que quiere más de él. En esos días llenará el teatro gracias a sus charlas, incluso teniendo la posibilidad de pulir y rehacer algunas de ellas, especialmente «Juego y teoría del duende». En un perfil de Lorca publicado en la revista *Nosotros*, en octubre de 1933, podemos leer:

García Lorca es, además, conferencista. Amigos del Arte le ha brindado su tribuna. Hasta el momento en que escribimos estas líneas sólo ha dado dos de las cuatro conferencias que tiene anunciadas: «Juego y teoría del duende», originalísima presentación de una vieja verdad, ya vista por muchos: la muerte como signo del clasicismo español; y «Cómo canta una ciudad de noviembre a noviembre», animada, sentida, colorida evocación de su ciudad de Granada, a través de sus canciones, en la cual el poeta ilustró con jovial desenvoltura las diferentes canciones con el piano y el canto a media voz. Su éxito fue rotundo. Esperamos las restantes, que no dudamos lo confirmarán y acrecentarán.

De aquella experiencia, además, surgió un titular en la prensa argentina —en *Crisol*— que resumía perfectamente las intenciones de nuestro autor con cada una de sus charlas: «García Lorca democratiza sus conferencias». Ese hecho se constata incluso en las cartas que escribe por esos días en las que se le demanda su participación en actos públicos. Eso es lo que ocurrió cuando un periodista gallego, Xavier Bóveda, le pide que acuda a Córdoba para ofrecer una conferencia. La respuesta del poeta es concluyente sobre la finalidad última de sus intervenciones públicas:

Buenos Aires, 13 de noviembre de 1933

Señor: Xavier Bóveda

Querido Amigo:

Recibí tu carta. El miércoles por la noche podría salir para Córdoba aceptando las condiciones de tu carta, o sea todos los gastos de viaje y hotel y los trescientos pesos.

Contesta telegráficamente qué conferencia puedo leer ahí. A mí me gustaría leer «Juego y Teoría del Duende». Desde luego la entrada será por invitación no pudiéndose bajo ningún punto de vista vender entradas.

Tengo muchos deseos, como sabes, de conocer Córdoba y me agrada extraordinariamente hablar en la Universidad.

Por cierto que los tres días que pienso estar ahí quisiera estar al contacto con los estudiantes y te agradecería en el alma me evitaras periodistas y gente oficial casi siempre seca.

Recibe un abrazo de tu amigo Federico

Contesta telegráficamente

Esa idea democratizadora aparece con fuerza en una de sus alocuciones más celebradas, la que realiza con motivo de la inauguración de la biblioteca de su pueblo natal, Fuente Vaqueros, en septiembre de 1931. Con la Segunda República recién instaurada, corrían nuevos tiempos. En esta alocución Lorca dio algunas claves sobre su proceder al dirigirse al público:

> Debo deciros que no hablo sino que leo. Y no hablo, porque lo mismo que le pasaba a Galdós y en general, a todos los poetas y escritores nos pasa, estamos acostumbrados a decir las cosas pronto y de una manera exacta, y parece que la oratoria es un género en el cual las ideas se diluyen tanto que solo queda una música agradable, pero lo demás se lo lleva el viento. Siempre todas mis conferencias son leídas, lo cual indica mucho más trabajo que hablar, pero, al fin y al cabo, la expresión es mucho más duradera porque queda escrita y mucho más firme puesto que puede servir de enseñanza a las gentes que no oyen o no están presentes aquí.

Pero hablábamos de la intención democratizadora del autor granadino, uno de los principales aspectos de su compromiso social. En la intervención ante los que habían sido sus vecinos de la infancia, Lorca no desaprovechó la ocasión para exclamar que «los padres luchan por sus hijos y por sus nietos, y egoísmo quiere decir esterilidad. Y ahora que la humanidad tiende a que desaparezcan las clases sociales, tal como estaban instituidas, precisa un espíritu de sacrificio y abnegación en todos los sectores, para intensificar la cultura, única salvación de los pueblos».

Nos gustaría pensar que esa idea, la de llevar la cultura a todas partes con las conferencias como vehículo, debió de rondarle la cabeza durante el tiempo en que permaneció oculto en casa de la familia Rosales, en agosto de 1936, mientras sus enemigos lo buscaban por Granada para matarlo. Sabemos que allí y en esos días, según el testimonio de Luis Rosales, fue donde volvió a leer a Gonzalo de Berceo, uno de sus poetas favoritos. ¿Pensaría en la posibilidad de dedicarle algún día una conferencia, cuando acabara una guerra que iniciaba su triste y largo recorrido con demasiadas víctimas a su alrededor? No lo podemos saber, pero es probable que mientras volviera a las páginas de los *Milagros de Nuestra Señora* pensara en que un día tuvo en mente la idea de escribir una conferencia sobre Berceo de la que se conservan unas pocas notas. Con aquel proyecto, que no pudo materializarse, continuaba su idea de llevar a la gente la cultura, tratando de que no fuera, como tituló su charla sobre Soto de Rojas, «paraíso cerrado para muchos, jardín abierto para pocos».

Cronología

1898 Nace el 5 de junio en Fuente Vaqueros, un pueblo de la Vega de Granada. Es el primer hijo del matrimonio formado por el terrateniente Federico García Rodríguez y la maestra de primera enseñanza Vicenta Lorca Romero.

1898-1908 Su infancia transcurre entre Fuente Vaqueros y el cercano pueblo de Asquerosa (hoy Valderrubio). Aprende sus primeras letras en la escuela primaria.

1900 Nace su hermano Luis, que morirá dos años más tarde.

1902 Nace su hermano Francisco.

1903 Nace su hermana Concha.

1908-1909 Estudia en el instituto de Almería con su maestro Antonio Rodríguez Espinosa, el mismo que había tenido en Fuente Vaqueros. Una enfermedad obliga al pequeño Federico a regresar a Valderrubio con los suyos de forma prematura.

1909 La familia se traslada a Granada y se instala en el número 66 de la calle Acera del Darro. Ese otoño García Lorca ingresa en el colegio del Sagrado Corazón de Granada. Nace su hermana Isabel.

1909-1914 Estudia el bachillerato, aunque lo que de veras le interesa es la música y sueña con hacer carrera como pianista. Para ello será fundamental su maestro Antonio Segura Mesa. En su último año de bachillerato realiza un curso preparatorio en la Universidad de Granada.

1915 Inicia dos carreras en la Universidad de Granada: la de Derecho y la de Filosofía y Letras. Serán fundamentales para él dos maestros: el catedrático de Derecho Político Español Comparado, Fernando de los Ríos, y el catedrático de Teoría de las Artes y la Literatura, Martín Domínguez Berrueta. En este tiempo se convierte en un habitual de la tertulia que un grupo de jóvenes intelectuales y artistas granadinos mantienen en el Café Alameda. Se trata de El Rinconcillo, de la que forman parte, entre otros, Melchor Fernández Almagro, Hermenegildo Lanz, Manuel Ángeles Ortiz, Constantino Ruiz Carnero, Francisco Soriano Lapresa, Manuel Fernández Montesinos o Ángel Barrios. De esta etapa datan algunos de los primeros dibujos conocidos del poeta.

1916 En abril escribe la prosa autobiográfica «Mi pueblo», donde rememora su infancia en la Vega de Granada. En mayo fallece Antonio Segura Mesa. En junio inicia una serie de viajes de estudios, con Martín Domínguez

Berrueta, por distintas poblaciones andaluzas. En una de ellas, Baeza, conoce al poeta Antonio Machado, a quien admira profundamente. Escribe algunas obras musicales. En otoño, vuelve a viajar con Berrueta por Castilla y Galicia.

1917 Publica la prosa «Fantasía simbólica» en el *Boletín del centro artístico de Granada*, en un número especial dedicado al centenario del nacimiento de Zorrilla. En junio vuelve a viajar a Baeza con Domínguez Berrueta y se reencuentra con Machado. El 29 de junio escribe «Canción. Ensueño y confusión», considerado como su primer poema. En otoño, viaja de nuevo con Berrueta por lugares que inspirarán algunos textos publicados en periódicos locales, como el *Diario de Burgos*, material que dará luego pie a su libro *Impresiones y paisajes*. Está enamorado de una bella muchacha granadina llamada María Luisa Egea, que lo acabará rechazando.

1918 Año de gran actividad literaria, en el que escribe numerosas prosas y poemas. Publica su primer libro, *Impresiones y paisajes*, costeado por su padre y fruto de los viajes con el profesor Berrueta. Conoce a Emilia Llanos, que será una de sus mejores amigas y confidentes. Publica su primer poema en *Renovación*, una revista de la que no se ha conservado ningún número. Representa *La historia del tesoro* en la taberna del Polinario de Granada, junto con sus amigos Miguel Pizarro, Manuel Ángeles Ortiz y Ángel Barrios.

1919 Trabaja en algunas piezas teatrales breves. Viaja a Madrid, donde visita la Residencia de Estudiantes. Lleva consigo cartas de recomendación para Alberto Jiménez Fraud, director de la institución, y para Juan Ramón Jiménez. Conoce al grupo de jóvenes residentes formado por Luis Buñuel, José Bello y José Moreno Villa, y se reencuentra con sus amigos malagueños Emilio Prados y José María Hinojosa. En junio conoce en Granada al dramaturgo Gregorio Martínez Sierra y a la actriz Catalina Bárcena. En septiembre visita Granada Manuel de Falla, que se convertirá en uno de los más importantes amigos del poeta, y que se acabará instalando en la ciudad al año siguiente.

1920 El 22 de marzo estrena *El maleficio de la mariposa*, su primera obra teatral, en el Eslava de Madrid, de la mano de Martínez Sierra y con un reparto encabezado por Catalina Bárcena y Encarnación López, la Argentinita. La representación resulta un fracaso total. Sus padres le obligan a regresar a sus estudios universitarios de Filosofía y Letras, aunque acudirá muy poco a las aulas. Comienza a trabajar en sus primeras *Suites*.

1921 En junio aparece *Libro de poemas*, la primera recopilación de sus versos, de nuevo gracias a la ayuda económica de su padre. El libro genera algunas reseñas; especialmente importante es la de Adolfo Salazar en el diario *El Sol*, uno de los más leídos en España. Trabaja en nuevas *Suites*, pero también en el futuro *Poema del cante jondo* y en la pieza teatral *Tragicomedia de don Cristóbal y la señá Rosita*.

1922 En febrero pronuncia su primera conferencia, «El cante jondo. Primitivo canto andaluz», acompañado a la guitarra por Manuel Jofré, en el Centro Artístico, Literario y Científico de Granada. En junio se celebra el Concurso de Cante Jondo, en Granada, en el que participa activamente como uno de sus responsables junto con Manuel de Falla, Ignacio Zuloaga y Miguel Cerón. Con motivo del certamen, lee en público algunas de las composiciones de *Poema del cante jondo*. En verano, da a conocer ante un grupo de amigos *Tragicomedia de don Cristóbal y la señá Rosita*.

1923 El 5 de enero, junto con Falla, ofrece una función de guiñol y música en la casa familiar de la calle Acera del Casino, con la representación de las piezas *Misterio de los Reyes Magos*, *Los dos habladores* y *La niña que riega la albahaca*. Trabaja en *Lola la comedianta*, que debía contener música de Manuel de Falla. En febrero logra concluir la carrera de Derecho. Regresa a la Residencia de Estudiantes, donde conoce a Salvador Dalí, alumno de la Escuela Especial de Pintura, Escultura y Grabado de la academia de San Fernando, desde septiembre del año anterior. Participa en la fundación de la Orden de Toledo, junto con Buñuel, Bello, Moreno Villa y Dalí. Comienza a trabajar en su obra teatral *Mariana Pineda*, así como en las composiciones que darán lugar al *Romancero gitano*.

1924 En julio Juan Ramón Jiménez y su esposa, Zenobia Camprubí, visitan Granada, donde Lorca será uno de sus guías. Trabaja en los poemas del *Romancero gitano*, además de en *Mariana Pineda* y *La zapatera prodigiosa*. Conoce a Rafael Alberti. Asiste con regularidad a la tertulia de Ramón Gómez de la Serna en el café de

Pombo. Idea con Salvador Dalí el llamado *Libro de los putrefactos*, un proyecto que nunca se llegará a materializar pese a las insistencias del pintor.

1925 En enero termina *Mariana Pineda*. Inicia su intercambio epistolar con Jorge Guillén, así como otro, aunque breve, con Luis Buñuel. En abril, invitado por Salvador Dalí, viaja por primera vez a Cataluña. Se queda con el pintor en Cadaqués y Figueres, además de visitar Girona, Empúries y el cabo de Creus. Ante la familia Dalí lee *Mariana Pineda*. También dará a conocer esta obra y algunos de sus poemas durante una lectura en el Ateneo de Barcelona. Inicia su correspondencia con Salvador y Anna Maria Dalí. Trabaja en la oda dedicada al amigo pintor y en *Amor de don Perlimplín con Belisa en su jardín*. Sufre una importante crisis sentimental y conoce al escultor Emilio Aladrén, con quien mantendrá una relación. La familia adquiere la huerta de san Vicente, donde el poeta permanecerá largas temporadas a su paso por Granada.

1926 Entre enero y febrero realiza varias excursiones por las Alpujarras acompañado por Manuel de Falla y Francisco García Lorca, además de amigos como Alfonso García Valdecasas, Antonio Luna, José Segura y Manuel Torres López. En febrero dicta la conferencia «La imagen poética de don Luis de Góngora» en el Ateneo Literario, Artístico y Científico de Granada. En abril aparece en las páginas de la *Revista de Occidente* su «Oda a Salvador Dalí». Jean Cassou le dedica una reseña a ese poema en *Le Mercure de France*, donde lo califica como «la manifestación más brillante de ánimo absolutamente nuevo en España». En el Ateneo de Valladolid, presentado por Jorge Guillén y Guillermo de Torre, recita los poemas de los libros que prepara: *Suites*, *Canciones*, *Poema del cante jondo* y *Romancero gitano*. Las presiones de sus padres le hacen barajar la posibilidad de prepararse para convertirse en profesor de literatura. Se encuentra con la actriz Margarita Xirgu, a quien entrega una copia de *Mariana Pineda* con la esperanza de que quiera estrenarla. En octubre pronuncia la conferencia «Paraíso cerrado para muchos, jardines abiertos para pocos», sobre Soto de Rojas, en el Ateneo de Granada. Aparecen en la revista *Litoral*, dirigida por sus amigos Emilio Prados y Manuel Altolaguirre, algunas composiciones del *Romancero gitano*, libro en el que sigue trabajando.

1927 Comienza a preparar, junto con un grupo de amigos granadinos, la revista *gallo*, que verá la luz al año siguiente, y que continúa la estela de las publicaciones literarias de vanguardia que se dan en España en esos años. En febrero, Margarita Xirgu le informa que estrenará *Mariana Pineda* ese verano en Barcelona, obra que el poeta le leerá a finales de marzo. Encarga los decorados a Salvador Dalí. En mayo se publica *Canciones* de la mano de la revista *Litoral*. Entre mayo y principios de agosto pasa una larga estancia en Cadaqués, además de visitar Barcelona y Figueres. Conoce al crítico de arte Sebastià Gasch. El 24 de junio estrena en el teatro Goya de Barcelona *Mariana Pineda*. Entre junio y julio inaugura en las galerías Dalmau una exposición dedicada a sus dibujos que será elogiada por Dalí en un artículo publicado por *La Nova Revista*. El 12 de octubre, Margarita Xirgu estrena en Madrid *Mariana Pineda*. Traba amistad con Vicente Aleixandre. En noviembre publica en *Revista de Occidente* la prosa «Santa Lucía y San Lázaro», donde es evidente la influencia ejercida por Dalí. En diciembre pronuncia la conferencia «La imagen poética de don Luis de Góngora» en la Residencia de Estudiantes. Ese mismo mes viaja a Sevilla junto con un grupo de poetas para homenajear a Góngora. El acto, con la presencia de Rafael Alberti, Dámaso Alonso, Gerardo Diego, Jorge Guillén, José Bergamín, Mauricio Bacarisse y Juan Chabás, supone el nacimiento de la llamada generación del 27. Conoce a Luis Cernuda.

1928   Su relación amorosa con Emilio Aladrén se intensifica en este período. Aparece en marzo el primero de los dos números de la revista *gallo*, que tendrá una réplica en clave de humor llamada *Pavo*, dirigida también por Lorca y sus amigos. Trabaja en la «Oda al Santísimo Sacramento del Altar», que dedicará a Manuel de Falla. En mayo se publica el segundo y último número de *gallo*. Aparece en las ediciones de la *Revista de Occidente* el *Romancero gitano*, que conocerá pronto un importante éxito. En septiembre aparece en la colección La Farsa *Mariana Pineda*, ilustrada con dibujos del mismo Lorca, y en la revista *L'Amic de les Arts* los textos surrealistas «Nadadora sumergida» y «Suicidio en Alejandría». En octubre dicta en el Ateneo de Granada las conferencias «Imaginación, inspiración, evasión» y «*Sketch* de la nueva pintura». *Revista de Occidente* edita un largo fragmento de «Oda al Santísimo Sacramento del Altar», que no gustará a Falla. En diciembre pronuncia la conferencia «El patetismo de la canción de cuna española» en la Residencia de Estudiantes de Madrid.

1929 Aparece en *La Gaceta Literaria* la «Degollación de los inocentes», ilustrada por Dalí. En febrero, la dictadura de Primo de Rivera impide el estreno de *Amor de don Perlimplín con Belisa en su jardín*. En marzo conoce en Madrid al diplomático chileno Carlos Morla Lynch y a su esposa Bebé Vicuña, con quienes mantendrá una gran amistad hasta el punto de ser un asiduo de sus salones. Aparece la segunda edición de *Canciones*. El 27 de marzo se escapa de incógnito a Granada para participar en la procesión de la cofradía de la Alhambra vestido de penitente. Está viviendo una profunda crisis sentimental por su ruptura con Emilio Aladrén que le hará tomar la decisión de huir del país. En abril, Margarita Xirgu presenta en el teatro Cervantes de Granada *Mariana Pineda*. Unos días más tarde se le dedicará al poeta y a la actriz un banquete-homenaje en el hotel Alhambra Palace de Granada. El 13 de junio sale de España, acompañado de Fernando de los Ríos, con destino a Nueva York. Primero pasan brevemente por París, donde visita el Louvre y se reúne con Mathilde Pomès. Se trasladan a Londres, donde se encuentra con Salvador de Madariaga. El 19 de junio zarpan en Southampton, en el buque *Olympic*, hacia Nueva York, donde llegan el día 26. Lorca se hospeda en la residencia Furnald Hall de la Universidad de Columbia. Queda impresionado por Nueva York y en agosto empezará a escribir los primeros poemas sobre la ciudad. Se encuentra con amigos como Dámaso Alonso, Gabriel-

García Maroto, León Felipe y a José Antonio Rubio Sacristán. Pasa una breve temporada en Vermont invitado por su amigo Philip Cummings. Allí escribirá *Poema doble del lago Eden* y trabajará con Cummings en la traducción al inglés de *Canciones*. El 20 de septiembre se muda al John Jay Hall, de la Universidad de Columbia. Frecuenta los clubes de jazz, visita Harlem y se sumerge en las últimas tendencias cinematográficas del momento. Escribe el guion de la película *Viaje a la luna* con la ayuda del mexicano Emilio Amero, una respuesta a *Un chien andalou* de Buñuel y Dalí. En noviembre se hunde la bolsa de Nueva York, hecho del que será testigo.

1930 Trabaja en los poemas que más adelante formarán parte del libro póstumo *Poeta en Nueva York*. Invitado por la Institución Hispano-Cubana de Cultura, en marzo abandona Nueva York y emprende un viaje a Cuba, donde pasará tres meses pronunciando varias conferencias, así como recitando sus poemas. Durante su estancia en La Habana trabaja en la obra teatral *El público*, tal vez iniciada en Nueva York. Pronuncia entre marzo y abril las conferencias «La mecánica de la poesía», «Paraíso cerrado para muchos, jardines abiertos para pocos», «Canciones de cuna españolas», «La imagen poética de don Luis de Góngora» y «La arquitectura del cante jondo». Trabaja en dos poemas que formarán parte de *Poeta en Nueva York*: «Oda a Walt Whitman» y «Son de negros en Cuba». En junio parte de vuelta a España. En Granada concluye *El público*. En octubre está de vuelta en Madrid, donde concede una entrevista a Miguel Pérez Ferrero para el *Heraldo de Madrid*. En diciembre, Margarita Xirgu estrena con éxito *La zapatera prodigiosa* en el Teatro Español, con figurines y decorados del propio Lorca. Lee en la casa de los Morla *El público*, que recibirá una fría acogida.

1931 En enero aparecen poemas del ciclo neoyorquino en *Revista de Occidente*. En marzo, la discográfica La Voz de su Amo lanza el primero de cinco discos de la serie «Canciones populares antiguas», armonizadas e interpretadas al piano por Federico García Lorca y cantadas por la Argentinita. Es la única grabación sonora del poeta. Celebra la proclamación de la Segunda República. En mayo se publica *Poema del cante jondo* en la editorial Ulises. El 19 de agosto pone punto y final en Granada a la obra teatral *Así que pasen cinco años*. Comienza a trabajar en los poemas de *Diván del Tamarit*. El Gobierno de la República impulsa la creación de La Barraca, la compañía de teatro universitario que, dirigida por Lorca y Eduardo Ugarte, llevará los clásicos escénicos españoles por numerosos pueblos durante cuatro años.

1932 En febrero traba amistad con Eduardo Rodríguez Valdivieso, con quien mantendrá una breve relación sentimental. El 16 de marzo realiza una lectura comentada de los poemas de su ciclo neoyorquino en Madrid, recital que repetirá en los siguientes meses, invitado por el Comité de Cooperación Intelectual, en ciudades como Valladolid, Sevilla, Salamanca, La Coruña, Santiago, San Sebastián y Barcelona. Visita en Salamanca a Miguel de Unamuno. El 26 de junio colabora con ocho dibujos en una exposición colectiva organizada en el Ateneo Popular de Huelva por su amigo José Caballero. En julio sale por primera vez La Barraca, que actúa en pueblos de Soria. Entre agosto y septiembre, se produce la segunda gira de La Barraca por Galicia y Asturias. En septiembre, lee su obra de teatro *Bodas de sangre* en la casa de los Morla. En noviembre, dicta su conferencia en homenaje a la pintora María Blanchard. Escribe algunos de sus *Seis poemas galegos* con la ayuda de Carlos Martínez Barbeito.

1933   El 8 de marzo estrena *Bodas de sangre* en el teatro Beatriz de Madrid la compañía de Josefina Díaz de Artigas, con decorados de Santiago Ontañón y Manuel Fontanals. El éxito es total y se confirma como una de las principales voces dramáticas del momento. El 5 de abril el club teatral Anfistora, dirigido por Pura Ucelay, estrena en el Teatro Español *Amor de don Perlimplín con Belisa en su jardín*, así como una nueva versión de *La zapatera prodigiosa*. El 1 de mayo aparece su firma en el manifiesto antifascista de la revista *Octubre*. El 29 de julio Lola Membrives estrena en Buenos Aires *Bodas de sangre*, con tanto éxito que la actriz invita a Lorca a que viaje a Argentina ese otoño. El poeta vive una relación sentimental con Rafael Rodríguez Rapún, secretario de La Barraca, compañía que sigue sus giras por pueblos de España. Se publica en México una edición limitada de la «Oda a Walt Whitman». El 29 de septiembre embarca, acompañado del escenógrafo Manuel Fontanals, en el *Conte Grande* con destino a Buenos Aires, donde atracan el 13 de octubre. En el barco trabaja en el manuscrito de la obra teatral *Yerma* y en la conferencia «Juego y teoría del duende». La estancia en Argentina será un indiscutible éxito tanto personal como económico. Es invitado a dar varias conferencias, sus obras se representan y llenan los teatros de la capital con gran aclamación de público, hasta el punto que *Bodas de sangre* supera el centenar de representaciones. Participa en la vida cultural de la ciudad de la mano de amigos como Pablo Neruda, Oliverio Girondo, Ricardo Molinari o Victoria Ocampo, quien publicará una nueva edición del *Romancero gitano*.

1934 En enero, Lola Membrives estrena en el teatro Avenida de Buenos Aires *Mariana Pineda*. Entre enero y febrero visita Montevideo, donde dicta algunas conferencias y visita la tumba de su amigo, el pintor Rafael Pérez Barradas. En marzo trabaja en su adaptación de *La dama boba*, de Lope de Vega, con Eva Franco como protagonista. El 27 de marzo zarpa en el *Conte Biancamano* con destino a España, donde llega el 11 de abril. El 11 de agosto es corneado en Manzanares el torero Ignacio Sánchez Mejías, que morirá dos días más tarde. Continúa las representaciones de La Barraca en Santander y Palencia. Trabaja en el *Diván del Tamarit* y da los últimos retoques a *Yerma*. En noviembre ofrece la primera lectura de *Llanto por Ignacio Sánchez Mejías* en la casa de sus amigos los Morla. El 29 de diciembre, la compañía de Margarita Xirgu estrena *Yerma* en el Teatro Español de Madrid con un gran éxito de público y crítica.

1935 En enero trabaja en las obras de teatro *Doña Rosita la soltera o el lenguaje de las flores* y *La destrucción de Sodoma*. En febrero se estrena en el Neighborhood

Playhouse de Nueva York *Bitter Oleanders*, una traducción al inglés de *Bodas de sangre*. El 3 de febrero pronuncia su «Charla sobre el teatro» en el Teatro Español, coincidiendo con una representación especial de *Yerma*. El 18 de marzo se reestrena *La zapatera prodigiosa* en versión ampliada y dirigida por el propio poeta en el Coliseum de Madrid. Durante esos días hay tres obras suyas en cartel por todo Madrid. En abril, con motivo de la Semana Santa, viaja a Sevilla invitado por Joaquín Romero Murube. Allí lee *Llanto por Ignacio Sánchez Mejías*, libro que publica ese año en las ediciones de la revista *Cruz y Raya* de José Bergamín, con ilustraciones de José Caballero. Lo visita en la huerta de san Vicente el poeta gallego Eduardo Blanco-Amor, quien toma algunas de las fotografías más conocidas del poeta. En junio, durante la Feria del Libro, aparece la quinta edición del *Romancero gitano*. Con motivo de la feria, dirige *El retablillo de don Cristóbal* en el guiñol La Tarumba. En otoño se traslada a Barcelona, donde pasará una temporada que supondrá todo un éxito: Margarita Xirgu lidera una nueva producción de *Bodas de sangre* y estrena *Doña Rosita la soltera o el lenguaje de las flores*. Se reencuentra con Salvador Dalí. Trabaja en los llamados *Sonetos del amor oscuro*. Se publica *Seis poemas galegos* en la editorial Nos de Santiago de Compostela.

1936   En enero se publican *Bodas de sangre* en las Ediciones del Árbol, y *Primeras canciones*, en las ediciones de la revista *Héroe*, dirigida por Concha Méndez y Manuel Altolaguirre. El 9 de febrero participa en un homenaje a Rafael Alberti. El 14 de febrero participa en el homenaje póstumo a Ramón del Valle-Inclán en el teatro de la Zarzuela, en Madrid. El 15 de febrero firma un manifiesto de intelectuales a favor del Frente Popular, que ganará las elecciones al día siguiente. Trabaja en las obras teatrales *Los sueños de mi prima Aurelia* y *El sueño de la vida* (también llamada *Comedia sin título*), además de concluir *La casa de Bernarda Alba*. El club teatral Anfistora comienza a ensayar *Así que pasen cinco años*, con la colaboración del poeta. Allí conocerá a Juan Ramírez de Lucas, tal vez el último amor conocido del poeta. El 10 de junio aparece una larga entrevista con Luis Bagaría en *El Sol*. Participa en un homenaje a Hernando Viñes y en otro a Luis Cernuda con motivo de la publicación de *La realidad y el deseo*. Proyecta viajar a México, donde Margarita Xirgu quiere estrenar algunas de sus obras. Antes viaja a Granada, asustado al enterarse que ha sido asesinado el político derechista José Calvo Sotelo en Madrid. Antes del día de su santo, el 18 de julio, escribe a Juan Ramírez de Lucas una larga carta. Ese mismo día estalla la Guerra Civil, y en Granada se instaura un régimen de terror. El 9 de agosto pide ayuda a su amigo Luis Rosales tras haber sido amenazado en la huerta de san Vicente. La madrugada del 15 al 16 de agosto es fusilado su cuñado, Manuel Fernández Montesinos, último alcalde democrático de Granada. La tarde del 16 de agosto, sobre las cinco de la tarde, un grupo de hombres armados, encabezados por el diputado de la CEDA Ramón Ruiz Alonso, lo detienen en la casa de los Rosales. Es conducido al Gobierno Civil, donde se pierde su rastro. El gobernador civil José Valdés da la orden para que sea ejecutado. El 17 de agosto es fusilado en algún lugar entre Víznar

y Alfacar junto con otras tres víctimas: Dióscoro Galindo González, Francisco Galadí Melgar y Joaquín
Arcollas Cabezas. Sus asesinos, la mañana siguiente,
celebran el crimen en el bar Fútbol de Granada.

VÍCTOR FERNÁNDEZ y JESÚS ORTEGA
Noviembre de 2020

Conferencias

Importancia histórica y artística del primitivo canto andaluz llamado «cante jondo»*

Esta noche os habéis congregado en el salón del Centro Artístico para oír mi humilde, pero sincera palabra, y yo quisiera que esta fuese luminosa y profunda, para que llegara a convenceros de la maravillosa verdad artística que encierra el primitivo cante andaluz, llamado «cante jondo».

El grupo de intelectuales y amigos entusiastas que patrocina la idea del concurso, no hace más que dar una voz de alerta. ¡Señores, el alma música del pueblo está en gravísimo peligro! ¡El tesoro artístico de toda una raza va camino del olvido! Puede decirse que cada día que pasa, cae una hoja del admirable árbol lírico andaluz, los viejos se llevan al sepulcro tesoros inapreciables de las pasadas generaciones, y la avalancha grosera y estúpida de los cuplés enturbia el delicioso ambiente popular de toda España.

Es una obra patriótica y digna la que se pretende realizar; es una obra de salvamento, una obra de cordialidad y amor.

Todos habéis oído hablar del cante jondo y, seguramente, tenéis una idea más o menos exacta de él...; pero es casi seguro que a todos los no iniciados en su trascendencia histórica y

* Pronunciada el 19 de febrero de 1922 en el Centro Artístico de Granada y publicada en *El Noticiero Granadino* entre el 23 de febrero y el 5 de marzo de 1922.

artística, os evoca cosas inmorales, la taberna, la juerga, el tablado del café, el ridículo jipío, ¡la españolada, en suma!, y hay que evitar por Andalucía, por nuestro espíritu milenario y por nuestro particularísimo corazón, que esto suceda.

No es posible que las canciones más emocionantes y profundas de nuestra misteriosa alma, estén tachadas de tabernarias y sucias; no es posible que el hilo que nos une con el Oriente impenetrable, quieran amarrarlo en el mástil de la guitarra juerguista; no es posible que la parte más diamantina de nuestro canto, quieran mancharla con el vino sombrío del chulo profesional.

Ha llegado, pues, la hora en que las voces de músicos, poetas y artistas españoles, se unan, por instinto de conservación, para definir y exaltar las claras bellezas y sugestiones de estos cantos.

Unir, pues, a la idea patriótica y artística de este concurso la visión lamentable del cantaor con el palito y las coplas caricaturescas del cementerio, indica una total incomprensión, y un total desconocimiento de lo que se proyecta. Al leer el anuncio de la fiesta, todo hombre sensato, no enterado de la cuestión, preguntará: ¿Qué es *cante jondo*?

Antes de pasar adelante hay que hacer una distinción esencial entre cante jondo y cante flamenco, distinción esencial en lo que se refiere a la antigüedad, a la estructura, al espíritu de las canciones.

Se da el nombre de cante jondo a un grupo de canciones andaluzas, cuyo tipo genuino y perfecto es la siguiriya gitana, de las que derivan otras canciones aún conservadas por el pueblo, como los polos, martinetes, carceleras y soleares. Las coplas llamadas malagueñas, granadinas, rondeñas, peteneras, etc., no pueden considerarse más que como consecuencia de las antes citadas, y tanto por su arquitectura como por su ritmo, difieren de las otras. Estas son las llamadas flamencas.

El gran maestro Manuel de Falla, auténtica gloria de España y alma de este concurso, cree que la caña y la playera, hoy desaparecidas casi por completo, tienen en su primitivo estilo la misma composición que la siguiriya y sus gemelas, y cree que dichas canciones fueron, en tiempo no lejano, simples variantes de la citada canción. Textos relativamente recientes le hacen suponer que la caña y la playera ocuparon, en el primer tercio del siglo pasado, el lugar que hoy asignamos a la siguiriya gitana. Estébanez Calderón, en sus lindísimas *Escenas andaluzas*, hace notar que la caña es el tronco primitivo de los cantares, que conservan su filiación árabe y morisca, y observa, con su agudeza peculiar, cómo la palabra caña se diferencia poco de *gannia*, que en árabe significa «canto».

Las diferencias esenciales del cante jondo con el flamenco, consisten en que el origen del primero hay que buscarlo en los primitivos sistemas musicales de la India, es decir, en las primeras manifestaciones del canto, mientras que el segundo, consecuencia del primero, puede decirse que toma su forma definitiva en el siglo XVIII.

El primero es un canto teñido por el color misterioso de las primeras edades; el segundo es un canto relativamente moderno, cuyo interés emocional desaparece ante aquel. Color espiritual y color local, he aquí la honda diferencia.

Es decir, el cante jondo, acercándose a los primitivos sistemas musicales de la India, es tan solo un balbuceo, es una emisión más alta o más baja de la voz, es una maravillosa ondulación bucal, que rompe las celdas sonoras de nuestra escala atemperada, que no cabe en el pentagrama rígido y frío de nuestra música actual, y abre en mil pétalos las flores herméticas de los semitonos.

El cante flamenco no procede por ondulación, sino por saltos; como en nuestra música, tiene un ritmo seguro y nació cuando ya hacía siglos que Guido d'Arezzo había dado nombre a las notas.

El cante jondo se acerca al trino del pájaro, al canto del gallo y a las músicas naturales del bosque y la fuente.

Es, pues, un rarísimo ejemplar de canto primitivo, el más viejo de toda Europa, que lleva en sus notas la desnuda y escalofriante emoción de las primeras razas orientales.

El maestro Falla, que ha estudiado profundamente la cuestión y del cual yo me documento, afirma que la siguiriya gitana es la canción tipo del grupo cante jondo y declara con rotundidad que es el único canto que en nuestro continente ha conservado en toda su pureza, tanto por su composición, como por su estilo, las cualidades que lleva en sí el cante primitivo de los pueblos orientales.

Antes de conocer la afirmación del maestro, la siguiriya gitana me había evocado a mí (lírico incurable) un camino sin fin, un camino sin encrucijadas, que terminaba en la fuente palpitante de la poesía «niña», el camino donde murió el primer pájaro y se llenó de herrumbre la primera flecha.

La siguiriya gitana comienza por un grito terrible, un grito que divide el paisaje en dos hemisferios ideales. Es el grito de las generaciones muertas, la aguda elegía de los siglos desaparecidos, es la patética evocación del amor bajo otras lunas y otros vientos.

Después, la frase melódica va abriendo el misterio de los tonos y sacando la piedra preciosa del sollozo, lágrima sonora sobre el río de la voz. Pero ningún andaluz puede resistir la emoción del escalofrío, al escuchar ese grito, ni ningún canto regional puede comparársele en grandeza poética, y pocas veces, contadísimas veces, llega el espíritu humano a conseguir plasmar obras de tal naturaleza.

Pero nadie piense por esto que la siguiriya y sus variantes

sean simplemente unos cantos trasplantados de Oriente a Occidente. No. «Se trata, cuando más —dice Manuel de Falla—, de un injerto, o mejor dicho de una coincidencia de orígenes que, ciertamente, no se ha revelado en un solo y determinado momento, sino que obedece a la acumulación de hechos históricos seculares desarrollados en nuestra península, y esta es la razón por la cual el canto peculiar de Andalucía, aunque por sus elementos esenciales coincide con el del pueblo tan apartado geográficamente del nuestro, acusa un carácter íntimo tan propio, tan nacional, que lo hace inconfundible.»

Los hechos históricos a que se refiere Falla, de enorme desproporción y que tanto han influido en los cantos, son tres.

La adopción por la Iglesia española del canto litúrgico, la invasión sarracena y la llegada a España de numerosas bandas de gitanos. Son estas gentes misteriosas y errantes quienes dan la forma definitiva al cante jondo.

Demuéstralo el calificativo de gitana que conserva la siguiriya y el extraordinario empleo de sus vocablos en los textos de las canciones.

Esto no quiere decir, naturalmente, que este canto sea puramente de ellos, pues existiendo gitanos en toda Europa y aun en otras regiones de nuestra península, estos cantos no son cultivados más que por los nuestros.

Se trata de un canto puramente andaluz, que ya existía en germen en esta región antes que los gitanos llegaran a ella.

Las coincidencias que el gran maestro nota entre los elementos esenciales del cante jondo y los que aún acusan algunos cantos de la India son:

El enharmonismo como medio modulante; el empleo de un ámbito melódico tan recluido, que rara vez traspasa los límites de una sexta, y el uso reiterado y hasta obsesionante de una misma nota, procedimiento propio de ciertas fórmulas de encantamiento, y hasta de aquellos recitados que pudiéramos llamar prehistóricos, ha hecho suponer a muchos que el canto es anterior al lenguaje. Por este modo llega el cante jondo, pero especialmente la siguiriya, a producirnos la impresión de una prosa cantada, destruyendo toda la sensación de ritmo métrico, aunque en realidad son tercetos o cuartetos asonantados sus textos literarios.

«Aunque la melodía gitana es rica en giros ornamentales, en esta, lo mismo que en los cantos de la India, solo se emplean en determinados momentos, como expansiones o arrebatos sugeridos por la fuerza emotiva del texto, y hay que considerarlos —según Manuel de Falla— como amplias inflexiones vocales, más que como giros de ornamentación, aunque tomen este último aspecto al ser traducidos por los intervalos geométricos de la escala atemperada.»

Se puede afirmar definitivamente que en el cante jondo, lo mismo que en los cantos del corazón de Asia, la gama musical es consecuencia directa de la que podríamos llamar gama oral.

Son muchos los autores que llegan a suponer que la palabra y el canto fueron una misma cosa, y Louis Lucas, en su obra *Acoustique nouvelle*, publicada en París en el año 1840, dice, al tratar de las excelencias del género enharmónico, «que es el primero que aparece en el orden natural, por imitación del canto de las aves, del grito de los animales y de los infinitos ruidos de la materia».

Hugo Riemann, en su *Estética musical*, afirma que el canto de los pájaros se acerca a la verdadera música y no cabe hacer distinción entre este y el canto del hombre por cuanto que ambos son expresión de una sensibilidad.

El gran maestro Felipe Pedrell, uno de los primeros españoles que se ocuparon científicamente de las cuestiones folclóricas, escribe en su magnífico *Cancionero popular español*: «El hecho de persistir en España en varios cantos populares el orientalismo musical tiene hondas raíces en nuestra nación por influencia de la civilización bizantina, antiquísima, que se tradujo en las fórmulas propias de los ritos usados en la Iglesia de España desde la conversión de nuestro país al cristianismo hasta el siglo onceno, época en que fue introducida la liturgia romana propiamente dicha». Falla completa lo dicho por su viejo maestro, determinando los elementos del canto litúrgico bizantino que se revelan en la siguiriya, que son:

Los modos tonales de los sistemas primitivos (que no hay que confundir con los llamados griegos), el enharmonismo inherente a esos modos, y la falta de ritmo métrico de la línea melódica.

Estas mismas propiedades tienen a veces algunas canciones andaluzas muy posteriores a la adopción de la música litúrgica bizantina por la Iglesia española, canciones que guardan gran afinidad con la música que se conoce todavía en Marruecos, Argel y Túnez con el nombre emocionante para todo granadino de corazón de «música de los moros de Granada».

Volviendo al análisis de la siguiriya, Manuel de Falla con su sólida ciencia musical y su exquisita intuición ha encontrado en esta canción determinadas formas y caracteres independientes de sus analogías con los cantos sagrados y la música de los moros de Granada. Es decir, ha buceado en la extraña melodía y visto el extraordinario y aglutinante elemento gitano. Acepta la visión histórica que atribuye a los gitanos un origen índico; esta versión se ajusta maravillosamente al resultado de sus interesantísimas investigaciones.

Según la versión, en el año 1400 de nuestra era, las tribus

gitanas, perseguidas por los cien mil jinetes del Gran Tamerlán, huyeron de la India.

Veinte años más tarde, estas tribus aparecen en diferentes pueblos de Europa y entran en España con los ejércitos sarracenos que, desde la Arabia y el Egipto, desembarcaban periódicamente en nuestras costas.

Y estas gentes, llegando a nuestra Andalucía, unieron los viejísimos elementos nativos con el viejísimo que ellos traían y dieron las definitivas formas a lo que hoy llamamos cante jondo.

A ellos debemos, pues, la creación de estos cantos, alma de nuestra alma; a ellos debemos la construcción de estos cauces líricos por donde se escapan todos los dolores, y los gestos rituarios de la raza.

Y son estos cantos, señores, los que desde el último tercio del siglo pasado y lo que llevamos de este se ha pretendido encerrar en las tabernas malolientes, o en las mancebías. La época incrédula y terrible de la zarzuela española, la época de Grilo y los cuadros de historia, ha tenido la culpa. Mientras que Rusia ardía en el amor a lo popular, única fuente como dice Roberto Schumann de todo arte verdadero y característico, y en Francia temblaba la ola dorada del impresionismo, en España, país casi único de tradiciones y bellezas populares, era cosa ya de baja estofa la guitarra y el cante jondo.

A medida que avanza el tiempo, este concepto se ha agravado tanto que se hace preciso dar el grito defensivo para cantos tan puros y verdaderos.

La juventud espiritual de España así lo comprende.

El cante jondo se ha venido cultivando desde tiempo inmemorial, y a todos los viajeros ilustres que se han aventurado a recorrer nuestros variados y extraños paisajes les han emocionado esas profundas salmodias que, desde los picos de

Sierra Nevada hasta los olivares sedientos de Córdoba y desde la Sierra de Cazorla hasta la alegrísima desembocadura del Guadalquivir, cruzan y definen nuestra única y complicadísima Andalucía.

Desde que Jovellanos hizo llamar la atención sobre la bella e incoherente «danza prima» asturiana hasta el formidable Menéndez Pelayo, hay un gran paso en la comprensión de las cosas populares. Artistas aislados, poetas menores fueron estudiando estas cuestiones desde diferentes puntos de vista, hasta que han conseguido que en España se inicie la utilísima y patriótica recolección de cantos y poemas. Prueba de esto son el cancionero de Burgos hecho por Federico Olmeda, el cancionero de Salamanca, hecho por Dámaso Ledesma, y el cancionero de Asturias, hecho por Eduardo Martínez Torner, costeados espléndidamente por las respectivas diputaciones.

Pero cuando advertimos la extraordinaria importancia del cante jondo es cuando vemos la influencia casi decisiva que tuvo en la formación de la moderna escuela rusa y la alta estima en que lo tuvo el genial compositor francés Claudio Debussy, ese argonauta lírico, descubridor del nuevo mundo musical.

En 1847, Miguel Ivanovich Glinka viene a Granada. Estuvo en Berlín estudiando composición con Sigfrido Dehn y había observado el patriotismo musical de Weber, oponiéndose a la influencia nefasta que ejercían en su país los compositores italianos. Seguramente él estaba impresionado por los cantos de la inmensa Rusia y soñaba con una música natural, una música nacional, que diera la sensación grandiosa de su país.

La estancia del padre y fundador de la escuela orientalista eslava en nuestra ciudad es en extremo curiosa.

Hizo amistad con un célebre guitarrista de entonces, llamado Francisco Rodríguez Murciano, y pasó con él horas enteras oyéndole las variaciones y falsetas de nuestros cantos, y sobre el eterno ritmo del agua en nuestra ciudad, nació en él la idea magnífica de la creación de su escuela y el atrevimiento de usar por vez primera la escala de tonos enteros.

Al regresar a su pueblo, dio la buena nueva y explicó a sus amigos las particularidades de nuestros cantos, que él estudió y usó en sus composiciones.

La música cambia de rumbo; el compositor ya ha encontrado la verdadera fuente.

Sus discípulos y amigos se orientan hacia lo popular, y buscan no solo en Rusia, sino en el sur de España, las estructuras para sus creaciones.

Prueba de esto son los *Souvenir d'une nuit d'été à Madrid* de Glinka y algunos trozos de la *Scheherezada* y el *Capricho español*, de Nicolás Rimski-Korsakov que todos conocéis.

Vean ustedes cómo las modulaciones tristes, y el grave orientalismo de nuestro cante, influyen desde Granada en Moscú, cómo la melancolía de la Vela es recogida por las campanas misteriosas del Kremlin.

En la exposición universal que se celebró en París el año novecientos, hubo en el pabellón de España un grupo de gitanos que cantaban el cante jondo en toda su pureza. Aquello llamó extraordinariamente la atención a toda la ciudad, pero especialmente a un joven músico que entonces estaba en esa lucha terrible que tenemos que sostener todos los artistas jóvenes, la lucha por lo nuevo, la lucha por lo imprevisto, el buceo en el mar del pensamiento por encontrar la emoción intacta.

Aquel joven iba un día y otro a oír los cantares andaluces, y él, que tenía el alma abierta a los cuatro vientos del espíritu, se impregnó del viejo Oriente de nuestras melodías. Era Claudio Debussy.

Andando el tiempo, había de ser la más alta cumbre musical de Europa y el definidor de las nuevas teorías.

Efectivamente, en muchas obras de este músico surgen sutilísimas evocaciones de España y sobre todo de Granada, a quien consideraba, como lo es en realidad, un verdadero paraíso.

Claudio Debussy, músico de la fragancia y de la irisación, llega a su mayor grado de fuerza creadora en el poema *Iberia*, verdadera obra genial donde flotan como en un sueño perfumes y rasgos de Andalucía.

Pero donde revela con mayor exactitud la marcadísima influencia del cante jondo es en el maravilloso preludio titulado *La Puerta del Vino* y en la vaga y tierna *Soirée en Grenade*, donde están acusados, a mi juicio, todos los temas emocionales de la noche granadina, la lejanía azul de la vega, la sierra saludando al tembloroso Mediterráneo, las enormes púas de niebla clavadas en las lontananzas, el rubato admirable de la ciudad y los alucinantes juegos del agua subterránea.

Y lo más admirable de todo esto es que Debussy, aunque había estudiado seriamente nuestro cante, no conocía a Granada.

Se trata, pues, de un caso estupendo de adivinación artística, un caso de intuición genial, que hago resaltar en elogio del gran músico y para honra de nuestra población.

Esto me recuerda al gran místico Swedenborg, cuando desde Londres vio el incendio de Estocolmo, y las profundas adivinaciones de santos de la Antigüedad.

En España, el cante jondo ha ejercido indudable influencia en todos los músicos, de la que llamo yo «grande cuerda española», es decir, desde Albéniz hasta Falla, pasando Granados. Ya Felipe Pedrell había empleado cantos populares en su magnífica ópera *La Celestina* (no representada en España, para vergüenza nuestra) y señaló nuestra actual orientación, pero el acierto genial lo tuvo Isaac Albéniz empleando en su obra los fondos líricos del canto andaluz. Años más tarde, Manuel de Falla llena su música de nuestros motivos puros y bellos en su lejana forma espectral. La novísima generación de músicos españoles, como Adolfo Salazar, Roberto Gerhard, Federico Mompou y nuestro Ángel Barrios, entusiastas propagadores del proyectado concurso, dirigen actualmente sus espejuelos iluminadores hacia la fuente pura y renovadora del cante jondo y los deliciosos cantos granadinos, que podían llamarse castellanos, andaluces.

Vean ustedes, señores, la trascendencia que tiene el cante jondo y qué acierto tan grande el que tuvo nuestro pueblo al llamarlo así. Es hondo, verdaderamente hondo, más que todos los pozos y todos los mares que rodean el mundo, mucho más hondo que el corazón actual que lo crea y la voz que lo canta, porque es casi infinito. Viene de razas lejanas, atravesando el cementerio de los años y las frondas de los vientos marchitos. Viene del primer llanto y el primer beso.

*

Una de las maravillas del cante jondo, aparte de la esencia melódica, consiste en los poemas.

Todos los poetas que actualmente nos ocupamos, en más o menos escala, en la poda y cuidado del demasiado frondoso árbol lírico que nos dejaron los románticos y los postrománticos, quedamos asombrados ante dichos versos.

Las más infinitas gradaciones del Dolor y la Pena, puestas al servicio de la expresión más pura y exacta, laten en los tercetos y cuartetos de la siguiriya y sus derivados.

No hay nada, absolutamente nada, igual en toda España, ni en estilización, ni en ambiente, ni en justeza emocional.

Las metáforas que pueblan nuestro cancionero andaluz están casi siempre dentro de su órbita; no hay desproporción entre los miembros espirituales de los versos, y consiguen adueñarse de nuestro corazón, de una manera definitiva.

Causa extrañeza y maravilla cómo el anónimo poeta de pueblo extracta en tres o cuatro versos toda la rara complejidad de los más altos momentos sentimentales en la vida del hombre. Hay coplas en que el temblor lírico llega a un punto donde no pueden llegar sino contadísimos poetas.

> Cerco tiene la luna,
> mi amor ha muerto.

En estos dos versos populares hay mucho más misterio que en todos los dramas de Maeterlinck, misterio sencillo y real, misterio limpio y sano, sin bosques sombríos ni barcos sin timón, el enigma siempre vivo de la muerte.

> Cerco tiene la luna,
> mi amor ha muerto.

Ya vengan del corazón de la sierra, ya vengan del naranjal sevillano o de las armoniosas costas mediterráneas, las coplas tienen un fondo común: el Amor y la Muerte..., pero un Amor y una Muerte vistos a través de la Sibila, ese personaje tan oriental, verdadera esfinge de Andalucía.

En el fondo de todos los poemas late la pregunta, pero la terrible pregunta que no tiene contestación. Nuestro pueblo pone los brazos en cruz mirando a las estrellas y esperará inútilmente la seña salvadora. Es un gesto patético, pero verdadero. El poema o plantea un hondo problema emocional, sin realidad posible, o lo resuelve con la Muerte, que es la pregunta de las preguntas.

La mayor parte de los poemas de nuestra región (exceptuando muchos nacidos en Sevilla) tiene las características antes citadas. Somos un pueblo triste, un pueblo extático.

Como Iván Turguénev vio a sus paisanos, sangre y médula rusas convertidos en esfinges, así veo yo a muchísimos poemas de nuestra lírica regional.

¡Oh esfinge de las Andalucías!

> A mi puerta has de llamar,
> no te he de salir a abrir
> y me has de sentir llorar.

Se esconden los versos detrás del velo impenetrable y se duermen en espera del Edipo que vendrá a descifrarlos para despertar y volver al silencio...

Una de las características más notables de los textos del cante jondo consiste en la ausencia casi absoluta del «medio tono».

Tanto en los cantos de Asturias como en los castellanos, catalanes, vascos y gallegos se nota un cierto equilibrio de sentimientos y una ponderación lírica que se presta a expresar humildes estados de ánimo y sentimientos ingenuos, de los que puede decirse que carece casi por completo el andaluz.

Los andaluces rara vez nos damos cuenta del «medio tono». El andaluz o grita a las estrellas o besa el polvo rojizo de sus caminos. El medio tono no existe para él. Se lo pasa durmiendo. Y cuando por rara excepción lo usa dice:

A mí se me importa poco
que un pájaro en la *alamea*
se pase de un árbol a otro.

Aunque en este cantar, por su sentimiento, aun cuando no por su arquitectura, yo noto una acusada filiación asturiana. Es, pues, el patetismo la característica más fuerte de nuestro cante jondo.

Por eso, mientras que muchos cantos de nuestra península tienen la facultad de evocarnos los paisajes donde se canta, el cante jondo canta como un ruiseñor sin ojos, canta ciego, y por eso tanto sus textos pasionales como sus melodías antiquísimas tienen su mejor escenario en la noche... en la noche azul de nuestro campo.

Pero esta facultad de evocación plástica que tienen muchos cantos populares españoles les quita la intimidad y la hondura de que está henchido el cante jondo.

Hay un canto (entre los mil) en la lírica musical asturiana que es el caso típico de evocación.

Ay de mí, perdí el camino;
en esta triste montaña
ay de mí perdí el camino;
déxame meté'l rebañu
por Dios en la to cabaña.
Entre la espesa nublina,
¡ay de mí, perdí el camino!
déxame pasar la noche
en la cabaña contigo.
Perdí el camino
entre la niebla del monte,
¡ay de mí, perdí el camino!

Es tan maravillosa la evocación de la montaña, con pinares movidos por el viento, es tan exacta la sensación real del camino que sube a las cumbres donde la nieve sueña, es tan verdadera la visión de la niebla, que asciende de los abismos confundiendo a las rocas humedecidas en infinitos tonos de gris, que llega uno a olvidarse del «probe pastor» que como un niño pide albergue a la desconocida pastora del poema. «Llega uno a olvidarse de lo esencial en el poema.» La melodía de este canto ayuda extraordinariamente a la evocación plástica con un ritmo monótono verde-gris de paisaje con nieblas.

En cambio el cante jondo canta siempre en la noche. No tiene ni mañana ni tarde, ni montañas ni llanos. No tiene más que la noche, una noche ancha y profundamente estrellada. Y le sobra todo lo demás.

Es un canto sin paisaje y por lo tanto concentrado en sí mismo, y terrible en medio de la sombra, lanza sus flechas de oro que se clavan en nuestro corazón. En medio de la sombra es como un formidable arquero azul cuya aljaba no se agota jamás.

*

Las preguntas que todos hacen de ¿quién hizo esos poemas?, ¿qué poeta anónimo los lanza en el escenario rudo del pueblo?, esto realmente no tiene respuesta.

Jeanroy, en su libro *Orígenes de la lírica popular en Francia*, escribe: «El arte popular no solo es la creación impersonal, vaga e inconsciente, sino la creación "personal" que el pueblo recoge por adaptarse a su sensibilidad». Jeanroy tiene en parte razón, pero basta tener una poca de sensibilidad para advertir dónde está la creación culta, aunque esta tenga todo el color salvaje que se quiera. Nuestro pueblo canta coplas de

Melchor de Palau, de Salvador Rueda, de Ventura Ruiz Aguilera, de Manuel Machado y de otros, pero ¡qué diferencia tan notable entre los versos de estos poetas y los que el pueblo crea! ¡La diferencia que hay entre una rosa de papel y otra natural!

Los poetas que hacen cantares populares enturbian las claras linfas del verdadero corazón; y ¡cómo se nota en las coplas el ritmo seguro y feo del hombre que sabe gramáticas! Se debe tomar del pueblo nada más que sus últimas esencias y algún que otro trino colorista, pero nunca querer imitar fielmente sus modulaciones inefables, porque no hacemos otra cosa que enturbiarlas. Sencillamente por educación.

Los verdaderos poemas del cante jondo no son de nadie, están flotando en el viento como vilanos de oro y cada generación los viste de un color distinto, para abandonarlos a las futuras. Los verdaderos poemas del cante jondo están, en sustancia, sobre una veleta ideal que cambia de dirección con el aire del Tiempo.

Nacen porque sí, son un árbol más en el paisaje, una fuente más en la alameda.

La mujer, corazón del mundo y poseedora inmortal de la «rosa, la lira y la ciencia armoniosa», llena los ámbitos sin fin de los poemas. La mujer en el cante jondo se llama Pena...

Es admirable cómo a través de las construcciones líricas un sentimiento va tomando forma y cómo llega a concrecionarse en una cosa casi material. Este es el caso de la Pena.

En las coplas la Pena se hace carne, toma forma humana y se acusa con una línea definida. Es una mujer morena que quiere cazar pájaros con redes de viento.

Todos los poemas del cante jondo son de un magnífico panteísmo; consultan al aire, a la tierra, al mar, a la luna, a cosas tan sencillas como el romero, la violeta y el pájaro. Todos los objetos exteriores toman una aguda personalidad y llegan a plasmarse hasta tomar parte activa en la acción lírica.

> En *mitá der má*
> había una piedra,
> y se sentaba mi compañerita
> a contarle sus penas.

*

> Tan solamente a la Tierra
> le cuento lo que me pasa,
> porque en el mundo no encuentro
> persona *e* mi confianza.

*

> Todas las mañanas voy
> a preguntarle al romero
> si el mal de amor tiene cura,
> porque yo me estoy muriendo.

El andaluz, con un profundo sentido espiritual, entrega a la naturaleza todo su tesoro íntimo con la completa seguridad de que será escuchado.

Pero lo que en los poemas del cante jondo se acusa como admirable realidad poética es la extraña materialización del viento, que han conseguido muchas coplas.

El viento es personaje que sale en los últimos momentos sentimentales, aparece como un gigante preocupado de derribar estrellas y disparar nebulosas, pero en ningún poema popular he visto que hable y consuele como en los nuestros.

Subí a la muralla;
me respondió el viento:
¿para qué tantos suspiritos
si ya no hay remedio?

*

El aire lloró
al ver las *duquitas* tan grandes
e mi corazón.

*

Yo me enamoré del aire,
del aire de una mujer,
como la mujer es aire
en el aire me quedé.

*

Tengo celos del aire
que da en tu cara,
si el aire fuera hombre
yo lo matara.

*

Yo no le temo a remar,
que yo remar remaría,
yo solo temo al viento
que sale de tu bahía.

Es esta una particularidad deliciosa de los poemas; poemas enredados en la hélice inmóvil de la rosa de los vientos.

Otro tema peculiarísimo y que se repite en infinidad de canciones (las más) es el tema del llanto...

En la siguiriya gitana, perfecto poema de las lágrimas, llora la melodía como lloran los versos. Hay campanas perdidas en los fondos y ventanas abiertas al amanecer.

> De noche me *sargo ar* patio
> y me *jarto* de *llorá*,
> en *ber* que te quiero tanto
> y tú no me quieras *ná*.

*

> Llorar, llorar ojos míos,
> llorar si tenéis por qué,
> que no es vergüenza en un hombre
> llorar por una mujer.

*

> Cuando me veas llorar
> no me quites el pañuelo,
> que mis penitas son grandes
> y llorando me consuelo.

Y esta última, gitana y andalucísima:

> Si mi corazón tuviera
> *birieritas e cristar*
> t'asomaras y lo vieras
> gotas de sangre llorar.

Tienen estos poemas un aire popular inconfundible y son, a mi juicio, los que van mejor con el patetismo melódico del cante jondo.

Su melancolía es tan irresistible y su fuerza emotiva es tan perfilada, que a todos los verdaderamente andaluces nos producen un llanto íntimo, un llanto que limpia al espíritu llevándolo al limonar encendido del Amor.

No hay nada comparable en delicadeza y ternura con estos cantares y vuelvo a insistir en la infamia que se comete con ellos, relegándolos al olvido o prostituyéndolos con la baja intención sensual o con la caricatura grosera. Aunque esto ocurre exclusivamente en las ciudades, porque afortunadamente para la virgen Poesía y para los poetas aún existen marineros que cantan sobre el mar, mujeres que duermen a sus niños a la sombra de las parras, pastores ariscos en las veredas de los montes; y echando leña al fuego, que no se ha apagado del todo, el aire apasionado de la poesía avivará las llamas y seguirán cantando las mujeres bajo las sombras de las parras, los pastores en sus agrias veredas y los marineros sobre el ritmo fecundo del mar.

*

Lo mismo que en la siguiriya y sus hijas se encuentran los elementos más viejos de Oriente, lo mismo en muchos poemas que emplean el cante jondo se nota la afinidad con los cantos orientales más antiguos.

Cuando la copla nuestra llega a un extremo del Dolor y del Amor, se hermana en expresión con los magníficos versos de poetas árabes y persas.

Verdad es que en el aire de Córdoba y Granada quedan gestos y líneas de la remota Arabia, como es evidente que en el turbio palimpsesto del Albaicín surgen evocaciones de ciudades perdidas.

Los mismos temas del sacrificio, del Amor sin fin y del Vino aparecen expresados con el mismo espíritu en misteriosos poetas asiáticos.

Séraje-al-Warak, un poeta árabe, dice:

> La tórtola que el sueño
> con sus quejas me quita,
> como yo tiene el pecho
> ardiendo en llamas vivas.

Ibn Ziati, otro poeta árabe, escribe a la muerte de su amada la misma elegía que un andaluz del pueblo hubiese cantado.

> El visitar la tumba de mi amada
> me daban mis amigos por consuelo,
> mas yo les repliqué: ¿Tiene ella, amigos,
> otro sepulcro que mi pecho?

Pero donde la afinidad es evidente y se encuentran coincidencias nada raras es en las sublimes gacelas amorosas de Hafiz, poeta nacional de Persia que cantó el vino, las hermosas mujeres, las piedras misteriosas, y la infinita noche azul de Siraz.

El arte ha usado desde los tiempos más remotos la telegrafía sin hilos o los espejitos de las estrellas.

Hafiz tiene en sus gacelas varias obsesiones líricas, entre ellas la exquisita obsesión de las cabelleras.

Aunque ella no me amara
el orbe de la tierra
trocara por un solo
cabello de su crencha.

Y escribe después:

Enredado en tu negra cabellera
está mi corazón desde la infancia,
hasta la muerte. Unión tan agradable
no será ni deshecha ni borrada.

Es la misma obsesión que por los cabellos de las mujeres
tienen muchos cantares de nuestro singular cante jondo llenos de alusiones a las trenzas guardadas en relicarios, el rizo
sobre la frente que provoca toda una tragedia. Este ejemplo
entre los muchos lo demuestra; es una siguiriya.

Si acasito muero mira que te encargo
que con las trenzas de tu pelo negro
me ates las manos.

No hay nada más profundamente poemático que estos
tres versos que revelan un triste y aristocrático sentimiento
amoroso.

Cuando Hafiz trata el tema del llanto lo hace con las mismas expresiones que nuestro poeta popular, con la misma
construcción espectral y a base de los mismos sentimientos:

Lloro sin cesar tu ausencia,
mas ¿de qué sirve mi anhelar continuo
si a tus oídos el viento rehúsa
llevar mis suspiros?

Es lo mismo que:

> Yo doy suspiros al aire
> ¡ay pobrecito de mí,
> y no los recoge nadie!

Hafiz dice:

> Desde que el eco de mi voz no escuchas
> está en la pena el corazón sumido;
> y a los mis ojos ardorosas fuentes
> de sangre envía.

Y nuestro poeta:

> Cada vez que miro el sitio
> donde te he solido hablar,
> comienzan mis pobres ojos
> gotas de sangre a llorar.

O esta terrible copla de siguiriya:

> De aquellos quereles
> no quiero acordarme,
> porque me llora mi corazoncito
> gotas de sangre.

En la gacela veintisiete canta el hombre de Siraz:

> Al fin mis huesos se verán un día
> a polvo reducidos en la fosa,
> mas no podrá jamás el alma
> borrar una pasión tan fuerte,

que es exactamente la solución de infinidad de coplas del cante jondo. Más fuerte que la muerte es el amor.

Fue para mí, pues, de una gran emoción la lectura de estas poesías asiáticas traducidas por don Gaspar María de Nava y publicadas en París el año 1838, porque me evocaron inmediatamente nuestros *jondísimos* poemas.

También existe gran afinidad entre nuestros siguiriyeros y los poetas orientales en lo que se refiere al elogio del vino. Cantan ambos grupos el vino claro, el vino quitapenas que recuerda a los labios de las muchachas, el vino alegre, tan lejos del espantoso vino baudelairiano. Citaré una copla (creo que es un martinete), rara por cantarla un personaje que dice su nombre y apellido (caso insólito en nuestro cancionero) y en quien yo veo personificados a todos los verdaderos poetas andaluces.

> Yo me llamo Curro Pulla
> por la tierra y por el mar,
> y en la puerta de la tasca
> la piedra fundamental.

Es el mayor elogio del vino que se oye en los cantares de este Curro Pulla. Como el maravilloso Omar Khayyam sabía aquello de

> Se acabará mi querer,
> se acabará mi llorar,
> se acabará mi tormento
> y todo se acabará.

Coloca sobre su frente la corona de rosas del instante y mirando en el vaso lleno de néctar, ve correrse una estrella en el fondo... Y como el grandioso lírico de Nishapur, siente a la vida como un tablero de ajedrez.

Es, pues, señores, el cante jondo, tanto por la melodía como por los poemas, una de las creaciones artísticas populares más fuertes del mundo y en vuestras manos está el conservarlo y dignificarlo para honra de Andalucía y sus gentes.

*

Antes de terminar esta pobre y mal construida lectura quiero dedicar un recuerdo a los maravillosos cantaores merced a los cuales se debe que el cante jondo haya llegado hasta nuestros días.

La figura del cantaor está dentro de dos grandes líneas; el arco del cielo en el exterior y el zigzag que culebrea dentro de su alma.

El cantaor, cuando canta, celebra un solemne rito, saca las viejas esencias dormidas y las lanza al viento envueltas en su voz..., tiene un profundo sentido religioso del canto.

La raza se vale de ellos para dejar escapar su dolor y su historia verídica. Son simples *médiums*, crestas líricas de nuestro pueblo.

Cantan alucinados por un punto brillante que tiembla en el horizonte, son gentes extrañas y sencillas al mismo tiempo.

Las mujeres han cantado soleares, género melancólico y humano de relativo fácil alcance para el corazón, en cambio los hombres han cultivado con preferencia la portentosa siguiriya gitana..., pero casi todos ellos han sido mártires de la pasión irresistible del cante. La siguiriya es como un cauterio que quema el corazón, la garganta y los labios de los que la dicen. Hay que prevenirse contra su fuego y cantarla en su hora precisa.

Quiero recordar a Romerillo, al espiritual Loco Mateo, a Antonia la de San Roque, a Anita la de Ronda, a Dolores la Parrala y a Juan Breva, que cantaron como nadie las soleares y evocaron a la virgen Pena en los limonares de Málaga o bajo las noches marinas del puerto.

Quiero recordar también a los maestros de la siguiriya, Curro Pablos, El Curro, Manuel Molina, y al portentoso Silverio Franconetti, que cantó como nadie el cante de los cantes y cuyo grito hacía abrirse el azogue de los espejos.

Fueron inmensos intérpretes del alma popular que destrozaron su propia alma entre las tempestades del sentimiento. Casi todos murieron del corazón, es decir, estallaron como enormes cigarras después de haber poblado nuestra atmósfera de ritmos ideales...

Señoras y señores:

A todos los que a través de su vida se han emocionado con la copla lejana que viene por el camino, a todos los que la paloma blanca del amor haya picado en su corazón maduro, a todos los amantes de la tradición engarzada con el porvenir, al que estudia en el libro como al que ara la tierra, les suplico respetuosamente que no dejen morir las inapreciables joyas vivas de la raza, el inmenso tesoro milenario que cubre la superficie espiritual de Andalucía; y que mediten bajo la noche de Granada la trascendencia patriótica del proyecto que unos artistas españoles presentamos.

La imagen poética de don Luis de Góngora*

Señoras y señores:

Demasiado tema el mío para una hora escasa de monólogo. Demasiado tema, ya que tengo en cuenta siempre el terrible moscardón del aburrimiento que penetra en la sala, ensarta las cabezas con un tenue hilo de seda, y abre los caminos de un sueño feo, un sueño lleno de bostezos, sin los lirios y las imágenes del sueño que manda Dios. Pero los temas son siempre inagotables: no Góngora, que es infinito —una hormiga, la hojita más pequeña de un arbusto, el modelado cuerpo de una palabra. Yo siempre recuerdo con asombro a un ilustre sabio alemán, de cuyo nombre quiero acordarme pero no puedo, que escribió un millón de páginas sobre el tema «El diptongo *ue* en el poeta Gonzalo de Berceo». Esta conferencia (me da cierto reparo esta palabra *conferencia* por lo ampulosa) es una sencilla lección sobre Góngora, una leve introducción al amor de su poesía. Yo cojo mi linterna eléctrica, y, seguido de ustedes, ilumino esa gran estatua de mármol que es don Luis, esa estatua impecable de belleza a quien las Acade-

---

* Leída en La Habana el 19 de marzo de 1930, tras un proceso de revisión de la conferencia original (que Lorca presentó en Granada el 15 de febrero de 1926).

mias no han podido quebrar ni un dedo, pero a quien la luna surrealista ha roto la punta hebraica de su nariz. Después del gran esfuerzo que para levantar a esta gloria de nuestra lengua hemos hecho los poetas y críticos españoles e hispanoamericanos, los obreros se retiran a los puestos avanzados para seguir la lucha ardiente, cielo y vocablo, mientras Góngora se queda en la gran plaza abstracta que pintó antes de él Botticelli y después de él Giorgio Chirico, con el equilibrio y el laurel de Sofía para curar poetas heridos o poetas demasiado nebulosos.

Pero el lector no. Hay que seguir trabajando con él, hasta que no se oiga una sola voz en contra. No crean los catedráticos y críticos de la españolada picaresca que los poetas abandonamos a Góngora. Siempre habrá alguno que vuelva del frente para explicarlo a la gente de buena fe y corazón atento, como yo hago en estos instantes.

Dos grupos de poetas luchan en la historia de la lírica de España. Los llamados populares e impropiamente nacionales y los llamados propiamente cultos o cortesanos. Gentes que hacen su poesía andando los caminos, o gentes que hacen su poesía sentados en su mesa, viendo los caminos a través de los vidrios emplomados de la ventana. Mientras que en el siglo XIII los poetas indígenas sin nombre balbucean canciones, desgraciadamente perdidas, del sentimiento medieval galaico o castellano, el grupo que vamos a llamar contrario para distinguirlo, atiende a la moda francesa y provenzal. Bajo aquel húmedo cielo de oro lleno de azules faisanes miniados se publican los cancioneros de Ajuda, de la Vaticana y Colocci-Brancuti, donde oímos, a través de las rimas provenzales del rey don Dionís y de las cultas canciones de amigo, la tierna voz de los poetas sin nombre, que cantan un puro canto exento de gramática.

En el siglo xv el *Cancionero de Baena* rechaza sistemáticamente toda poesía de acento popular, pero el marqués de Santillana asegura que entre los donceles nobles de esta época estaban muy de moda las canciones de amigo.

Empieza a soplar el fresco aire de Italia.

Las madres de Garcilaso y Boscán cortan el azahar de sus bodas pero ya se canta en todas partes y era clásico aquello de

> Al alba venid, buen amigo,
> al alba venid.
>
> Amigo el que yo más quería,
> venid al alba del día.
>
> Amigo el que yo más amaba,
> venid a la luz del alba.
>
> Venid a la luz del día,
> non trayáis compañía.
>
> Venid a la luz del alba,
> non traigáis gran compaña.

Y cuando Garcilaso nos trae el endecasílabo, con sus guantes perfumados, viene la música en ayuda de los popularistas. Se publica el *Cancionero musical de Palacio* y se pone de moda lo popular. Los músicos recogen entonces de la tradición oral bellas canciones amatorias, pastoriles y caballerescas. Se oyen en las páginas hechas para ojos aristocráticos las voces de rufianes en la taberna o de las serranas de Ávila, el romance del moro de largas barbas, dulces cantos de amigo, monótonos oráculos de ciego, el canto del caballero perdido en la espesura, o la queja exquisita de la plebeya burlada. Un fino y exacto paisaje de lo pintoresco y espiritual español.

Menéndez Pidal dice que «el humanismo abrió los ojos de los doctos a la comprensión más acabada del espíritu humano en todas sus manifestaciones, y lo popular mereció una atención digna e inteligente, como hasta entonces no había logrado». Prueba de esto es el cultivo de la vihuela y los cantos del pueblo por grandes músicos como Luis Milán, que tradujo *El cortesano* de Castiglione y Francisco Salinas, el ciego amigo de fray Luis de León.

Pero una guerra franca se declaró entre los dos grupos. El gran poeta Cristóbal de Castillejo y su discípulo Gregorio Silvestre tomaron la bandera castellanista, con el amor a la tradición popular. Garcilaso, seguido del grupo más numeroso, afirmó su adhesión a lo que se llamó gusto italiano. Y cuando en los últimos meses del año 1609 Góngora escribe el «Panegírico al duque de Lerma», la guerra entre los partidarios del fino cordobés y los amigos del incansable Lope de Vega llega a un grado de atrevimiento y exaltación como en ninguna época literaria. Tenebrosistas y llanistas hacen un combate de sonetos animado y divertido, a veces dramático, y casi siempre un poco indecente.

Pero ya nuestra época no cree de ninguna manera en lo de poeta italianizante y poeta castellano.

En todos ellos hay un profundo sentimiento nacional. La indudable influencia extranjera no pesa sobre el tuétano de su espíritu. El clasificarlos depende de una cuestión de enfoque histórico. Pero tan nacional es Castillejo como Garcilaso. Castillejo está imbuido en la Edad Media. Es un poeta arcaizante del gusto recién acabado.

Garcilaso renacentista desentierra a orillas del Tajo viejas mitologías deliciosamente equivocadas por el tiempo, con una galantería genuinamente nacional, descubierta entonces, y un verbo de eternidad española.

Lope recoge los arcaísmos líricos de los finales medievales y crea un teatro profundamente romántico, hijo de su tiempo. Los grandes descubrimientos marítimos relativamente recientes (romanticismo puro) le dan en el rostro. Su teatro de amor, de aventura y de duelo le afirma como un hombre de tradición nacional. Pero tan nacional como él es Góngora. Góngora huye en su obra característica y definitiva de la tradición caballeresca y lo medieval, para buscar, no superficialmente como Garcilaso, sino de una manera profunda, la gloriosa y vieja tradición latina. Busca en el aire solo de Córdoba las voces de Séneca y Lucano. Y modelando versos castellanos a la luz fría de la lámpara de Roma lleva a su mayor altura un tipo de arte únicamente español: el barroco. Ha sido una lucha intensa de medievalistas y latinistas. Poetas que aman lo pintoresco y local, y poetas de corte. Poetas que se embozan y poetas que buscan el desnudo. Pero el aire ordenado y sensual que manda el Renacimiento italiano no les llega al corazón. Porque o son románticos como Lope y Herrera o son católicos y barrocos en sentido distinto, como Góngora y Calderón. La geografía y el cielo triunfan de la biblioteca.

Hasta aquí quería llegar en este breve resumen. He procurado buscar la línea de Góngora para situarlo en su aristocrática soledad.

«Mucho se ha escrito sobre Góngora pero todavía permanece oscura la génesis de su reforma poética...» Así empiezan los gramáticos más avanzados y cautelosos cuando hablan del padre de la lírica moderna. No quiero nombrar a Menéndez Pelayo, que no entendió a Góngora, porque en cambio entendió portentosamente a todos los demás. Algunos críticos achacan lo que ellos llaman el cambio repentino de don Luis de Góngora, con cierto sentido histórico, a las teorías de Ambrosio de Morales y de Aldrete, a las sugestiones de su maestro Herrera, a la lectura del libro del cordobés Luis Carrillo (apología del estilo oscuro), a la influencia del mago Juan de Mena, y a otras causas que parecen razonables. Pero el francés *monsieur* Lucien-Paul Thomas en su libro *Góngora et le gongorisme* lo achaca a perturbación cerebral y el señor Fitzmaurice-Kelly, dando pruebas de la incapacidad crítica que le distingue cuando trata de un autor no clasificado, se inclina a creer que el propósito del poeta de las *Soledades* no fue otro que el de llamar la atención sobre su personalidad literaria. Nada más pintoresco que estas serias opiniones. Ni nada más irreverente.

El Góngora culterano ha sido considerado en España, y lo sigue siendo por un extenso núcleo de opinión, como un monstruo de vicios gramaticales cuya poesía carece de todos los elementos fundamentales para ser bella. Las *Soledades* han sido consideradas por los gramáticos y retóricos más eminentes como una lacra que hay que tapar, y se han levantado voces oscuras y torpes, voces sin luz ni espíritu, para anatematizar lo que ellos llaman oscuro y vacío. Consiguieron aislar a Góngora y echar tierra en los ojos nuevos que venían a comprenderlo durante dos largos siglos en que se nos ha estado repitiendo: «no acercarse porque no se entiende». Y Góngora ha estado solo como un leproso lleno de llagas de fría luz de plata, con la rama novísima en las manos, esperando las nuevas generaciones que recogieran su herencia objetiva y su sentido de la metáfora.

¿Qué causas pudo tener Góngora para hacer su revolución lírica? ¿Causas? Una nativa necesidad de belleza nueva le lleva a un nuevo modelado del idioma. Era de Córdoba y sabía el latín como pocos. No hay que buscarlo en la historia, sino en su alma. Inventa por primera vez en el castellano un nuevo método para cazar y plasmar las metáforas y piensa sin decirlo que la eternidad de un poema depende de la calidad y trabazón de sus imágenes.

Después ha escrito Marcel Proust: «Solo la metáfora puede dar una suerte de eternidad al estilo».

La necesidad de una belleza nueva y el aburrimiento que le causaba la producción poética de su época desarrolló en él una aguda y casi insoportable sensibilidad crítica.

Llegó casi a odiar la poesía. Estoy seguro.

Ya no podía crear poemas que supieran al viejo gusto castellano, ya no gustaba la sencillez heroica del romance. Cuando para no trabajar miraba el espectáculo lírico contemporáneo lo encontraba lleno de defectos, de imperfecciones, de sentimientos vulgares. Todo el polvo de Castilla le llenaba el alma y la sotana de racionero. Sentía que los poemas de los otros eran imperfectos, descuidados, como hechos al desgaire.

Y cansado de castellanos y de «color local» leía su Virgilio con una fruición de hombre sediento de elegancia. Su sensibilidad le puso un microscopio en las pupilas. Vio el idioma castellano lleno de cojeras, de claros, y con su instinto estético fragante, empezó a construir una nueva torre de gemas y piedras inventadas, que irritó el orgullo de los castellanos en sus palacios de adobes. Se dio cuenta de la fugacidad del sentimiento humano, de lo débiles que son las expresiones espontáneas que solo conmueven en algunos momentos, y quiso que la belleza de su obra radicara en la metáfora limpia de realidades que mueren, metáfora dura, con espíritu escultórico y situada en un ambiente extraatmosférico.

Porque él amaba la belleza objetiva, la belleza pura e inútil, exenta de congojas comunicables.

Mientras que todos piden pan, él pide el hombro de pórfido de cada día. Sin sentido de la realidad real pero dueño absoluto de su realidad poética. ¿Qué hizo el poeta para dar unidad y proporciones justas a su credo estético? Limitarse. Hacer examen de conciencia y con su capacidad crítica estudiar la mecánica de su creación. Un poeta tiene que ser profesor en los cinco sentidos corporales. Los cinco sentidos corporales en este orden: vista, tacto, oído, olfato y gusto. Para poder ser dueño de las más bellas metáforas tiene que abrir puertas de comunicación en todos ellos y, con mucha frecuencia, ha de superponer sus sensaciones y aun de disfrazar sus naturalezas.

Así puede decir Góngora en su *Soledad* primera:

> Pintadas aves —cítaras de pluma—
> coronaban la bárbara capilla,
> mientras el arroyuelo para oílla
>   hace de blanca espuma
> tantas orejas cuantas guijas lava.

Y puede decir describiendo una zagala:

> De el verde margen otra las mejores
> rosas traslada y lilios al cabello,
> o por lo matizado o por lo bello,
> si Aurora no con rayos, Sol con flores.

O:

> de las ondas el pez con vuelo mudo.

O:

verdes voces.

O:

voz pintada, canto alado.

O:

órganos de pluma.

Para que una metáfora tenga vida, necesita dos condiciones esenciales. Forma y radio de acción, su núcleo central, y una redonda perspectiva en torno de él. El núcleo se abre como una flor que nos sorprende por lo desconocida, pero en el radio de luz que lo rodea hallamos el nombre de la flor y aspiramos la calidad de su perfume. La metáfora está siempre regida por la vista (a veces por una vista sublimada), pero es la vista la que la hace limitada y le da su realidad. Aun los más evanescentes poetas tienen necesidad de dibujar y limitar sus metáforas y figuraciones. Y algunos, Keats o Juan Ramón Jiménez, se *salvan* por su plasticidad admirable del peligroso mundo poético de las visiones. La vista no deja que la sombra enturbie el contorno de la imagen que se ha dibujado delante de ella.

Ningún ciego de nacimiento puede ser un poeta plástico de metáforas objetivas, porque no tiene idea de las proporciones de la naturaleza. El ciego está mejor en el campo de luz sin límite de la Mística, exento de objetos reales y traspasado de largas brisas de sabiduría.

Todas las imágenes se abren, pues, en el campo visual. El

tacto enseña la calidad de sus materias líricas. Su calidad... casi pictórica. Y las imágenes que construyen los demás sentidos están supeditadas, a mi modo de ver, a los dos primeros.

La metáfora es un cambio de trajes, fines u oficios entre objetos o ideas de la naturaleza. Tienen sus planos y sus órbitas. La metáfora une dos mundos antagónicos por medio de un salto ecuestre que da la imaginación. El cinematográfico y antipoético poeta Jean Epstein dice que «es un teorema en el que se salta sin intermediario desde la hipótesis a la conclusión». Exactamente.

La originalidad de don Luis de Góngora, aparte de la puramente gramatical, está en su método de cazar las metáforas que estudió utilizando su dramática autocrítica. Hombre de extraordinaria capacidad para el mito, estudia las bellas concepciones de los pueblos clásicos, y, huyendo de la montaña y sus visiones lumínicas, se sienta a las orillas del mar donde el viento

> le corre en lecho azul de aguas marinas
> turquesadas cortinas.

Allí ata su imaginación y le pone bridas, como si fuera escultor, para empezar su poema. Y tanto deseo tiene de dominarlo y redondearlo que ama inconscientemente las islas, porque piensa, y con mucha razón, que un hombre puede gobernar y poseer mejor que ninguna otra tierra, el orbe definido, visible, de la redonda roca limitada por las aguas. Su mecánica imaginativa es perfecta. Cada imagen es a veces un mito creado.

Armoniza y hace plásticos de una manera violenta en ocasiones los mundos más distintos. En sus manos no hay desorden ni desproporción. En sus manos pone como juguetes sistemas celestes y bosques de brisa. Une las sensaciones

astronómicas con detalles nimios de lo infinitamente pequeño, con una idea de las masas y de las materias desconocida en
la poesía española hasta que él las compuso.

En su *Soledad* primera dice:

> Desnudo el joven, cuanto ya el vestido
>   Océano ha bebido,
> restituir le hace a las arenas;
>   y al sol le extiende luego,
>   que, lamiéndole apenas
> su dulce lengua de templado fuego,
> lento le embiste, y con süave estilo
> la menor onda chupa al menor hilo.

¡Con qué maravilloso tacto está armonizado el Océano,
ese dragón de oro del sol embistiendo con su tibia lengua, y ese
traje mojado del joven, donde la ciega cabeza del astro «la menor onda chupa al menor hilo»! No hay nada que dé la sensación del sol que cae pero no pesa como ese verso:

> que, lamiéndole apenas [...] lento le embiste.

Como lleva la imaginación atada, la detiene cuando quiere y no se deja arrastrar por las oscuras fuerzas naturales de la
ley de inercia, ni por los fugaces espejismos donde mueren los
poetas incautos como mariposas en el farol. Hay momentos en
las *Soledades* que resultan increíbles. No se puede imaginar
cómo el poeta juega con grandes masas y términos geográficos sin caer en lo monstruoso ni en lo hiperbólico desagrada-
ble.

En la primera inagotable *Soledad* dice, refiriéndose al istmo de Suez:

el istmo que al Océano divide,
y —sierpe de cristal— juntar le impide
la cabeza, del Norte coronada,
con la que ilustra el Sur, cola escamada
de antárticas estrellas.

O dibuja estos dos vientos con mano segura y magníficas proporciones:

para el Austro de alas nunca enjutas,
para el Cierzo expirante por cien bocas.

O dice de un estrecho esta definición poética tan justa:

cuando halló de fugitiva plata
la bisagra, aunque estrecha, abrazadora
de un Océano y otro siempre uno.

O llama a un pescador:

Bárbaro observador, mas diligente,
de las inciertas formas de la Luna.

Y, en fin, en el *Polifemo* construye este paisaje de sabor metálico en el cual las palabras *arde* y *tardo* comunican el tono de fuego que tiene el cuarteto impecable:

Arde la juventud, y los arados
peinan las tierras que surcaron antes,
mal conducidos, cuando no arrastrados,
de tardos bueyes cual su dueño errantes.

Pero lo interesante es que tratando formas y objetos de pequeño tamaño lo haga con el mismo amor y la misma efusión poética. Para él una manzana es tan intensa como el mar y una abeja tan sorprendente como un bosque. Se sitúa frente a la naturaleza con ojos penetrantes y admira la idéntica belleza que tienen por igual todas las formas. Entra en lo que se puede llamar mundo de cada cosa y allí proporciona su sentimiento a los sentimientos que lo rodean. Por eso le da lo mismo una manzana que un mar porque adivinó, como todos los verdaderos poetas, que la manzana en su mundo es tan infinita como el mar en el suyo. La vida de una manzana desde que es tenue flor hasta que, fruto con mejillas, cae muerta del árbol a la hierba es tan misteriosa y tan sin término como el ritmo periódico de las mareas. Y un poeta debe saber esto. La grandeza de una poesía no depende de la magnitud del tema, ni de sus proporciones ni sentimientos. Se puede hacer un poema épico de la emocionante lucha que sostienen los leucocitos en el ramaje aprisionado de las venas, y se puede dar una inacabable impresión de infinito con la forma y olor de una rosa tan solo.

Góngora trata con la misma medida todas las materias que abarcaba la poesía de entonces, y así como maneja mares y continentes como un cíclope, analiza frutas y objetos.

En la octava real número diez de la *Fábula de Polifemo y Galatea* dice:

> la pera, de quien fue cuna dorada
> la rubia paja y —pálida tutora—,
> la niega avara y pródiga la dora.

Llama a la paja «pálida tutora» de la pera, puesto que en su seno amante se termina de madurar, desprendida todavía verde de su madre la rama.

Pálida tutora que «la niega avara y pródiga la dora», puesto que la esconde a la contemplación de la gente para ponerle un vestido de oro.

¿No encanta la manera tan consciente de matizar y dar vida a un fruto? Y una vez comprendido, ¿no conmueven profundamente la ternura y el humor lírico del poeta llamando a la paja «pálida tutora» de la fruta que madura?

Otra vez escribe:

> montecillo, las sienes laureado
> traviesos despidiendo moradores
>   de sus confusos senos,
> conejuelos, que, el viento consultado,
> salieron retozando a pisar flores.

Está expresado con verdadera gracia esa parada seca y ese delicioso mohín que hace el hociquito del animal al salir de la madriguera:

> conejuelos, que, el viento consultado,
> salieron retozando a pisar flores.

Pero más significativos son estos versos sobre una colmena en el tronco de un alcornoque de la que dice Góngora que era alcázar de aquella (la abeja):

> que sin corona vuela y sin espada,
> susurrante amazona, Dido alada,
> de ejército más casto, de más bella
> república, ceñida, en vez de muros,
> de cortezas; en esta pues Cartago
> reina la abeja, oro brillando vago,
> o el jugo beba de los aires puros,

o el sudor de los cielos, cuando liba
de las mudas estrellas la saliva.

«República, ceñida, en vez de muros, / de cortezas» llama a la colmena silvestre. Afirma que la abeja, «susurrante amazona», bebe el jugo de los aires puros, y llama al rocío «saliva» de las flores, y a las flores «estrellas mudas». ¿No tiene aquí la misma línea amplia y justeza que cuando nos habla del mar, del alba y usa términos astronómicos? Dobla y triplica la imagen para llevarnos a planos diferentes que necesita para redondear la sensación y comunicarla con todos sus aspectos. Nada más sorprendente de poesía pura.

Él hace en su época esta increíble imagen del reloj:

Las horas ya, de números vestidas

o llama a una gruta, sin nombrarla, «bostezo melancólico de la tierra». De sus contemporáneos solo Quevedo acierta alguna vez con tan felices expresiones, pero no con su calidad. Hace falta que el siglo XIX traiga al gran poeta y alucinado profesor Estéfano Mallarmé, que paseó por la *rue* de Rome su lirismo abstracto sin segundo. Hasta entonces no tuvo Góngora su mejor discípulo... que no lo conocía siquiera. Aman los mismos cisnes, espejos, luces duras, cabelleras femeninas, y tienen el idéntico temblor fijo del barroco, con la diferencia de que Góngora es más fuerte y aporta una riqueza verbal que Mallarmé desconoce y tiene un sentido de belleza extática que el delicioso humorismo de los modernos y la aguja envenenada de la ironía no dejan ver en sus poemas. Naturalmente, Góngora no crea sus imágenes sobre la misma naturaleza, sino que lleva el objeto, cosa o acto a la cámara oscura de su cerebro, y de allí salen transformados para dar el gran salto sobre el otro mundo con que se funden. Por eso su poesía, como no es directa, es imposible de leer ante los objetos de que habla. Los chopos, rosas, zagalas y mares del espiritual cordobés son creados, son nuevos. Llama al mar «esmeralda bruta, en mármol engastada siempre undoso» o al chopo «verde lira». Por otra parte, no hay nada más imprudente que leer el madrigal hecho a una rosa, con una rosa viva en la mano. Sobra la rosa o el madrigal.

Góngora tiene un mundo aparte como todo gran poeta. Mundo de rasgos esenciales de las cosas y diferencias características.

El poeta que va a hacer un poema dentro de su campo imaginativo tiene la sensación vaga de que va a una cacería nocturna en un bosque lejanísimo. Un miedo inexplicable abre fuentes y niños muertos en su corazón. Va el poeta a una cacería... Delicados aires enfrían el cristal de sus ojos. La luna, redonda como una cuerna de blando metal, suena en el silencio de las ramas últimas. Ciervos blancos aparecen en los claros de los troncos. La noche entera se recoge bajo una pantalla de rumor. Aguas profundas y quietas cabrillean entre los juncos... Hay que salir. Y este es el momento peligroso para el poeta. El poeta debe llevar un plano de los sitios que va a recorrer y debe estar sereno frente a las mil bellezas, criaturas de yeso, y representaciones de locura que han de pasar ante sus ojos. Debe tapar sus oídos como Ulises frente a las sirenas y debe lanzar sus flechas sobre las metáforas vivas y no figuradas o falsas que le van acompañando. El poeta debe ir a su cacería limpio y sereno, hasta disfrazado. Se mantendrá firme contra los espejismos y acechará cautelosamente las carnes palpitantes y reales que armonicen con el plano del poema que lleva entrevisto. Hay a veces que dar grandes gritos en la soledad poética para ahuyentar los malos espíritus de la facilidad. Nadie como Góngora preparado para esta cacería interior. No le asombran en su paisaje mental las imágenes coloreadas, ni las brillantes en demasía. Él caza la que casi nadie ve, porque la encuentra sin relaciones, imagen blanca y rezagada que anima sus momentos poemáticos insospechados. Su fantasía cuenta con sus cinco sentidos corporales. Sus cinco sentidos como cinco esclavos sin color que lo obedecen a ciegas y no lo engañan como a los demás mortales. ¡No lo engañan! Intuye con claridad que la naturaleza que salió de las manos de Dios no es la naturaleza que debe vivir en los poemas y ordena sus paisajes analizando sus componentes. Podríamos decir que pasa a la naturaleza y sus matices por la disciplina del compás musical. Dice en la *Soledad* segunda (versos 349 hasta 360):

> Rompida el agua en las menudas piedras,
> cristalina sonante era tiorba,
> y las confusamente acordes aves
> entre las verdes roscas de las yedras
> muchas eran, y muchas veces nueve
> aladas musas, que —de pluma leve
> engañada su oculta lira corva—
> metros inciertos sí, pero süaves,
> en idïomas cantan diferentes;
> mientras, cenando en pórfidos lucientes,
>   lisonjean apenas
> al Júpiter marino tres sirenas.

¡Qué manera tan admirable de ordenar al coro de pájaros!

> muchas eran, y muchas veces nueve
> aladas musas.

¡Y qué graciosa manera de decir que los había de muchas especies!

> metros inciertos sí, pero süaves,
> en idïomas cantan diferentes.

O dice:

> terno de gracias bello, repetido
> cuatro veces en doce labradoras,
> entró bailando numerosamente.

Enemigo del misterio, sediento de agudas aristas donde se hiere las manos, Góngora ha vuelto de la cacería lleno de polvo estelar y ha burlado y aprovechado todos los encantos mágicos del bosque nocturno y la luna de música.

Dice el poeta francés Paul Valéry que el estado de inspiración no es el estado conveniente para escribir un poema. Como creo en la inspiración que Dios envía, creo que Valéry va bien encaminado. El estado de inspiración es un estado de recogimiento pero no de dinamismo creador. Hay que reposar la visión y el concepto para que se clasifiquen. No creo que ningún artista trabaje en estado de fiebre. Aun los místicos trabajan cuando ya la inefable paloma del Espíritu Santo abandona sus celdas y se va perdiendo por las nubes. Se vuelve de la inspiración como se vuelve de un país extranjero. El poema es la narración del viaje. La inspiración da la imagen, pero no el vestido. Y para vestirla hay que observar ecuánimemente y sin apasionamiento peligroso la calidad y sonoridad de la palabra. Y en Góngora no se sabe qué admirar más, si su sustancia poética o su forma inimitable e inteligentísima. Su *letra* vivifica a su espíritu en vez de matarlo. No es espontáneo, pero tiene frescura y juventud. No es fácil, pero es inteligente y luminoso. Aun cuando resulta alguna rara vez desmedido en la hipérbole, lo hace con una gracia andaluza tan popular que nos hace sonreír y admirarlo más porque sus hipérboles son siempre piropos de cordobés enamoradizo.

Dice de una desposada:

> virgen tan bella, que hacer podría
> tórrida la Noruega con dos soles,
> y blanca la Etïopia con dos manos.

Pura flor andaluza. Galantería maravillosa de hombre que ha pasado el Guadalquivir en su potro de pura sangre. Aquí está bien al descubierto el campo de acción de su fantasía.

Y ahora vamos con la oscuridad de Góngora. ¿Qué es eso de oscuridad? Yo creo que peca de luminoso. Pero para llegar a él hay que estar iniciado en la poesía y tener una sensibilidad preparada por lecturas y experiencias metafóricas. Una persona fuera de su mundo no puede paladearlo, como tampoco paladea un cuadro, aunque vea lo que hay pintado en él, ni una composición musical. Los gramáticos y críticos aferrados en construcciones sabidas por ellos no han admitido la fecunda revolución gongorina como los beethovenianos empedernidos en sus éxtasis putrefactos dicen —¡todavía!— que la música de Claudio Debussy es un gato andando por un piano. Ellos no han admitido la revolución gramatical, pero el idioma, que no tiene que ver nada con ellos, sí la recibió con los brazos abiertos. Se abrieron nuevas palabras. El castellano tuvo nuevas perspectivas. Cayó el rocío vivificador que es siempre un gran poeta para un lenguaje. El caso de Góngora es único en este sentido gramatical. Los viejos intelectuales, aficionados a la poesía en su época, debieron quedarse estupefactos al ver que el castellano se les convertía en una lengua extraña que no sabían descifrar.

Quevedo, irritado, y envidioso en el fondo, le salió al encuentro con este popularísimo y graciosísimo soneto que llama «Receta para hacer *Soledades*» y en el que se burla de las *extrañas* palabrotas de la jerigonza que usa don Luis. Dice así:

Quien quisiere ser culto en solo un día,
la jeri (aprenderá) gonza siguiente:
Fulgores, arrogar, joven, presiente,
candor, construye, métrica armonía;

poco, mucho, si no, purpuracía,
neutralidad, conculca, erige, mente,
pulsa, ostenta, librar, adolescente,
señas traslada, pira, frustra, arpía;

cede, impide, cisuras, petulante,
palestra, liba, meta, argento, alterna,
si bien disuelve émulo canoro.

Use mucho de líquido y de errante,
su poco de nocturno y de caverna,
anden listos livor, adunco y poro.

¡Vean ustedes qué fiesta para el idioma castellano! Hoy todos estos vocablos son comunes. Esta es la jeringonza de don Luis de Góngora y Argote. Si Quevedo viera el gran elogio que hizo de su enemigo, se retiraría con su espesa y ardiente melancolía a los desiertos castellanos de la Torre de Juan

Abad. Más que a Cervantes, se puede llamar al poeta padre de nuestro idioma, y sin embargo hasta el año antepasado la Academia Española no lo había declarado *autoridad de la lengua*.

Una de las causas que hacían a Góngora oscuro para sus contemporáneos, que era el lenguaje, ha desaparecido ya. Su vocabulario, aunque sigue siendo exquisito, no tiene palabras desconocidas. Ya es usual. Quedan su sintaxis y sus transformaciones mitológicas.

Sus oraciones, con ordenarlas como se ordena un párrafo latino, quedan claras. Lo que sí es difícil es la comprensión de su mundo mitológico. Difícil porque casi nadie sabe mitología, y porque no se contenta con citar el mito, sino que lo transforma, o da solo un rasgo saliente que lo define. Es aquí donde sus metáforas adquieren una tonalidad inimitable. Hesíodo cuenta su *Teogonía* con fervor popular y religioso y el sutil cordobés la vuelve a contar estilizada o inventando nuevos mitos. Aquí es donde están sus arañazos poéticos, sus atrevidas transformaciones y su desdén por el método explicativo.

Júpiter en forma de toro con los cuernos dorados rapta a la ninfa Europa:

> Era de el año la estación florida
> en que el mentido robador de Europa
> —media luna las armas de su frente.

Mentido robador. ¡Qué delicada expresión para el dios disfrazado! Habla también de

> el canoro
> son de la ninfa un tiempo, ahora caña

refiriéndose a la ninfa Siringe que el dios Pan, irritado por su desdén, convirtió en caña con la que hizo una flauta de siete notas.

O transforma el mito de Ícaro de esta manera tan curiosa:

> Audaz mi pensamiento
> el cenit escaló, plumas vestido,
> cuyo vuelo atrevido...
> conservarán el desvanecimiento
> los anales diáfanos del viento.

O describe a los pavos reales de Juno con sus plumas fastuosas como:

> volantes pías
> que azules ojos con pestañas de oro
> sus plumas son, conduzcan alta diosa,
> gloria mayor de el soberano coro.

O llama a la paloma, quitándole con razón su adjetivo de cándida:

> la ave lasciva de la cipria diosa.

Procede por alusiones. Pone a los mitos de perfil y a veces solo da un rasgo oculto entre otras imágenes distintas. Baco sufre en la mitología tres pasiones y muertes. Es primero macho cabrío de retorcidos cuernos. Por amor a su bailarín Cisso, que muere y se convierte en yedra, Baco, con el ansia de abrazarlo eternamente, se convierte en vid. Por último muere para convertirse en higuera. Así es que Baco nace tres veces. Góngora alude a estas transformaciones en una *Soledad*, de una manera delicada y profunda pero solamente comprensible a los que están en el secreto de la historia:

> Seis chopos, de seis yedras abrazados,
> tirsos eran del griego dios, nacido
> segunda vez, que en pámpanos desmiente
>   los cuernos de su frente.

El Baco de la bacanal, cerca de su amor estilizado en yedra abrazadora, *desmiente*, coronado de pámpanos, sus antiguos cuernos lúbricos.

De esta forma están todos sus poemas culteranos.

Y ha llegado a tener un sentimiento teogónico tan agudo que transforma en mito todo cuanto toca.

Los elementos obran en sus paisajes como si fueran dioses de poder ilimitado y de los que el hombre no tiene noticia. Les da oído y sentimiento. Los crea. En la *Soledad* segunda hay un joven forastero que remando en su barquilla canta una tiernísima queja amorosa, haciendo

> instrumento el bajel, cuerdas los remos.

Cuando el enamorado cree que está solo en medio de la verde soledad del agua, lo oye el mar, lo oye el viento, y al fin el eco se guarda la más dulce sílaba de su canto:

> No es sordo el mar: la erudición engaña.
>   Bien que tal vez sañudo
> no oya al piloto, o le responda fiero,
> sereno disimula más orejas
> que sembró dulces quejas
> —canoro labrador— el forastero
> en su undosa campaña.

Espongïoso, pues, se bebió y mudo
el lagrimoso reconocimiento,
de cuyos dulces números no poca
            concentüosa suma
en los dos giros de invisible pluma
que fingen sus dos alas, hurtó el viento;
Eco —vestida una cavada roca—
solicitó curiosa y guardó avara
la más dulce —si no la menos clara—
sílaba.

Esta manera de animar y vivificar la naturaleza es característica de Góngora. Necesita la conciencia de los elementos. Odia lo sordo y las fuerzas oscuras que no tienen límites. Es un poeta de una pieza y su estética es inalterable, dogmática.

Su inventiva no tiene turbaciones o claroscuro. Así en el *Polifemo* inventa un mito de las perlas. Dice del pie de Galatea al tocar las conchas

cuyo bello contacto puede hacerlas,
sin concebir rocío, parir perlas.

Ya hemos visto cómo el poeta transforma todo cuanto toca con sus manos. Su sentimiento teogónico nativo da personalidad a las fuerzas de la naturaleza. Y su sentimiento amoroso hacia la mujer, que tenía que callar por razón de su hábito de sacerdote, le hace estilizar su galantería y erotismo hasta una cumbre inviolable. La *Fábula de Polifemo y Galatea* es un poema de erotismo puesto en sus últimos términos. Se puede decir que tiene una sexualidad floral. Una sexualidad de estambres y pistilos en el emocionante acto del vuelo del polen en la primavera.

¿Cuándo se ha descrito un beso de una manera tan armoniosa, tan natural y sin pecado como lo describe nuestro poeta en el *Polifemo*?

> No a las palomas concedió Cupido
> juntar de sus dos picos los rubíes,
> cuando al clavel el joven atrevido
> las dos hojas le chupa carmesíes.
> Cuantas produce Pafo, engendra Gnido,
> negras vïolas, blancos alhelíes,
> llueven sobre el que Amor quiere que sea
> tálamo de Acis y de Galatea.

Es suntuoso, exquisito, pero no es oscuro en sí mismo. Los oscuros somos nosotros, que no tenemos capacidad para penetrar su inteligencia. El misterio no está fuera de nosotros, sino que lo llevamos alrededor de nuestras venas como el junquillo su tela amarilla. No se debe decir *cosa oscura* sino hombre oscuro. Porque Góngora no quiere ser turbio, sino claro, elegante y matizado. No gusta de penumbras, ni metáforas diformes, antes al contrario: a su manera explica las cosas para redondearlas. Llega a hacer de su poema una gran naturaleza muerta.

Góngora tuvo un problema en su vida poética y lo resolvió. Hasta entonces la empresa se tenía por irrealizable. Y es: hacer un gran poema lírico para oponerlo a los grandes poemas épicos que se cuentan por docenas. Pero ¿cómo mantener una tensión lírica pura durante largos escuadrones de versos? ¿Y cómo hacerlo sin narración? Si le daba a la narración, a la anécdota toda su importancia, se le convertía en épica al menor descuido. Y si no narraba nada, el poema se rompía por mil partes sin unidad, ni sentido. Góngora entonces elige su narración y la cubre de metáforas. Ya es difícil encontrarla. Está transformada. La narración es como un esqueleto del poema, envuelto en la carne magnífica de las imágenes. Todos los momentos tienen idéntica intensidad y valor plástico, y la anécdota no tiene ninguna importancia, pero da con su hilo invisible *unidad* al poema. Hace el gran poema lírico de proporciones nunca usadas: las *Soledades*.

Y este gran poema resume todo el sentimiento lírico y pastoril de los poetas españoles que le antecedieron.

El sueño bucólico que soñó Cervantes y no logró fijar plenamente, y la Arcadia que Lope de Vega no supo iluminar con luces permanentes, las dibuja de manera rotunda don Luis de Góngora. El campo medio jardín, campo amable de guirnaldas, airecillos y zagalas cultas pero ariscas que entrevieron todos los poetas del xvi y del xvii está realizado en la primera y segunda *Soledad* gongorina. Es ahí donde está el paisaje aristocrático y mitológico que soñaba Don Quijote en la hora de su muerte. Campo ordenado, donde la poesía mide y ajusta su delirio.

Se habla de dos Góngoras. El Góngora culto y el Góngora *llanista*. Las literaturas y sus catedráticos lo dicen. Pero una persona con un poco de percepción y sensibilidad podrá notar analizando su obra que su imagen siempre es culta. Aun en los romancillos más fáciles construye sus metáforas y sus figuras de dicción con el mismo mecanismo que cumple en su obra genuinamente culta. Pero lo que pasa es que están situadas en una anécdota clara o un sencillo paisaje y en su obra culta están ligadas a otras a su vez ligadas, y de ahí su aparente dificultad.

Aquí los ejemplos son infinitos.

En una de sus primeras poesías (año 1580) dice:

> Los rayos le cuenta al Sol
> con un peine de marfil
> la bella Jacinta, un día.

O dice:

> La mano oscurece al peine.

O en un romancillo describe a Píramo:

> La cara con poca sangre,
> los ojos con mucha noche.

O en 1581 dice:

> y viendo que el pescador
> con atención la miraba,
> de peces privando al mar,
> y al que la mira del alma.

O dice, refiriéndose a la cara de una doncella:

> pequeña puerta de coral preciado,
> claras lumbreras de mirar seguro,
> que a la esmeralda fina el verde puro
> habéis para viriles usurpado.

Estos ejemplos son tomados de sus primeras poesías, publicadas por orden cronológico en la definitiva edición de Foulché-Delbosc. Si el lector continúa leyendo, nota que el acento culto va en aumento hasta invadir completamente los sonetos y dar su nota de clarín en el famoso «Panegírico».

El poeta, pues, va adquiriendo con el tiempo conciencia creadora y técnica para la imagen.

Por otra parte, yo creo que el cultismo es una exigencia de verso grande y estrofa amplia. Todos los poetas cuando hacen verso grande, endecasílabos o alejandrinos en sonetos u octavas tratan de ser cultos, incluso Lope, cuyos sonetos son a veces oscuros. Y no digamos de Quevedo, más difícil que Góngora, puesto que usa no el idioma, sino el espíritu del idioma.

El verso corto puede ser alado. El verso largo tiene que ser claro, construido, con peso. Recordemos el siglo xix, Verlaine, Bécquer. En cambio ya Baudelaire y Espronceda usan verso largo, porque son poetas preocupados de la forma. Y no hay que olvidar que Góngora es un poeta esencialmente plástico, que siente la belleza del verso en sí misma y tiene una percepción para el matiz expresivo y la calidad del verbo hasta entonces desconocida en el castellano. El vestido de su poema no tiene tacha.

Los choques de consonantes modelan sus versos como estatuas pequeñas, y su preocupación arquitectónica los une en bellas proporciones barrocas. Y no busca la oscuridad. Hay que repetirlo. Huye de la expresión fácil, no por amor a lo culto, con ser un espíritu cultivadísimo, no por odio al *vulgo espeso*, con tenerlo en grado sumo, sino por una preocupación de andamiaje que haga la obra resistente al tiempo. Por una preocupación de eternidad.

Y la prueba de lo consciente de su estética es que se dio cuenta, mientras los demás estaban ciegos, del bizantinismo querido y la arquitectura rítmica del Greco, otro *raro* para épocas futuras, al que despide en su tránsito a mejor vida con uno de sus sonetos más característicos. La prueba de lo consciente de su estética es que escribe defendiendo sus *Soledades* estas rotundas palabras: «De honroso... considero me ha sido honrosa esta poesía; si entendida para los doctos, causar me ha autoridad, siendo lance forçoso venerar que nuestra lengua a costa de mi trabajo aia llegado a la perfección i alteza de la latina...». ¿Para qué más?

Llega el año 1627. Góngora enfermo, endeudado y el ánima dolorida, regresa a su vieja casa de Córdoba. Regresa de las piedras de Aragón, donde los pastores tienen barbas duras y pinchosas como hojas de encina. Vuelve sin amigos ni protectores. El marqués de Sieteiglesias muere en la horca para que su orgullo viva, y el delicado gongorino marqués de Villamediana cae atravesado por las espadas de sus amores oscuros. Su casa es una casona con dos rejas y una gran veleta frente al convento de Trinitarios Descalzos.

Córdoba, la ciudad más melancólica de Andalucía, vive su vida sin secreto. Góngora viene a ella sin secreto también. Ya es una ruina. Se puede comparar con una vieja fuente que ha perdido la llave de su surtidor. Desde su balcón verá el poeta desfilar morenos jinetes sobre potros de largas colas, gitanas llenas de corales que bajan a lavar al Guadalquivir medio dormido, caballeros, frailes y pobres que vienen a pasear en las horas de sol trasmontado. Y no sé por qué extraña asociación de ideas me parece que las tres morillas del romance, Axa, Fátima y Marién vienen a sonar sus panderetas, las colores perdidas y los pies ágiles. ¿Qué dicen en Madrid? Nada. Madrid frívolo y galante aplaude las comedias de Lope y juega a la gallina ciega en el Prado. Pero ¿quién se acuerda del racionero? Góngora está absolutamente solo... y estar solo en otra parte puede tener algún consuelo... pero ¡qué cosa más dramática es estar solo en Córdoba! Ya no le quedan, según frase suya, más que sus libros, su patio y su barbero. Mal programa para un hombre como él.

La mañana del 23 de mayo de 1627 el poeta pregunta constantemente la hora que es. Se asoma al balcón y no ve el paisaje sino una gran mancha azul. Sobre la torre Malmuerta se posa una larga nube iluminada. Góngora, haciendo la señal de la cruz, se recuesta en su lecho oloroso a membrillos y secos azahares. Poco después su alma, dibujada y bellísima como un arcángel de Mantegna, calzada sandalias de oro, al aire su túnica amaranto y lapislázuli, sale a la calle en busca de la escala vertical que subirá serenamente. Cuando los viejos amigos llegan a la casa, las manos de don Luis se van enfriando lentamente. Bellas y adustas sin una joya, satisfechas de haber labrado el portentoso retablo barroco de las *Soledades*. Los amigos piensan que no se debe llorar a un hombre como Góngora y filosóficamente se sientan en el balcón a mirar la vida lenta de la ciudad. Pero nosotros diremos este terceto que le ofreció Cervantes:

> Es aquel agradable, aquel bienquisto
> aquel agudo, aquel sonoro y grave
> sobre cuantos poetas Febo ha visto.

Paraíso cerrado para muchos, jardines abiertos para pocos

Un poeta gongorino del siglo XVII*

El joven poeta granadino Federico García Lorca comienza diciendo que no era justo el olvido de Soto de Rojas. No es noche de glorificación, sino de recuerdo; un caballero como don Pedro Soto de Rojas la hubiera rechazado, pues solo quiso intimidad y no gloria. Nosotros lo recordaremos sin añorar el siglo en que vivió, dueños de nuestra época.

Soto de Rojas, como buen granadino, fue un escondido, un elegante de soledades, y se puso al margen del ruido de la ciudad. Tuvo grandes amigos en Madrid —Góngora, Lope de Vega, entre ellos— y desengañado vino a Granada, donde plantó su jardín y escribió su libro en 1648. «Paraíso cerrado para muchos, jardín abierto para todos» [sic] es el poema de plano más original, aunque no el más intenso, de la poesía del siglo XVII.

Habla después de la renovación que trajo Góngora a las letras españolas y dice que «el poema no se ha dado a todos, sino a los iniciados; el poema vivía su propia vida, llena de secretos y de ricos zumos de emoción inestimable. El poema huía de la plaza pública y se refugiaba en las cámaras, como instrumento que muy pocos pueden pulsar. Las Soledades *del cordo-*

* Leída por primera vez en Granada el 17 de octubre de 1926.

bés insigne miraban la calle desde una altísima azotea de columnas de oro».

Habla de cómo los poetas huían del «vulgo espeso», sin importarles el aplauso y la admiración de los transeúntes; [estos] no comprendían la complejidad y el artificio del poema, y surgió la leyenda de la vejación del culteranismo en libros, cátedras y academias. Si el mismo Góngora fue vejado, ¿cómo no había de serlo Soto de Rojas?

Soto fue olvidado en el resto del siglo XVII y en el XVIII. Hasta el siglo XIX no puede Granada recordarlo, pues el siglo último disfrazó a la ciudad con una mezcla perversa de orientalismo.

Examina dónde está la esencia granadina del poema y en qué consiste su matiz granadino. Aparentemente, el «paraíso» de Soto parece de Góngora; tiene el mismo metro de las Soledades. No describe a la ciudad. El jardín, aunque regado por la acequia de Alfacar, tiene elementos italianos. Es difícil descubrir su granadismo a la primera ojeada, pues tiene pocos toques de interés local. No queda más que la técnica y la actitud del poeta ante su desarrollo. Y aquí encuentro su granadismo, que no es de argumento, sino de lo que puede llamarse mano de obra; no de dato, sino de espíritu, que está en el tema y en la manera de resolverlo, así como en cierta delectación descriptiva y en su amor a los objetos pequeños.

*

Granada ama lo diminuto. Y en general toda Andalucía. El lenguaje del pueblo pone los verbos en diminutivo. Nada tan incitante para la confidencia y el amor. Pero los diminutivos de Sevilla y los diminutivos de Málaga son gracia y ritmo, nada más. Sevilla y Málaga son ciudades en las encrucijadas del agua, ciudades con sed de aventura que se escapan al mar. Granada, quieta y fina, ceñida por sus sierras y definitivamente anclada, busca a sí misma sus horizontes, se recrea en sus pequeñas joyas y ofrece en su lenguaje su diminutivo soso, su diminutivo sin ritmo, y casi sin gracia si se compara con el baile fonético de Málaga y Sevilla, pero cordial, doméstico, entrañable. Diminutivo asustado como un pájaro, que abre secretas cámaras de sentimiento y revela el más definido matiz de la ciudad.

El diminutivo no tiene más misión que la de limitar, ceñir, traer a la habitación y poner en nuestra mano los objetos o ideas de gran perspectiva.

Se limita el tiempo, el espacio, el mar, la luna, las distancias, y hasta lo más prodigioso, la acción.

No queremos que el mundo sea tan grande ni el mar tan hondo. Hay necesidad de limitar, de domesticar los términos inmensos.

Granada no puede salir de su casa. No es como las otras ciudades, que están en la orilla del mar o de los grandes ríos, que viajan y vuelven enriquecidas con lo que han visto: Granada, solitaria y pura, se achica, ciñe su alma extraordinaria, y no tiene más salida que su alto puerto natural de estrellas. Por eso, porque no tiene sed de aventuras, se dobla sobre sí misma y usa del diminutivo para recoger su imaginación, como recoge su cuerpo para evitar el vuelo excesivo y armonizar sabiamente sus arquitecturas interiores en las vivas arquitecturas de la ciudad.

Por eso la estética genuinamente granadina es la estética del diminutivo, la estética de las cosas diminutas.

Las creaciones justas de Granada son el camarín y el mirador de bellas y reducidas proporciones. Así como el jardín pequeño y la estatua chica.

Lo que se llaman escuelas granadinas son núcleos de artistas que trabajan con primor obras de pequeño tamaño. No quiere esto decir que limiten su actividad a esta clase de trabajo; pero, desde luego, es lo más característico de sus personalidades.

Se puede afirmar que las escuelas de Granada y sus más genuinos representantes son preciosistas. La tradición del arabesco de la Alhambra, complicada y de pequeño ámbito, pesa en todos los grandes artistas de aquella tierra.

El pequeño palacio de la Alhambra, palacio que la fantasía andaluza vio mirando con los gemelos al revés, ha sido siempre el eje estético de la ciudad. Parece que Granada no se ha enterado de que en ella se levantan el palacio de Carlos V y la dibujada catedral. No hay tradición cesárea ni tradición de haz de columnas. Granada todavía se asusta de su gran torre fría, y se mete en sus antiguos camarines con una maceta de arrayán y un chorro de agua delgada, para labrar en dura madera pequeñas flores de marfil.

La tradición renacentista, con tener en la urbe bellas muestras de su actividad, se despega, se escapa, o, burlándose de las proporciones que impone la época, construye la inverosímil torrecilla de Santa Ana; torre diminuta, más para palomas que para campanas, hecha con todo el garbo y la gracia antigua de Granada.

En los años en que renace el arco de triunfo, labra Alonso Cano sus virgencitas, preciosos ejemplos de virtud y de intimidad. Cuando el castellano es apto para describir los elementos de la naturaleza y flexible hasta el punto de estar dispuesto para las más agudas cuestiones místicas tiene fray Luis de Granada delectaciones descriptivas de cosas y objetos pequeñísimos. Es fray Luis quien, en la *Introducción al símbolo de la fe*, habla de cómo resplandece más la sabiduría y providencia de Dios en las cosas pequeñas que en las grandes. Humilde y preciosista, hombre de rincón y maestro de miradas, como todos los buenos granadinos.

En la época en que Góngora lanza su proclama de poesía pura y abstracta, recogida con avidez por los espíritus más líricos de su tiempo, no podía Granada permanecer inactiva en la lucha que definía una vez más el mapa literario de España. Soto de Rojas abraza la estrecha y difícil regla gongorina; pero mientras el sutil cordobés juega con mares, selvas y elementos de la naturaleza, Soto de Rojas se encierra en su jardín para describir surtidores, dalias, jilgueros y aires suaves. Aires medio moriscos, medio italianos, que mueven todavía las ramas, frutos y boscajes de su poema.

En suma, su característica es el preciosismo granadino. Ordena su naturaleza con un instinto de interior doméstico. Huye de los grandes elementos de la naturaleza y prefiere las guirnaldas y los cestos de frutas que hace con sus propias manos. Así pasó siempre en Granada. Por debajo de la impresión renacentista, la sangre indígena daba sus frutos virginales.

La estética de las cosas pequeñas ha sido nuestro fruto más castizo, la nota distintiva y el más delicado juego de nuestros artistas. Y no es obra de paciencia sino obra de tiempo; no obra de trabajo, sino obra de pura virtud y amor. Esto no podía suceder en otra ciudad. Pero sí en Granada. Granada es una ciudad de ocio, una ciudad para la contemplación y la fantasía, una ciudad donde el enamorado escribe mejor que en ninguna otra parte el nombre de su amor en el suelo. Las horas son allí más largas y sabrosas que en ninguna ciudad de España. Tiene crepúsculos complicados de luces constantemente inéditas que parece que no terminan nunca. Sostenemos con los amigos largas conversaciones en medio de sus calles. Vive con la fantasía. Está llena de iniciativas, pero falta de acción. Solo en una ciudad de ocios y tranquilidades puede haber exquisitos catadores de aguas, de temperaturas y de crepúsculos, como los hay en Granada. El granadino está rodeado de la naturaleza más espléndida, pero no va a ella. Los paisajes son extraordinarios, pero el granadino prefiere mirarlos desde su ventana. Le asustan los elementos y desprecia al vulgo voceador que no es de ninguna parte. Como es hombre de fantasía no es, naturalmente, hombre de valor. Prefiere el aire suave y frío de su nieve al viento terrible y áspero que se oye en Ronda, por ejemplo, y está dispuesto a poner su alma en diminutivo y traer al mundo dentro de su cuarto. Sabiamente se da cuenta de que así puede comprender mejor. Renuncia a la aventura, a los viajes, a las curiosidades exteriores; las más de las veces renuncia al lujo, a los vestidos, a la urbe. Desprecia todo esto y engalana su jardín. Se retira consigo mismo. Es hombre de pocos amigos. (¿No es proverbial en Andalucía la reserva de Granada?) De esta manera mira y se fija amorosamente en los objetos que lo rodean. Además no tiene prisa. Quizá por esta mecánica los artistas de Granada se hayan deleitado en labrar cosas pequeñas o describir mundos de pequeño ámbito. Se me puede decir que estas son las condiciones más aptas para producirse una filosofía. Pero una filosofía necesita una disciplina y un esfuerzo de dolor querido, necesita una constancia y un equilibrio matemático bastante difícil en Granada. Granada es apta para el sueño y el ensueño. Por todas partes limita con lo inefable. Y hay mucha diferencia entre soñar y pensar, aunque las actitudes sean gemelas. Granada será siempre más plástica que filosófica, histórica que dramática. La sustancia entrañable de su personalidad se esconde en los interiores de sus casas y de su paisaje. Su voz es una voz que baja de un miradorcillo o sube de una ventana oscura. Voz impersonal, aguda, llena de una indefinible melancolía aristocrática. Pero ¿quién la canta? ¿De dónde ha salido esa voz delgada, noche y día al mismo tiempo? Para oírla hay necesidad de entrar en los pequeños camarines, rincones y esquinas de la ciudad. Hay que vivir su interior, su gente y su soledad ceñida. Y, lo más admirable, hay que hurgar y explorar nuestra propia intimidad y secreto, es decir, hay que adoptar una actitud definidamente lírica.

Hay necesidad de empobrecerse un poquito, de olvidar nuestro nombre, de renunciar a eso que han llamado las gentes personalidad. Todo lo contrario que Sevilla. Sevilla es el hombre y su complejo sensual y sentimental. Es la intriga política y el arco de triunfo. Don Pedro y Don Juan. Está llena de elemento humano y su voz arranca lágrimas porque todos la entienden. Granada es como la narración de lo que ya pasó en Sevilla. Hay un vacío de cosa definitivamente acabada.

Comprendiendo el alma íntima y recatada de la ciudad, alma de interior y jardín pequeño, se explica también la estética de muchos de nuestros artistas más representativos y sus característicos procedimientos.

Todo tiene por fuera un dulce aire doméstico; pero verdaderamente, ¿quién penetra esta intimidad? Por eso, cuando en el siglo XVII un poeta granadino, don Pedro Soto de Rojas, de vuelta de Madrid, lleno de pesadumbre y desengaños, escribe en la portada de un libro suyo estas palabras: «Paraíso cerrado para muchos, jardines abiertos para pocos» hace, a mi modo de ver, la más exacta definición de Granada: Paraíso cerrado para muchos.

Vamos a entrar —dice después García Lorca— en el jardín de nuestro poeta. Hemos subido una larga cuesta entre paredes blancas. He aquí la puertecita discreta, donde está la mano cortada del llamador, esa mano de crimen florentino que lleva una sortija en el índice.

El jardín de Soto parece encantado a primera vista, pero es simbólico y de difícil comprensión, porque suscita muchos problemas; problemas de abstracciones poéticas y problemas de jardinería; problemas de su plano real y de su plano simbólico.

El poeta describe el jardín, dividido en siete períodos o terrazas. También describe su argumento floral y el agua, agua que no juega, que es lo distintivo de Granada; agua que sufre; no para la sed, sino para el oído. El jardín de Soto tiene el rumor y el perfume granadino; no importan sus elementos italianos. El jardín granadino es pequeño. Se puede pensar por el plano de Soto de Rojas que describe el Generalife.

Trillo de Figueroa, el poeta que dio nombre al Aljibetrillo del Albaicín, es el que nos entra en el jardín por medio de su prólogo.

A la entrada hay una gruta de grandes peñascos, bajo la que se desliza un canalillo que viene del lado opuesto de la mansión, entre malvas y cipreses. Es decir: la entrada, siguiendo la estética del Generalife, es un sitio oscuro, para recortar y dar aire mágico al jardín que, pleno de luz, se abre al fondo. Sobre los peñascos están las estatuas de Adán y Eva, germen del mundo, en el momento en que el ángel exterminador los echa del Paraíso. Empieza el símbolo. Bajo los peñascos está representada con estatuas de pórfido la escena del bautismo de Cristo, con san Juan Bautista y una paloma de transparente jade. En medio de esta mansión hay fieras, aves y otros animales, hechos primorosamente sobre ciprés y representando la creación del mundo. Tiene a los lados los cenadores cubiertos de parrales y las paredes tapizadas de jazmines.

La segunda mansión, subiendo una grada, está cercada de

arcos y parrales. En el centro hay una granadinísima glorieta de cañas, cubierta de madreselva, y bajo ella una fuente con varios chorros ensombrecidos, en la cual hay dos pequeñas galeras de metal combatiendo con finos surtidores.

En Granada ha habido gran gusto por estos diminutos juegos de agua de salón. Todavía cuando vino Isabel II pusieron uno de ellos en la alberca del patio de los Arrayanes. «Ahora que todos creíamos que esto era una nota del siglo XIX.»

La tercera mansión está dedicada al ruiseñor enamorado y a otras avecillas nocturnas, mansión donde el poeta deja de una manera original el modo gongorino y adopta un tono romántico al sentirse vencido por lo inexpresable. En la cuarta terraza hay peces y pájaros. Significa el dominio del hombre sobre la naturaleza. Los pájaros están en la jaula de hierro y los peces en la jaula del estanque. Los pájaros aletean contra los barrotes con un dolor ruidoso de vuelo herido. Los peces van y vienen como presidiarios inocentes, arrastrando su largo silencio resbalado. Neptuno y Anfitrite lloran lágrimas de cristal sobre ellos. En las paredes, como días con sol y noches con luna, brillan los naranjos y los limoneros.

A la quinta mansión se baja hacia el Poniente, entre dos mesas de arrayán y murta. En ella están representados dos mitos de hondo simbolismo en este jardín: el mito del Vellocino de Oro y el mito de Acteón y Diana.

Jasón está representado en el momento en que coge el Vellocino bajo el naranjo de pomas doradas, teniendo a su lado a Medea y al terrible Dragón vencido. Están hechos en ciprés recortado y murta olorosa. El poeta se ha olvidado de poner a Orfeo, que encantó con su lira a la odiosa bestia y tuvo parte importantísima en el hecho. Seguramente lo hizo para no pelearse con él. Nadie más lejos de la poesía órfica que un gongorista puro.

En el otro mito está Acteón casi convertido en ciervo por haber sorprendido el baño de Diana, mientras esta diosa y su ejército de ninfas huyen hacia los laureles. Todo está hecho, según frase de la época, «con artificio notable».

Esta mansión es la esencia del jardín, según el propio Soto de Rojas. Aquí está la máxima aventura del poeta. Al mismo día

> de virtud en virtud, la vista ufana
> [de hermosura camina en hermosura]
> dulce sin embarcarse a Colcos llega.

¡Quién embarcara! Esto es lo principal. Representa en su jardín la escena cumbre de la epopeya fantástica de los amantes, para recrearse sentado en su contemplación que le sirve de enseñanza. Esto calma su sed de aventura. ¿Quién duda que el viaje de la nave de Argos, a Colcos o Cólquide, por mares de sirenas y gigantes de fuego, no es la más extraordinaria aventura conocida? El poeta granadino piensa que ya no se puede viajar así. Que si se pudiera, los peligros son mayores que las auroras tranquilas, y decide viajar en el jardín.

Además, don Pedro Soto de Rojas no creía en las sirenas. Ningún poeta de su época creía tampoco. En las sirenas no se ha creído hasta que los últimos poetas de Inglaterra han demostrado matemáticamente su existencia y los capitanes de los submarinos las han visto pasar en bandadas fugacísimas y fosforescentes. Soto resumía su pensamiento de aventuras diciendo: «¡Todo se puede lograr!, ¡hasta el vellocino de oro!, pero más vale no salir de su casa porque...», y miraba a Acteón casi convertido en ciervo inocente. El príncipe Acteón, cazador furioso, despoblador de frondas y marismas, va con sus jaurías por un bosque, que siempre será de Rubens. Oye cantar delicadamente. Suspende su ejercicio y se acerca al sitio de las voces. Tiembla, pero sigue adelante. Levanta una cortina de hiedras que le estorbaba el paso y sorprende la escena clásica. Diana, desnuda en el centro del agua, rodeada de estrellas y liras de marfil, baña sus senos ameles en el agua endurecida. La diosa sorprendida se ruboriza de luz blanca, se oculta rápidamente en los juncos y castiga a Acteón convirtiéndole en ciervo. El tímido animal huye despavorido. Su corte de cazadores lo ve. Todo el bosque se llena de sones de cuernos, de cuernos de oro, y es devorado por su propia jauría.

Los dos mitos se contraponen de una manera admirable. La sed de aventura conduce a la muerte. No hay que tocar lo que está fuera de nuestras realidades y posibilidades. No hay que realizar los sueños. Dejemos a la naturaleza en paz; que los pájaros vuelen y las aguas corran. Hay que ceñirse y viajar en nuestro jardín. El vellocino de oro lo tenemos dentro del corazón. Seamos prudentes frente a lo desconocido.

Así pensaba Soto de Rojas acariciando los cipreses de un jardín granadino por sus cuatro puntos cardinales.

Verdaderamente esta es la esencia de sus jardines. Si la nave de Argos le tienta a la aventura, el triste caso de Acteón le da sed de prudencia.

Y aquí está el esquema de su estética. En esta misma mansión, y frente a los dos mitos, un reloj de sol gira, lleno de orden astronómico su compás de hierro y sombra.

Las mansiones sexta y séptima son parecidas. La sexta terraza es una copia minuciosa de frutas y frutos entre arquitecturas de arcos, bóvedas de encañado y juegos de agua de cámara.

En la última terraza está el tribunal de las musas o teatro de las flores.

Hace el poeta honor a las musas y planta un cielo de flores en el sitio más alto del poema. Es aquí donde el lirismo más puro y la metáfora más insospechada surgen por todas partes. Después de este coloquio de rosas, jacintos y clavellinas, el poeta pone los ojos en el cielo para ofrecer a Dios su «Paraíso cerrado». A Dios, creador de toda fábrica y toda sutileza, que alimenta las armonías con la paloma del Espíritu Santo. Aquí nuestro poeta se transfigura. Su conciencia religiosa se llena de súbita luz.

Después de describir los versos de Soto de Rojas, el conferenciante habla de la nueva época literaria y de cómo la chusma de escritores hace sus últimas piruetas.

Termina García Lorca su bellísima conferencia con una frase de Paul Valéry y un «¡Bravo, don Pedro!», escuchando al final una clamorosa ovación, que duró largo rato.

Seguidamente el señor Polanco Romero declaró abierto el curso actual.

Sketch de la nueva pintura*

El pintor Claudio Monet decía: «Yo pinto como los pájaros cantan». Este era el lema de las postrimerías pictóricas del siglo XIX. La luz y sus sorpresas habían invadido los cuadros agotando la belleza de la forma. Ya no existía la masa ni el puro sentido neto de los contornos. La magia de la luz caía sobre todos los objetos destruyéndolos. Reino del impresionismo. Más que impresionismo se debiera llamar sensacionismo o momentismo. Se exalta la belleza del instante por encima de todo. El río fugitivo sirve de canon, contra el plinto de mármol. Es la época en que se miran los cuadros haciendo un embudo con la mano delante del ojo y en que una cara no es más que una mancha que toma apariencia de cara. La naturaleza es torpemente imitada en su gama de colores. Los pintores se recrean en sus lejanías y en sus humos, sin que el menor control inteligente intervenga en esta borrachera de copiar los espectáculos naturales. La pintura agonizaba. Comienza la reacción y con la reacción se inicia su salvamento y su cambio total de sentido. Los últimos impresionistas se detuvieron en el borde mortal y empezaron a copiar a los grandes maestros y clásicos. Había que volver por el volumen, por la forma,

* Leída el 27 de octubre de 1928 en el Ateneo de Granada.

fundamento esencial de un cuadro. Se había perdido el esqueleto y la pintura era una gelatina que irritaba nuestra emoción y nuestro sentido virgen de la belleza. Fue Cézanne el que dijo a un modelo esta frase histórica poco después: «Estese usted quieto, señor. Yo le pinto a usted lo mismo que pinto una manzana».

De Cézanne arranca el afán constructivo que ha de renovar la pintura hasta que, llegado el andamiaje a un extremo agudo por Ozenfant y Jeanneret con el modo titulado purismo, y a un extremo científico por los constructivistas, que afirman «que entre la matemática y el arte, que entre un objeto de arte y una invención técnica no se pueden determinar los límites», se abre en la pintura una reacción anímica, un modo espiritualista en el cual las imágenes ya no son dadas por la inteligencia, sino por el inconsciente, por la pura inspiración directa.

La pintura clásica había representado siempre a la naturaleza o una convencional realidad de la naturaleza. Los ojos eran esclavos de lo que veían y el alma del pintor era una triste criatura encadenada a estos ojos sin criterio ni aire propio como tiene el alma del poeta y el alma del músico.

Se necesitaba un Perseo que matara al dragón y rompiera las tristes cadenas de esta Andrómeda de todos los siglos.

El año 1909 se expone en un salón el primer cuadro cubista. Si explicara aquí todas las anécdotas y rechiflas que lo rodearon, necesitaría dos o tres días, y esto es un simple esquema mal trazado porque no tengo tiempo de más. Baste decir que ni los molduristas querían ponerle marco, ni los aprendices llevarlo en las angarillas. ¿Quién iba a decir que ocho años más tarde se iba a vender un cuadro de esta tendencia en trescientos mil francos?

Con la aparición del primer cuadro cubista se crea ya un

abismo entre pintura nueva y pintura vieja. Por vez primera, con todas sus esencias vivas y maravillas eternas, pasan multitud de pintores de museo a su verdadera categoría de históricos. Comienza la lucha de nuevos y viejos. Como Picasso pintaba así, de esta manera admirable bajo el punto de vista realista (*proyección de la vieja con el ojo y la moza aragonesa*), pintura de la más honda esencia española, pintoresca y, gracias a Dios, ahora agonizante (*quítese la proyección*), y como Braque tenía un magnífico talento, dijo la gente, y con la gente grandes artistas de otras artes, que Picasso y los cubistas querían *bromear* y volver locos a unos cuantos infelices de buena fe. ¡Buena broma nos dé Dios! Estaban realizando la obra más grande, la obra más purificadora, más libertadora que se había hecho en la historia de la pintura. Estaban salvando a la pintura, que era un arte de representaciones, y la estaban convirtiendo en un arte en sí mismo, en un arte puro, desligado de la realidad. El color y el volumen en la pintura histórica estaban al servicio del retrato, del cuadro religioso, etc., etc.; en la pintura moderna color y volumen empiezan, ¡por vez primera en el mundo!, a vivir sus propios sentimientos y a comunicarse y entrelazarse sobre el lienzo obedeciendo a leyes dictadas por sus esencias.

El poeta Guillaume Apollinaire y Max Jacob inician en poesía otro movimiento semejante, pero es la pintura, es Pablo Picasso, el genial malagueño, y los pintores los que avanzan verdaderamente por caminos inexplorados.

Es la pintura la que grita, la que afirma y la que conmueve al mundo porque la ven todos los ojos y aparece en todos los frentes europeos, desconcertando y apasionando como todo lo que está vivo y lleva sangre caliente en el seno.

Año de 1914. La Gran Guerra destruye la realidad real. Lo que se ve es increíble. No hay razonamiento que resista la guerra. Lo visible no parece auténtico. Las construcciones éticas se vienen abajo. Lo que creíamos ya no lo creemos. Se rompen todas las cadenas y el alma sin asideros se encuentra sola, desnuda, dueña de su perspectiva. No hay que hacer caso a los ojos que engañan. Hay que libertarnos de esta realidad natural para buscar la verdadera realidad plástica. No ir en busca de las calidades efectivas de los objetos, sino de sus naturales equivalencias plásticas. No buscar la representación real de un objeto, sino encontrar su expresión pictórica, su expresión geométrica o lírica y la calidad apropiada de su materia. La Gran Guerra es la madre de la nueva pintura. En el dolor y en esa realidad vencida por lo increíble deja la pintura de ser esclava de los sentidos para convertirse en autónoma. Cinco siglos se venía pintando igual. Ahora rotundamente se cambia hacia un norte más lógico, más en armonía con el sentido de la creación.

Es otro español, Juan Gris, quien dice en una famosa conferencia de la Sorbona estas palabras lógicas: «Pintar exactamente una botella de vidrio, con la misma calidad que tiene, es facilísimo, y lo hace mucho mejor el vidriero haciendo su botella. Yo busco la expresión pictórica del vidrio y la materia pictórica del vidrio, pero no su realidad visual». En efecto, los objetos tienen una porción de vestidos y resonancias que no son pictóricos y que el pintor debe suprimir por inútiles y nocivos. Por ejemplo: los brillos; esos asquerositos toques con blanco que dan muchos pintores actuales sobre los objetos es el disparate plástico mayor que existe, ya que el brillo es un temblor fugaz, exterior al objeto, que no forma parte de su línea ni volumen y es ajeno a su naturaleza. Claro que estos pintores buscan el que se diga: «Fulano ha pintado a don Mengano y lo ha sacado propio. Si yo me encuentro el cuadro solo en una habitación me da el susto», etc., etc., cosas todas ajenas a la pintura.

Huyendo, pues, de la destrucción impresionista se llega a la franciscana escuela de los cubistas. A los verdes, rojos, amarillos, en todas sus gamas, delicuescencias color malva, veladuras y esfumaciones, agotando la gama de los rosas y los grises infinitos y los platas, sustituyen el gris oscuro, el blanco, el siena, el tabaco y otros colores sordos, austeros, de la paleta cubista. Se pone mordaza a la orgía de color y lo más importante *ya no existe*, ya no importa nada el *asunto*, que era antes lo único, lo fundamental en la pintura histórica. «Este cuadro representa esto», se decía. Ya estamos en otro hemisferio. «Esto es un cuadro que no representa nada más que un cuadro», se dice ahora. Como un soneto bajo el punto de vista poético no representa nada más que un soneto y una silla no representa nada más que una silla. ¿Pero qué dice? ¿*Qué expresa?* Eso ya es otra cosa. Un gris da motivo a un fondo donde varias formas y volúmenes en armonía (en belleza) sentida por el pintor juegan y entrelazan sus naturalezas dando origen a un mundo que conmueve o hace pensar al que lo mira.

Se ha partido de la realidad para llegar a esta creación. Lo mismo que el poeta crea la imagen que define, el pintor crea la imagen plástica que fija y orienta la emoción. Con unos cuantos objetos le basta. Parte de ellos y los crea de nuevo, mejor, descubre su intimidad, su meollo pictórico, que no ve el copista.

Los cubistas han sido austeros en sus creaciones. Con una guitarra o un violín, una manzana, una mano de yeso y una pipa de lobo marino han compuesto la mayoría de sus naturalezas muertas.

Pero han dado a estos objetos miles de expresiones, desde las más sensuales, materias divinas, granulosas, que dan gana de comerlas, o pasar la mano por encima de ellas; óleos combinados con arenillas, de vida suntuosa, que pinta Georges Braque, muy cerca, en calidad, de los espléndidos paños de *sport* que fabrican los ingleses; o expresiones esquemáticas, frías, descarnadas, cerca ya de la emoción perfecta de un claro de luna, que tienen las guitarras, enlazadas con ese delicado sentimiento de peces nocturnos, que acreditan la mano de nuestro Juan Gris. Materia pura, Forma pura y Color puro. ¡Qué lejos y qué libres del concepto pictórico que tenía el pintor de retratos!

Ya la pintura es libre y está elevada al rango espiritual de las artes que se bastan a sí mismas y que desviadas de todo agente exterior emplean todas sus resonancias en profundidad.

Picasso y Georges Braque son los jefes de la generación de la guerra y los animadores del tronco cubista, cuya última rama, ya en el cielo, pura y definitiva, ha sido Juan Gris, y del cual arrancan todos los modos constructivos y verdaderamente pictóricos de la actualidad.

Conjuntamente con el cubismo, que es, digámoslo siempre, una superación de la pintura y una creación dentro de los límites plásticos, insólita y absolutamente nueva, surgen otras, varias escuelas que, utilizando el lenguaje del color han hecho, ¡ojo!, no plástica, como se pretende ahora en este bendito momento, sino *literatura* y muchas veces mala *literatura*. Tal, el futurismo italiano. El futurismo exalta el movimiento, quiere hacer vibrar sus cuadros en el vértice de la más desenfrenada dinámica. Odia la estatua y ama el caballo desbocado. Junta, asimismo, las sensaciones exteriores con las interiores y, en suma, no es más que la exaltación del *gesto*. Nada más genuinamente italiano. Entre un futurista y un orador de mitin no hay gran diferencia. Marinetti, su fundador, es eso, un delicioso orador que ha tenido la valentía de decir palabras malsonantes en ocasiones solemnes. Balla, Carrà, Soffici, sus pintores, tenían más talento que Marinetti, pero el futurismo no tiene razón de ser, ya que existe el cine. El cine ha dado a los ojos, y de una manera viva, el espectáculo que los futuristas no podían dar con sus telas. Un noticiario Fox de los que vemos todas las semanas en los cinemas supera ya a todas las creaciones de estos admirables italianos que tanto hicieron por despertar a su país, y que querían quemar los museos y romper el *David* de Miguel Ángel para salvar a Italia del espanto turístico, bajo el cual gime vencida y observada por gentes que no tienen del arte más idea que la de «este cuadro vale cuatro millones», «este púlpito costaría cuatrocientas mil libras».

En plena guerra surgió el dadaísmo, también pintura literaria a mi modo de ver. Se hicieron obras para un minuto. Se encaraban con todo el arte en medio de la mayor alegría. Ni afirmaban ni negaban. Fue una gran purga necesaria y los que lo hacían siguen siendo gentes de maravilloso ingenio. Pero cabe decir que el dadaísmo, con todo el gran escándalo que levantó, no fue más que flor de un día, pero de gran resultado bajo el punto de vista destructivo.

Futurismo y dadaísmo han sido batalladores, elementos de escándalo, en mezcla con ideas políticas y movimientos de ciudades. Pero mientras los dadaístas se dispersaron para volver a sus antiguas disciplinas, o intentar otras nuevas, Marinetti ha llevado el futurismo a una consagración oficial, en la cual el otro gran futurista, Mussolini, le dio un abrazo bajo la bandera de sesenta metros que regaló el pueblo de Milán.

Después de la guerra los pintores o siguen la disciplina cubista llevándola a extremos científicos, como los puristas o constructivistas, o bien se inicia una pintura social de fustigación de vicios, presentándolos en todo su horror, como los veristas alemanes, los insoportables veristas alemanes, o bien hacen de la pintura una exaltación expresiva de las cosas, un último límite de los contornos y de los espíritus de las cosas, como los expresionistas que animaron y animan la ciudad de Berlín. Una multitud de *ismos* impera. Unos literarios, de belleza indudable y utilidad artística reconocida; otros puros, plásticos, pictóricos, los que siguen y rodean a la disciplina cubista. Disciplina de estudios, sin estridencias públicas excesivas, obras de exposición, de madurez meditada.

Así pues, el movimiento verdaderamente regenerador ha sido el cubismo con sus tres épocas. Disciplina, amor y ley. Muerte de la perspectiva y exaltación abstracta del volumen. He ahí su perfil. Llega el 1926. La lección cubista ya está bien aprovechada. Pero un triste cerebralismo, un cansado intelectualismo invade la pintura. Severini y Gris ya saben de memoria un cuadro antes de haberlo realizado. ¿Adónde vamos? Vamos al instinto, vamos al acaso, a la inspiración pura, a la fragancia de lo directo.

Empiezan a surgir los sobrerrealistas, que se entregan a los latidos últimos del alma. Ya la pintura libertada por las abstracciones disciplinadas del cubismo, dueña de una inmensa técnica de siglos, entra en un período místico, incontrolado, de suprema belleza. Se empieza a expresar lo inexpresable. El mar cabe dentro de una naranja y un insecto pequeñito puede asombrar a todo el ritmo planetario, donde un caballo tendido lleva una inquietante huella de pie en sus ojos fijos y fuera de lo mortal.

La pintura, después del objetivismo agudo que llegó en 1920, llega hoy sapientísima y vieja a un campo lírico donde tiene necesariamente, siguiendo un proceso biológico, que salir desnuda de su antigua piel, pintura niña, hermana de las estilizaciones de la época cavernaria y prima hermana del exquisito arte de los pueblos salvajes.

Nos cabe a los españoles la gloria de haber producido los tres grandes revolucionarios de la pintura del mundo actual. El padre de todos los pintores existentes, que es el andaluz Pablo Picasso; el hombre que ha hecho la teología y la academia del cubismo, el madrileño Juan Gris; y el divino poeta y pintor Joan Miró, hijo de Cataluña. En los tres se nota la raza. Picasso es el andaluz genial, de las invenciones milagrosas y la intuición más sorprendente. Juan Gris es Castilla, la razón y la fe ardiente. Se convirtió al cubismo y no ha hecho otra cosa hasta su muerte, acaecida por desgracia el año pasado, y mientras Picasso pintaba cubismo y hacía cuadros a la manera de Goya o pintaba un Fragonard o un Mantegna con una técnica de prodigio, Juan Gris era un hombre gris que estudiaba sus cuadros sin tocar un punto de su dogma. Joan Miró es más europeo y su arte es ahora absolutamente inclasificable, porque tiene demasiados elementos astronómicos para ceñirse a una nacionalidad típica. Pero no cabe duda que España sigue dando su genio a chorros. Su genio de vida eterna que anima y animará todas las actividades con una propia, peculiarísima e insólita luz.

No tengo tiempo en esta breve nota de extenderme como sería mi gusto. El tema es amplio y esto no es más que una exhibición, un breve *sketch* de la nueva pintura. La sugestión es grande, pero tenemos la necesidad de ceñirnos. Tampoco quiero fastidiar al auditorio con citas ni nombres de artistas nuevos de todas partes del mundo. Ninguno ha superado a estas tres figuras de que hablé hace un instante. Ahora vamos a proyectar unos ejemplos. No muchos para no cansar.

Impresionismo:
1. Renoir.
2. Cézanne.

Cubismo (necesidad de las materias):
3. Picasso.
4. Picasso.
5. Gleizes.
6. Juan Gris.
7. Léger (decorativo).
8. Ozenfant, aséptico, ya es un teorema científico.
9. PROUM: extiende cambio de la pintura a la arqui-
    tectura.

Futurismo:
10. Severini 1913.
11. Balla.

Cubismo órfico:
12. Kandinsky.

Dada:
13. Picabia.

(Luz.)

Se empieza a notar la influencia poética en la pintura con Giorgio Chirico. Es un raro pintor. Debe mucho a los cubistas y crea una pintura que él llama metafísica y que pretende resolver el siguiente problema: representar lo inmaterial por lo material. A mi modo de ver, lo consigue.

Creo que Chirico produce una emoción nueva de inquietud, de soledad, de terror, con sus cuadros. Jean Cocteau, el delicioso poeta francés, ha dicho: «Chirico o el lugar del crimen, Chirico a la hora del trance». Efectivamente tienen esta angustia sus telas. Telas con un aire extraño y mortal al mismo tiempo:

14.

15.

Y vamos a unos ejemplos de sobrerrealistas. En este, el joven pintor Dalí, levemente influenciado por Chirico:

16.

17 y 18.

(Luz.)

En estos dos últimos cuadros de Miró hemos estado en presencia del fenómeno de arte más puro que se ha intentado desde que los hombres cogieron los pinceles. No es apasionamiento. Se puede demostrar esta afirmación mía dentro de un terreno histórico y dentro de un terreno de estética pura.

Ese paisaje nocturno donde hablan los insectos unos con otros, y ese otro panorama, o lo que sea, que no me importa saberlo ni necesito, están a punto de no haber existido. Vienen del sueño, del centro del alma, allí donde el amor está en carne viva y corren brisas increíbles de sonidos lejanos. Yo experimento ante estos cuadros de Miró la misma emoción misteriosa y terrible que siento en los toros en el momento en que clavan la puntilla sobre la testa del hermoso animal. Momento en que nos asomamos al borde de la muerte, que clava su pico de acero en el tierno e intangible temblor de la materia gris.

No cabe duda que la pintura actual es un hecho tangible que abarca todos los países del mundo. Y como siempre que se trata de un gran movimiento coincidimos sin estar de acuerdo gentes de todo el mundo. Y la prueba de la fuerza arrolladora que lleva es la actitud de la vieja pintura, cuyas exposiciones ya no interesan a nadie, y el miedo y la sordidez de los viejos pintores truquistas, que no quieren ver, no quieren oír en su fracaso y se encierran a copiar la maravillosa e incopiable realidad que destrozan en sus telas. La vieja pintura se bate en dramática retirada. Y hay casos como el de un gran pintor granadino, el más noble de materias y de mejor gusto, a mi juicio, que encontrándose en medio de la grieta del terremoto, sin gana (en eso hace mal) de emprender nuevas disciplinas plásticas y odiando con toda su alma su manera antigua, deja de pintar noblemente en espera de un cambio de su sensibilidad. Esto revela a uno de los espíritus más selectos que se pueden conocer, pero revela también el fracaso de la pintura del siglo XIX y, con él, de toda la pintura histórica. Ya se ha pintado de todas maneras, admirablemente, prodigiosamente. La nueva pintura en mantillas emprende un nuevo camino de aliento puro, que hay que alentar.

Es imposible que el arte se mineralice y yo tengo verdadera compasión a los artistas que no luchan y se disciplinan y sueñan imposibles que quieren ver realizados. Por eso me dan una piedad infinita todos los viejos pintores que diariamente, sin esfuerzo, ni alegría, ni dolor, se ganan el triste pan nuestro de cada día copiando y recopiando a sus modelos.

Yo les quemaría los cuadros y los echaría a la calle, a la lucha, al fuego del hombre y el amor apasionante de Dios.

El arte tiene que avanzar como avanza la ciencia día tras día en la región increíble que es creíble y en el absurdo que se convierte luego en una pura arista de verdad.

Antes de terminar quiero decir que nuestra posición es honrada. Que tenemos todos fe en lo que decimos y que ni las risas ignorantes ni el tachado de locos o de otras cosas nos importan nada. Nada en absoluto.

La fe y la alegría de una hermosa época futura está clavada, y forma parte de nuestras conciencias. Señoras y señores, el *sketch* de la pintura moderna ha terminado.

Imaginación, inspiración, evasión*

I

TEXTO DE *EL DEFENSOR DE GRANADA*
Granada, 11 de octubre de 1928

O sea —dijo el conferenciante al iniciar su discurso— los tres grados, las tres etapas que busca y recorre toda la obra de arte verdadera, toda la historia literaria, en su rueda de finar para volver a empezar y todo poeta consciente del tesoro que maneja por la gracia de Dios...

Sé perfectamente las dificultades que este tema tiene, y no pretendo, por tanto, definir, sino subrayar; no quiero dibujar, sino sugerir. La misión del poeta es esta: animar, en su exacto sentido: dar alma... Pero no me preguntéis por lo verdadero y lo falso, porque la «verdad poética» es una expresión que cambia al mudar su enunciado. Lo que es luz en Dante puede ser fealdad en Mallarmé. Y desde luego, ya es sabido por todo el mundo que la poesía se ama. Nadie diga «esto es oscuro», porque la poesía es clara. Es decir, necesitamos buscar, «con esfuerzo y virtud, a la poesía, para que esta se nos entregue. Ne-

---

* No se conserva ningún manuscrito y las versiones de que disponemos fueron publicadas en prensa entre 1928 y 1930. Lorca la leyó, siempre con variaciones, en Granada, Madrid, Nueva York, La Habana, Santiago de Cuba y Cienfuegos.

cesitamos haber olvidado por completo la poesía para que esta caiga desnuda en nuestros brazos. El vigía poético y el pueblo. Lo que no admite de ningún modo la poesía es la indiferencia. La indiferencia es el sillón del demonio; pero ella es la que habla en las calles con un grotesco vestido de suficiencia y cultura».

Analiza el conferenciante en primer lugar su concepto de la imaginación *y su función en el terreno artístico. Dice:*

Para mí la imaginación es sinónima de aptitud para el descubrimiento. Imaginar, descubrir, llevar nuestro poco de luz a la penumbra viva donde existen todas las infinitas posibilidades, formas y números. La imaginación fija y da vida clara a fragmentos de la realidad invisible donde se mueve el hombre.

La hija directa de la imaginación es la «metáfora», nacida a veces al golpe rápido de la intuición, alumbrada por la lenta angustia del presentimiento.

Pero la imaginación está limitada por la realidad: no se puede imaginar lo que no existe; necesita de objetos, paisajes, números, planetas, y se hacen precisas las relaciones entre ellos dentro de la lógica más pura. No se puede saltar al abismo ni prescindir de los términos reales. La Imaginación tiene horizontes, quiere dibujar y concretar todo lo que abarca.

La imaginación poética viaja y transforma las cosas, les da su sentido más puro y define relaciones que no se sospechaban; pero siempre, siempre opera sobre hechos de la realidad más neta y precisa. Está dentro de nuestra lógica humana, controlada por la razón, de la que no puede desprenderse. Su manera especial de crear necesita del orden y del límite. La imaginación es la que ha inventado los cuatro puntos cardinales, la que ha descubierto las causas intermedias de las cosas; pero no ha podido nunca abandonar sus manos en las ascuas sin lógica ni sentido donde se mueve «la inspiración», libre y sin cadenas. La imaginación es el primer escalón y la base de toda poesía... El poeta construye con ella una torre contra los elementos y contra el misterio. Es inatacable, ordena y es escuchado. Pero se le escapan casi siempre las mejores aves y las más refulgentes luces. Es difícil que un poeta imaginativo puro (llamémosle así) produzca emociones intensas con su poesía. Emociones poéticas, desde luego, puede producir con la técnica del verso, esa típica emoción musical de lo romántico, desligada casi siempre del sentido espiritual y hondo del poeta puro. Una emoción poética, virgen, incontrolada, libre de paredes, poesía redonda con sus leyes recién creadas para ella, desde luego que no.

La imaginación es pobre, y la imaginación poética mucho más.

La realidad visible, los hechos del mundo y del cuerpo humano están mucho más llenos de matices, son más poéticos que lo que ella descubre.

Esto se nota muchas veces entre la lucha entablada entre la realidad científica y el mito imaginativo, en la cual vence, gracias a Dios, la ciencia, mucho más lírica mil veces que las teogonías.

La imaginación de los hombres ha inventado los gigantes para achacarles la construcción de las grandes grutas o ciudades encantadas. La realidad ha enseñado después que estas grandes grutas están hechas por la gota del agua. Por la pura gota de agua, paciente y eterna. En este caso, como en otros muchos, gana la realidad. Es más bello el instinto de la gota de agua que la mano del gigante. La verdad real vence a la imaginación en poesía, o sea, la imaginación misma descubre su pobreza. La imaginación estaba en el punto lógico al achacar a gigantes lo que parecía obra de gigantes; pero la realidad científica, poética en extremo y fuera del ámbito lógico, ponía en las gotas limpias del agua perenne su verdad. Porque es mucho más bello que una gruta sea un misterioso capricho del agua encadenada a leyes eternas que el capricho de unos gigantes que no tienen más sentido que el de una explicación.

El poeta pasea siempre por su imaginación, limitado por ella. Y ya sabe que su sentido imaginativo es capaz de entretenimiento; que una gimnasia de la imaginación puede enriquecerla, agrandar sus antenas de luz y su onda emisora. Pero el poeta está en un triste «quiero y no puedo», a solas con su paisaje interior.

Oye el fluir de grandes ríos; hasta su frente llega la frescura de los juncos que se mecen «en ninguna parte». Quiere sentir el diálogo de los insectos bajo las ramas increíbles. Quiere penetrar en la música de la corriente de la savia en el silencio oscuro de los grandes troncos. Quiere comprender el alfabeto Morse que habla el corazón de la muchacha dormida.

Quiere. Todos queremos. Pero no puede. Porque, al intentar expresar la verdad poética de cualquiera de estos motivos, tendrá necesariamente que valerse de sentimientos humanos, se valdrá de sensaciones que ha visto y oído, recurrirá a analogías plásticas que no tendrán nunca un valor expresivo adecuado. Porque la imaginación sola no llega jamás a esas profundidades.

Mientras no pretenda librarse del mundo puede el poeta vivir contento en su pobreza dorada. Todas las retóricas y escuelas poéticas del universo, desde los esquemas japoneses, tienen una hermosa guardarropía de soles, lunas, lirios, espejos y nubes melancólicas para uso de todas las inteligencias y latitudes.

Pero el poeta que quiere librarse de campo imaginativo, o vivir exclusivamente de la imagen que producen los objetos reales, deja de soñar y deja de querer. Ya no quiere, ama. Pasa de la «imaginación», que es un hecho del alma, a la «inspiración», que es un estado del alma. Pasa del análisis a la fe. Aquí ya las cosas son porque sí, sin efecto ni causa explicable. Ya no hay términos ni límites, admirable libertad.

Así como la inspiración poética tiene una lógica humana, la inspiración poética tiene una lógica poética. Ya no sirve la técnica adquirida, no hay ningún postulado estético sobre el que operar; y así como la imaginación es un descubrimiento, la inspiración es un don, un inefable regalo.

Hace a continuación el conferenciante un análisis minucioso de la mecánica de la inspiración, aclarando con ejemplos los dos conceptos anteriores expuestos.

Pasa después a analizar el «hecho poético» que la inspiración descubre, «hecho» con vida propia, leyes inéditas y que, según el conferenciante, rompe con todo control lógico. Poesía en sí misma llena de un orden y una armonía exclusivamente poéticos. Las últimas generaciones de poetas se preocupan de reducir la poesía a la creación del hecho poético y seguir las normas que este mismo impone, sin escuchar la voz del razonamiento lógico ni el equilibrio de la imaginación. Pretenden libertar la poesía no solo de la anécdota, sino del acertijo de la imagen y de los planos de la realidad, lo que equivale a llevar la poesía a un último plano de pureza y sencillez. Se trata de una realidad distinta, dar un salto a mundos de emociones vírgenes, teñir los poemas de un sentimiento planetario. «Evasión» de la realidad por el camino del sueño, por el camino del subconsciente, por el camino que dicte un hecho insólito que regale la inspiración.

El poema evadido de la realidad imaginativa se sustrae a

los dictados de feo y bello como se entiende ahora y entra en una asombrosa realidad poética, a veces llena de ternura y a veces de la crueldad más penetrante.

Pone algunos ejemplos de problemas evadidos y aplica finalmente los tres conceptos, base de la conferencia, a algunas escuelas clásicas y a las principales corrientes de la estética europea contemporánea, incluso las más modernas, llegando a la conclusión de que todo arte que persigue la pureza se refugia en último término en la poesía, fenómeno muy típico, según el conferenciante, de nuestros días, en que todas las artes adoptan una expresión y un matiz predominantemente poéticos.

El señor García Lorca escuchó cordiales y entusiastas aplausos.

II

TEXTO DE *EL SOL*

Madrid, 16 de febrero de 1929

El sábado dio en el Liceo, ante nutrida concurrencia, en la que [figuraban] destacadas figuras de nuestra intelectualidad, su anunciada disertación acerca de «Imaginación. Inspiración. Evasión», el poeta Federico García Lorca. Comenzó así:

Dijo el arquitecto Corbusier en una reunión íntima de la Residencia de Estudiantes que lo que más le había gustado de España era la frase de «dar una estocada», porque expresaba la intención profunda de ir al tema y el ansia de dominarlo rápidamente, sin detenerse en lo accesorio y decorativo.

Yo también —agrega— soy partidario de esta posición de la estocada, aunque, naturalmente, no sea un espada de limpia agilidad. El toro (el tema) está delante y hay que matarlo. Valga siquiera mi buena intención.

A continuación refiere que casi todo arte tiene su base más firme en la imaginación, sinónima de aptitud para el descubrimiento.

No creo en la creación, sino en el descubrimiento, como no creo en el artista sentado, sino en el artista caminante. La hija directa de la imaginación es la metáfora. La hija legítima y lógica, nacida muchas veces con el golpe rápido de la intuición o con la lenta angustia del presentimiento. La imaginación está limitada por la realidad. No se puede imaginar lo que no existe de ninguna manera. Se necesitan objetos, paisajes, números, planetas, y se hacen precisas las relaciones entre ellos, dentro de la lógica más pura. La imaginación tiene horizontes, quiere dibujar y concretar todo lo que abarca. Vuela la imaginación sobre la razón como el perfume de la flor sobre la flor misma sin desprenderse de los pétalos, siguiendo los movimientos de la brisa, pero apoyado siempre en el centro inefable de su origen.

Es difícil que un poeta imaginativo puro —llamémosle así— produzca emociones intensas con su poesía, razonada toda ella. Emociones poéticas, desde luego que no. Puede producir con la técnica del verso y la maestría verbal esa típica emoción musical de los románticos, desligada casi siempre del sentido espiritual y hondo del poema puro.

El poeta [García Lorca] fija la diferencia entre la realidad visible y la imaginación, y destaca la superación de valores de aquella con bellos ejemplos entre la realidad científica y el mito imaginativo.

Habla de la inspiración y cuenta que así como la imaginación poética tiene una lógica humana la inspiración poética tiene una lógica poética. La inspiración es un estado de fe en medio de la humildad más absoluta. Se necesita una fe rotunda en la poesía, se necesita un estado de virtud material y espi-

ritual de cierta perfección y se necesita saber rechazar con ve-
hemencia toda tentación de ser comprometido. La inspiración
ataca de plano muchas veces a la inteligencia y al orden natu-
ral de las cosas. Hay que mirar con ojos de niño y pedir la luna.
Hay que pedir la luna y creer que nos la pueden poner en las
manos.

La imaginación ataca el tema furiosamente por todas par-
tes y la inspiración lo recibe de pronto y lo envuelve en luz sú-
bita y palpitante, como esas grandes flores carnívoras que en-
cierran a la abeja trémula de miedo y la disuelven en el agrio
jugo que sudan sus pétalos inmisericordes.

La imaginación es inteligente, ordenada, llena de equili-
brio. La inspiración es incongruente en ocasiones, no conoce al
hombre y pone muchas veces un gusano lívido en los ojos cla-
ros de nuestra musa. Porque quiere. Sin que lo podamos com-
prender. La imaginación lleva y da un ambiente poético y la
inspiración inventa el hecho poético.

En este punto, García Lorca hace flamear ante su audito-
rio, auditorio sumiso, ganado por la amenidad del poeta, vi-
vos y originales ejemplos de «hecho poético». El hecho poético
no se puede controlar con nada. Hay que aceptarlo como se
acepta la lluvia de estrellas. Pero alegrémonos —agrega— de
que la poesía pueda fugarse, evadirse, de las garras frías del
razonamiento.

Esta evasión poética puede hacerse de muchas maneras. El
surrealismo emplea el sueño y su lógica para escapar. En el
mundo de los sueños, el realísimo mundo de los sueños, se en-
cuentran indudablemente normas poéticas de emoción verda-
dera. Pero esta evasión por medio del sueño o del subconscien-
te es, aunque muy pura, poco diáfana. Los latinos queremos
perfiles y misterio visible. Forma y sensualidades.

Define el disertante lo que entiende por poesía evadida, la influencia de la ironía en la poética, con Heine a la cabeza, y cita como tipo de poeta imaginativo a Góngora, y como inspirado, a san Juan de la Cruz.

Termina García Lorca su interesante lección sobre novísimas estéticas con estas palabras:

Este es mi punto de vista actual sobre la poesía que cultivo. Actual, porque es de hoy. No sé mañana lo que pensaré. Como poeta auténtico que soy y seré hasta mi muerte, no cesaré de darme golpes con las disciplinas en espera del chorro de sangre verde o amarillo que necesariamente y por fe habrá mi cuerpo de manar algún día. Todo menos quedarme quieto en la ventana mirando el mismo paisaje. La luz del poeta es la contradicción. Desde luego, no he pretendido convencer a nadie. Sería indigno de la poesía si adoptara esta posición. La poesía no quiere adeptos, sino amantes. Pone ramas de zarzamora y erizos de vidrio para que se hieran por su amor las manos que la buscan.

El poeta fue muy aplaudido.

TEXTO DE *EL IMPARCIAL*

Disertó García Lorca sobre el tema «Inspiración, emoción e imaginación» [sic] y, convencido de la sutil dificultad de la tesis anunciada, quiso y logró «dar la estocada», frase española que, según explicó, admiraba el arquitecto Le Corbusier por considerarla el prototipo de la decisión concisa.

García Lorca comenzó diciendo que la poesía era como la fe, algo que no debe comprenderse, sino recibirse en una especie de estado de gracia. La imaginación no hace sino descubrir las cosas creadas, sin inventar nada, y cuando lo intenta queda vencida por las bellezas de la realidad. La imaginación tiene su mecanismo, ordenado y limitado debidamente. La inspiración [?] caza las imágenes empleando las artes de engaño y atracción propios de ese ejercicio. A veces, la cacería es espléndida, pero casi siempre las aves más bellas no acuden al reclamo. Pero las imágenes se captan en la realidad.

Los más hermosos mitos teogónicos son más pobres que la realidad misma y sus sorpresas innegables. «El eclipse —dijo— es una fórmula de higiene astronómica que vence el ámbito de las conjeturas.» El poeta «quiere» comprender los misterios, y ese es su pecado: querer. No se debe querer, se debe amar. El que ama no quiere. La inspiración pura, la que no aspira a ser comprendida y huye de serlo, es la enemiga de la imaginación. La inspiración puede obtenerse por medio de una fórmula misteriosa que el poeta no se decidió a revelarnos. Pero sí adelantó que para recibirla era preciso encontrarse en un estado de virtud material y moral, y rechazar con vehemencia «toda tentación de ser comprendido».

Hizo una rápida excursión por los milagros descritos por Jacobo de Voragine en La leyenda dorada, y describió la leyenda de santa Brígida, bajo cuyos dedos virginales se poblaban de ecos vivos, de ramas floridas, y de nidos las maderas del altar. El milagro es una forma de la emoción pura, la belleza inexplicable. Como ejemplo de sus frases cita versos de sus propios Romances gitanos:

> Verde, que te quiero verde;
> verde viento, verdes ramas,

que tiene un fuerte sabor popular;

> mil panderos de cristal
> herían la madrugada,

de «Muerto de amor», y otras imágenes no tan inexplicables en su relación interior como él mismo se figura.

Dijo que debían teñirse los poemas de un sentimiento planetario y procurar que huyan de toda estética establecida. Citó a Juan Ramón Jiménez como inspirador ilustre e indudable de este movimiento poético —no lo llamaremos «escuela» por no estatizarlo—, y explicó sus diferencias con los superrealistas, que buscan su inspiración en el mundo de los sueños y lo subconsciente. Heine fue un caso típico de emotivo [¿evasivo?] puro, desvirtuado por el tinte irónico con que intentaba justificar sus imágenes.

Citó los nuevos valores de la poesía española: Larrea y Diego, Rafael Alberti, Jorge Guillén y Pedro Salinas. Esta escuela es un renacimiento, una «vuelta a la naturaleza» en reacción contra los academicismos de la época madura del cubismo, que constituye la más formidable lección de disciplina del arte.

Terminó diciendo que nos hallamos en una época de predominio poético sobre todas las artes, y que la verdadera posición del poeta es quemar el peligro de la expresión falsa, porque la poesía no quiere adeptos sino amantes.

III
TRES MODOS DE POESÍA
TEXTO DE *LA PRENSA*
Nueva York, 10 de febrero de 1930

Federico, a continuación, lee unas cuartillas de exploración a los métodos de la nueva poesía, a la poesía que él cultiva, a su credo actual, indefinido, según él dice, sin posición de dogma estrecho, pero que a pesar de estas sus confesiones, todo el tiempo le vemos que fija y define, en posición de fe provisional, pero de fe al fin, que es el único camino de llegar a hacer algo constructivo.

Para librarse de ataduras externas insiste en que en él, como artista caminante y explorador infatigable, su posición actual sobre poesía puede devenir a caminos bien distintos, pero amasados siempre con el fuego puro, para quemar el peligro de la expresión falsa.

Habla primero de la poesía imaginativa, de la poesía diáfana, viviendo a expensas de la imaginación, primer escalón y base de toda poesía, poesía esta fría y seca, cercada por la realidad y por la lógica, con horizontes concretos, incapaz de «abandonar sus manos en las ascuas sin lógica y sin sentido donde se mueve la inspiración, libre y sin cadenas».

Es difícil, dice, que un poeta imaginativo produzca emociones intensas con su poesía. Puede producir, con la técnica del verso y la maestría verbal, esa típica emoción musical de los románticos, pero una emoción poética virgen, desligada, libre de paredes, poesía redonda con sus leyes recién creadas para ella y su cielo inédito, desde luego que no.

La imaginación —afirma— tiene poco campo de acción, es demasiado vertebrada y está vencida en todo momento por la bella realidad visible. Por eso para el poeta que quiere libertarse del mundo enemigo, su campo imaginativo es insoportable, y entonces pasa de la imaginación que es un hecho del alma, al camino de la inspiración que es un estado del alma. Deja de imaginar, deja de soñar, va del querer al amor.

Aquí expresa Lorca su entusiasmo por la inspiración pura y auténtica y por lo que esta descubre, «el hecho poético». «Ya no hay términos, ya no hay límites, ya no hay leyes explicables. ¡Admirable libertad!»

Analiza algunos poemas del Romancero gitano en donde

hay infinidad de «hechos poéticos» puros, inexplicables, a veces poco notados por estar en la línea de poemas imaginativos.

Llegar al plano de pureza y sencillez a que conduce el hecho poético es lo que pretenden los poetas modernos. «Esto que viene a mí en calidad de inocencia», dice Larrea en uno de sus poemas.

A esta poesía «evasiva», como la llama García Lorca, se llega de muchas maneras. El surrealismo emplea el sueño, el realísimo mundo de los sueños, en donde se dan normas poéticas de verdadera autenticidad, pero cree que esta evasión por medio del sueño o del subconsciente es, aunque muy pura, poco diáfana.

Los españoles queremos perfiles y misterio visible, forma y sensualidades. En el norte puede prender el surrealismo —ejemplo vivo, la actualidad artística alemana—, pero España nos defiende con su historia del licor fuerte del sueño.

Por eso la evasión poética en España se resuelve a base del hecho poético puro.

Al hablar de la historia de la poesía española cita dos grandes poetas representativos de las dos zonas, imaginativa e inspirada: Góngora y san Juan de la Cruz.

Góngora es el perfecto imaginativo, el equilibrio verbal, y el dibujo concreto. No tiene misterio ni conoce el insomnio. En cambio san Juan de la Cruz es lo contrario, vuelo y anhelo, afán de perspectiva y amor desatado. Góngora es el académico, el terrible profesor de lengua y poesía. San Juan de la Cruz será siempre el discípulo de los elementos, el hombre que roza los montes con los dedos de sus pies.

La exaltación de Góngora que ha sentido toda la juventud poética española ha correspondido con la madurez del cu-

bismo, *pintura de raciocinio puro, austera de color y arabesco, que culminó en el castellanísimo Juan Gris.*

Pero en general pintores y poetas, después de la brisa pura del cubismo, vuelven los ojos al puro instinto, a la creación virginal incontrolada, a la fuente fresquísima de la emoción directa, descansando bajo la fuerza irrefrenable de sus propias almas descubiertas.

Al grupo de poetas puros españoles dedicó estos comentarios:

Juan Larrea y su discípulo Gerardo Diego construyen poemas a base de hechos poéticos encadenados, cada vez más limpios de imagen y de vuelo más cristalino.

Aparte de ellos Rafael Alberti conduce su poesía a una cumbre bella y difícil, traspasada de aire eterno. Frente, en otra orilla, el mágico prodigioso, Jorge Guillén, infunde a su palabra un aliento fosforescente, misterioso, maquiavélico en la poesía castellana, y el modestísimo iluminado, Pedro Salinas, abandona sus poemas en una sala familiar, deshabitada, donde brillan sobre el polvo sus recatadas huellas de maestro.

Los jóvenes pintores españoles, con Joan Miró a la cabeza, siguen la misma trayectoria, venciendo las dificultades del poema plástico.

Por último, cree ver en la época artística actual el predominio de la poesía sobre todas las artes. Después de la última exposición de Picasso, se ha visto a toda la pintura oscilar hacia el campo de lo milagroso.

La plástica se hace poética para tomar jugos vitales y limpiarse de las dolencias, ya decorativas, del último cubismo.

IV
LA MECÁNICA DE LA POESÍA
TEXTO DE *DIARIO DE LA MARINA*
La Habana, primavera de 1930

[García Lorca] recordó, en sus primeras palabras, sus tiempos de estudiante, en que él parodiaba a los distintos conferenciantes que paseaban por la Residencia de Estudiantes de Madrid, siendo objeto de sus sátiras, entre las reuniones de ellos, desde el delicioso Chesterton, con su cabello de virutas de alambre, hasta el manco Cendrars, que dibujó a los ídolos viejos; desde mister Carter, seco ya como la momia de un gato egipcio, hasta el clásico Paul Valéry, cuyo monóculo se le convertía muchas veces en mariposa, con gran disgusto por su parte. En esta mañana —continuó— yo haré con mis amigos mi propia parodia, y así me salvaré del acento literario y de la delicada pedantería de conferenciante que necesariamente tengo que hacer.

No me preguntéis —dijo García Lorca, entrando de lleno en el tema de la «Mecánica de la poesía»— por lo verdadero y lo falso, porque la verdad poética es una cosa que cambia al ser comunicada de manera diferente. Lo que es luz en un poeta puede ser fealdad en otro, y, desde luego, sepamos todos que la poesía no se entiende. La poesía se recibe; la poesía no se analiza, la poesía se ama. Nadie diga «esto es claro», porque la poesía es oscura; nadie diga que «esto es oscuro», porque la poesía es clara.

Necesitamos haber olvidado la poesía, en un olvido perfecto, para que esta caiga desnuda en nuestros brazos. Lo que no admite de ninguna manera la poesía —continuó— es la indiferencia. La indiferencia es el sillón del demonio, pero ella es la que habla en las calles con un grotesco vestido de suficiencia y cultura.

De lo que más ampliamente trató el poeta y conferencian-
te de ayer fue de la imaginación [...]:

Para mí la imaginación es sinónima de aptitud para el descubrimiento. Imaginar es descubrir, llevar nuestro foco de luz
a la penumbra de la vida donde existen todas las infinitas posibilidades, formas y números. No creo en la creación, sino
en el descubrimiento, como no creo en el artista sentado,
sino en el artista caminante. La imaginación es un aparato espiritual, un explorador luminoso del mundo que descubre.
Dibuja y da vida clara a fragmentos de la realidad invisible
donde se mueve el hombre.

La hija directa de la imaginación —aseguró García Lorca— es la metáfora. La hija legítima y lógica, nacida muchas
veces al golpe rápido de la intuición o en la lenta angustia del
presentimiento.

Y continuó expresando la imposibilidad de aislarse la ima-
ginación y la realidad. Dijo que aquella no podía permanecer
en el vacío ni crear relaciones donde no las hay.

La manera esencial de crear es mecanismo; necesita del or-
den y del límite [...]:

La imaginación es la que ha inventado los cuatro puntos
cardinales, la que ha descubierto las causas intermedias de las
cosas, la que ha puesto nombres, pero no ha podido nunca
abandonar sus manos en las ascuas sin lógica ni sentido donde se mueve la inspiración libre y sin cadenas.

Es la imaginación, pues, el primer escalón y la base de toda
poesía, el campo de verdor enlunado donde duermen a veces
los aviones transparentes —ala de insecto y níquel planetario— de la inspiración libertada e inhumana.

La mecánica de la imaginación poética es la misma en todos los momentos. Una concentración, un salto, un vuelo,
una cacería de imágenes, una vuelta con el tesoro y una clasi-

ficación y selección de lo traído. El poeta domina a su imaginación, la lleva donde quiere, y no contento con sus servicios, la castiga y la vuelve a enviar, como el cazador al perro tardo en conseguir la pieza.

Es difícil que un poeta imaginativo puro produzca emociones intensas con su poesía, razonada toda ella. Emociones poéticas, desde luego que no. Puede producir, con la técnica del verso y la maestría verbal, esa típica emoción musical de los románticos, desligada casi siempre del sentido espiritual y hondo del poema puro.

La imaginación de los hombres ha inventado los gigantes para achacarles la construcción de las grandes grutas y ciudades encantadas. La realidad ha enseñado después que estas grandes grutas y ciudades encantadas fueron hechas por la gota de agua. Por la pura gota de agua, paciente y eterna.

En este caso, como en otros muchos, la realidad ha vencido a la imaginación.

La imaginación, aunque creamos lo contrario, tiene poco campo de acción; es demasiado vertebrada y está vencida en todos los momentos por la bella realidad visible.

El poeta está en un triste «Quiero y no puedo» a solas con su paisaje interior. Oye el fluir de los grandes ríos que pasan en silencio sin que nadie escuche su música. Hasta su frente llega la frescura que mana de los juncos que se mecen «en ninguna parte». Quiere sentir el diálogo de los vientos que se agitan en el musgo, bajo las ramas invisibles, seleccionadas directamente con cuerdas de luz por la exacta media luna.

Quiere penetrar la música de la corriente de la savia en el silencio oscuro y clavado de los grandes troncos...

Quiere comprender, apoyando el oído, el alfabeto Morse que habla el corazón de la muchacha dormida.

Quiere. Quiere. Todos queremos. Quiere. Pero no puede.

Pero para el poeta que quiere libertarse del mundo enemigo, ya su campo imaginativo le es insoportable. Vivir a costa de la imaginación es bien triste, por cierto. Vivir a costa de la poesía que producen los objetos reales le causa cansancio. Entonces el poeta deja de imaginar. Deja de soñar despierto y deja de querer. Él ama. Ama y puede. Va del querer al amor. Y el que ama no quiere.

Pasa, en estas condiciones, el poeta, de la imaginación, que es un hecho del alma, a la inspiración, que es un estado del alma. Pasa del análisis a la fe. De la imaginación a la inspiración.

El poeta, que era antes un explorador, ya es un hombre humilde, un hombre que siente sobre sus espaldas la irresistible belleza de todas las cosas. Ya no hay términos. Ya no hay límites. Ya no hay leyes explicadas. ¡Admirable imaginación! [?]

Así como la imaginación poética tiene una lógica humana, la inspiración poética tiene una lógica poética.

Ya las cosas son porque sí, sin que haya causa ni efecto explicable. La inspiración es un estado de fe en medio de la humildad más absoluta.

Después analiza el poeta el hecho poético y el milagro en la poesía. Se refiere a Góngora y a san Juan de la Cruz; el primero, maestro de la imaginación lógica, el segundo, inspirado sublime. El uno en las más altas cumbres terrestres, el segundo, en las esferas celestes, teniendo a sus plantas los picos de las montañas.

Canciones de cuna españolas

Añada. Arrolo. Nana. Vou-veri-vou*

Señoras y señores:

En esta conferencia no pretendo, como en las anteriores, definir, sino subrayar; no quiero dibujar, sino sugerir. Animar, en su exacto sentido. Herir pájaros soñolientos. Donde hay un rincón oscuro, poner un reflejo de nube alargada y regalar unos cuantos espejos de bolsillo a las señoras que asisten.

He querido bajar a la ribera de los juncos. Por debajo de las tejas amarillas. A la salida de las aldeas, donde el tigre se come a los niños. Estoy en este momento lejos del poeta que mira el reloj, lejos del poeta que lucha con la estatua, que lucha con el sueño, que lucha con la anatomía. He huido de todos mis amigos y me voy con aquel muchacho que se come la fruta verde y mira cómo las hormigas devoran el pájaro aplastado por el automóvil.

Por las calles más puras del pueblo me encontraréis; por el aire viajero y la luz tendida de las melodías que Rodrigo Caro llamó «reverendas madres de todos los cantares». Por todos los sitios donde se abre la tierna orejita rosa del niño o la blanca orejita de la niña que espera, llena de miedo, el alfiler que abra el agujero de la arracada.

* Pronunciada por primera vez el 13 de diciembre de 1928 en la Residencia de Estudiantes de Madrid.

En todos los paseos que yo he dado por España, un poco cansado de catedrales, de piedras muertas, de paisajes con alma, etc., etc., me puse a buscar los elementos vivos, perdurables, donde no se hiela el minuto, que viven un tembloroso presente. Entre los infinitos que existen, yo he seguido dos: las canciones y los dulces. Mientras una catedral permanece clavada en su época, dando una expresión continua de ayer al paisaje siempre movedizo, una canción salta de pronto, de ese ayer, a nuestro instante, viva y llena de latidos como una rana, incorporada al panorama como arbusto reciente, trayendo la luz viva de las horas viejas, gracias al soplo de la melodía.

Toda esta gente, que son casi todos los señores que viajan, está despistada de la manera más torpe. Para conocer la Alhambra de Granada, por ejemplo, antes de recorrer sus patios y sus salas, es mucho más útil, más pedagógico, comer el delicioso alfajor de Zafra o las tortas alajú de las monjas de Santiago, que dan, con la fragancia y el sabor, la temperatura auténtica del palacio cuando estaba vivo, así como la luz antigua y los puntos cardinales del temperamento sensual de su corte. En la melodía, como en el dulce, se refugia la emoción de la historia, su luz permanente sin fechas ni hechos. El amor y la brisa de nuestro país vienen en las tonadas o en la rica pasta del turrón, trayendo vida viva de las épocas muertas, al contrario de las piedras, las campanas, las gentes con carácter y aun el lenguaje.

La melodía, mucho más que el texto, define los caracteres geográficos y la línea histórica de una región, y señala de manera aguda momentos definidos de un perfil que el tiempo ha borrado. Un romance, desde luego, no es perfecto hasta que no lleva su propia melodía, que le da la sangre y la palpitación y el aire severo o erótico donde se mueven los personajes.

La melodía latente, estructurada con sus centros nerviosos y sus ramitos de sangre, pone vivo calor histórico sobre los textos que a veces pueden estar vacíos y otras veces no tienen más valor que el de simples evocaciones.

Hace unos años, paseando por las inmediaciones de Granada, oí cantar a una mujer del pueblo mientras dormía a su niño. Siempre había notado la aguda tristeza de las canciones de cuna de nuestro país; pero nunca como entonces sentí esta verdad tan concreta. Al acercarme a la cantora para anotar la canción, observé que era una andaluza guapa, alegre, sin el menor tic de melancolía; pero una tradición viva obraba en ella, y ejecutaba el mandato fielmente, como si escuchara las viejas voces imperiosas que patinaban por su sangre. Desde entonces he procurado recoger canciones de cuna de todos los sitios de España; quise saber de qué modo dormían a sus hijos las mujeres de mi país, y al cabo de un tiempo, recibí la impresión de que España usa sus melodías de más acentuada tristeza y sus textos de expresión más melancólica para teñir el primer sueño de sus niños. No se trata de un modelo, o de una canción aislada en una región, no; todas las regiones acentúan sus caracteres poéticos y su fondo de tristeza en esta clase de cantes, desde Asturias y Galicia hasta Andalucía y Murcia, pasando por el azafrán y el modo yacente de Castilla.

Existe una canción de cuna europea suave y monótona, a la cual puede entregarse el niño con toda fruición y desplegar todas sus aptitudes para el sueño. Francia y Alemania ofrecen característicos ejemplos, y entre nosotros, los vascos dan la nota europea con sus nanas de un lirismo idéntico al de las canciones nórdicas, llenas de ternura y amable simplicidad.

La canción de cuna europea no tiene más objeto que dormir al niño, sin que quiera, como la española, herir al mismo tiempo su sensibilidad.

El ritmo y la monotonía de estas canciones de cuna que

llamo europeas las pueden hacer aparecer como melancólicas, pero no lo son por sí mismas; son melancólicas accidentalmente como un chorro de agua o el temblor de unas hojas en determinado momento. No podemos confundir monotonía con melancolía. El cogollo de Europa, pues, tiende grandes telones grises ante sus niños para que duerman tranquilamente. Doble virtud de lana y esquila. Con el mayor tacto.

Aun en las canciones de cuna rusas que conozco, teniendo estas el oblicuo y triste rumor eslavo —pómulo y lejanía— de toda su música, no tienen la claridad sin nubes de las españolas, el rasgo profundo, la sencillez patética que nos caracterizan. La tristeza de la canción de cuna rusa puede soportarla el niño como se soporta un día de niebla detrás de los cristales; pero en España no. España es el país de los perfiles. No hay términos borrosos por donde se pueda huir al otro mundo. Todo se dibuja y limita de la manera más exacta. Un muerto es más muerto que en cualquier otra parte del mundo. Y el que quiere saltar al sueño, se hiere los pies con un filo de navaja barbera.

No quiero que crean ustedes que vengo a hablar de la España negra, la España trágica, etc., etc., tópico demasiado manoseado y sin eficacia literaria por ahora.

Pero el paisaje de las regiones que más típicamente la representan, que son aquellas donde se habla el castellano, tiene el mismo acento duro, la misma originalidad dramática y el mismo aire enjuto de las canciones que brotan en él. Siempre tendremos que reconocer que la belleza de España no es serena, dulce, reposada, sino ardiente, quemada, excesiva, a veces sin órbita; belleza sin la luz de un esquema inteligente donde apoyarse y que, ciega de su propio resplandor, se rompe la cabeza contra las paredes.

Se pueden encontrar en el campo español ritmos sorprendentes o construcciones melódicas llenas de un misterio y una antigüedad que escapa de nuestro dominio; pero nunca encontraremos un solo ritmo elegante, es decir, consciente de sí mismo, que se vaya desarrollando con serenidad querida, aunque brote del pico de una llama.

Pero aun dentro de esta tristeza sobria, o este furor rítmico, España tiene cantos alegres, chanzas, bromas, canciones de delicado erotismo y encantadores madrigales. ¿Cómo ha reservado para llamar al sueño del niño lo más sangrante, lo menos adecuado para su delicada sensibilidad?

No debemos olvidar que la canción de cuna está inventada (y sus textos lo expresan) por las pobres mujeres cuyos niños son para ellas una carga, una cruz pesada, con la cual muchas veces no pueden. Cada hijo, en vez de ser una alegría, es una pesadumbre, y naturalmente, no pueden dejar de cantarles, aun en medio de su amor, su desgano de la vida.

Hay ejemplos exactos de esta posición, de este resentimiento contra el niño que ha llegado cuando, aun queriendo la madre, no ha debido llegar de ninguna manera. En Asturias se canta esta en el pueblo de Navia:

> *Este niñín que teño nel collo*
> *e d'un amor que se tsama Vitorio*
> *Dios que mo deu, tseveme*
> *llougo por non andar con Vitorio nel collo.*

Y la melodía con que se canta está a tono con la tristeza miserable de los versos. Son las pobres mujeres las que dan a sus hijos este pan melancólico y son ellas las que lo llevan a las casas ricas. El niño rico tiene la nana de la mujer pobre, al mismo tiempo, que le da su cándida leche silvestre, médula del país.

Estas nodrizas, juntamente con las criadas y otras sirvientas más humildes, están realizando hace mucho tiempo la importantísima labor de llevar el romance, la canción y el cuento a las casas de los aristócratas y los burgueses. Los niños ricos saben de Gerineldo, de don Bernardo, de Thamar o de los Amantes de Teruel, gracias a estas admirables criadas y nodrizas que bajan de los montes o vienen a lo largo de nuestros ríos, para darnos la primera lección de historia de España y poner en nuestra carne el sello áspero de la divisa ibérica: «Solo estás y solo vivirás».

*

Para provocar el sueño del niño intervienen varios factores importantes, si contamos naturalmente con el beneplácito de las hadas. Las hadas son las que traen las anémonas y la temperatura. La madre y la canción ponen lo demás.

Todos los que sentimos al niño como el primer espectáculo de la naturaleza, los que creemos que no hay flor, número o silencio comparables a él, hemos observado muchas veces cómo, al dormir y sin que nada ni nadie le llame la atención, ha vuelto la cara del almidonado pecho de la nodriza (ese pequeño monte volcánico estremecido de leche y venas azules) y ha mirado con los ojos fijos la habitación aquietada para su sueño.

«¡Ya está ahí!», digo yo siempre, y efectivamente está.

El año de 1917 tuve la suerte de ver un hada en la habitación de un niño pequeño, primo mío. Fue una centésima de segundo, pero la vi. Es decir, la vi... como se ven las cosas puras, situadas al margen de la circulación de la sangre, con el rabillo del ojo, como el gran poeta Juan Ramón Jiménez vio a las sirenas, a su vuelta de América; las vio que se acababan de hundir. Esta hada estaba encaramada en la cortina, relumbrante como si estuviera vestida con un traje de ojo de perdiz, pero me es imposible recordar su tamaño ni su gesto. Nada más fácil para mí que inventármela, pero sería un engaño poético de primer orden, nunca una creación poética, y yo no quiero engañar a nadie. No hablo con humor ni con ironía; hablo con la fe arraigada que solamente tienen el poeta, el niño y el tonto puro. Al hablar incidentalmente de las hadas cumplí con mi deber de propagandista del sentido poético, hoy casi perdido por culpa de los literatos y los intelectuales, que han esgrimido contra él las armas humanas y poderosas de la ironía y el análisis.

Después del ambiente que ellas crean, hacen falta dos ritmos. El ritmo físico de la cuna o silla y el ritmo intelectual de la melodía. La madre traba estos dos ritmos para el cuerpo y para el oído, y con distintos compases y silencios los va combinando hasta conseguir ese tono justo que encanta al niño.

No hacía falta ninguna que la canción tuviese texto. El sueño acude con el ritmo solo y la vibración de la voz sobre esos ritmos. La canción de cuna perfecta sería la repetición de dos notas entre sí, alargando sus duraciones y acentos. Pero la madre no quiere ser fascinadora de serpientes, aunque en el fondo emplee la misma técnica. Tiene necesidad de la palabra para mantener al niño pendiente de sus labios, y no solo gusta de expresar cosas agradables mientras viene el sueño, sino que lo entra de lleno en la realidad más cruda y le va infiltrando el dramatismo del mundo.

Así pues, la letra de las canciones va contra el sueño y su río manso. El texto provoca emociones en el niño y estados de duda, terror, contra los cuales tiene que luchar la mano borrosa de la melodía que peina y amansa los caballitos encabritados que se agitan en los ojos de la criatura.

No olvidemos que el objeto fundamental de la nana es dormir al niño que no tiene sueño. Son canciones para el día y a la hora en que el niño tiene ganas de jugar. En Tamames se canta:

> Duérmete, mi niño,
> que tengo que hacer,
> lavarte la ropa,
> ponerme a coser.

Y a veces la madre verifica una verdadera batalla que termina con azotes, llanto y sueño al fin. Nótese cómo al niño recién nacido no se le canta la nana casi nunca. Al niño recién nacido se le entretiene con el esbozo melódico dicho entre dientes y, en cambio, se le da mucha más importancia al ritmo físico, al balanceo. La nana requiere un espectador que siga con inteligencia sus accidentes y se distraiga con la anécdota, tipo o evocación de paisaje que la canción expresa. El niño al que se canta ya habla, empieza a andar, conoce el significado de las palabras y muchas veces la canta él también.

Hay una relación delicadísima entre el niño y la madre en el momento silencioso del canto. El niño permanece alerta para protestar el texto o avivar el ritmo demasiado monótono. La madre adopta una actitud de ángulo sobre el agua al sentirse espiada por el agudo crítico de su voz.

Ya sabemos que a todos los niños de Europa se les asusta con el Coco de maneras diferentes. Con el Bute y la Marimanta andaluza forma parte de ese raro mundo infantil, lleno de figuras sin dibujar, que se alzan como elefantes entre la graciosa fábula de espíritus caseros que todavía alientan en algunos sitios de España.

La fuerza mágica del Coco es precisamente su desdibujo. Nunca puede aparecer aunque ronde las habitaciones. Y lo delicioso es que sigue desdibujado para todos. Se trata de una abstracción poética y por eso el miedo que produce es un miedo cósmico, un miedo en el cual los sentidos no pueden poner sus límites, siempre salvadores, sus paredes objetivas que defienden, dentro del peligro, de otros peligros mayores porque no tienen explicación posible. Pero no hay tampoco duda de que el niño lucha por representarse esa abstracción y es muy frecuente que llame Cocos a las formas extravagantes que a veces encuentra en la naturaleza. Al fin y al cabo, el niño está libre para poder imaginárselo. El miedo que le tenga depende de su fantasía y puede incluso serle simpático. Yo conocí a una niña catalana que en una de las últimas exposiciones cubistas de mi gran compañero de Residencia, Salvador Dalí, nos costó mucho trabajo sacarla fuera del local porque estaba entusiasmada con los *Papos*, los Cocos, que eran cuadros grandes de colores ardientes y de una extraordinaria fuerza expresiva. Pero no es España aficionada al Coco. Prefiere asustar con seres reales. En el Sur, el Toro y la Reina Mora son las amenazas; en Castilla, la Loba y la Gitana; y en el norte de Burgos se hace una maravillosa sustitución del Coco por la Aurora. Es el mismo procedimiento para infundir silencio que se emplea en la nana más popular de Alemania, en la cual es una oveja la que viene a morder al niño. La concentración y huida al otro mundo, el ansia de abrigo y el ansia de límite seguro que impone la aparición de estos seres reales o imaginarios, lleva al sueño, aunque conseguido de manera poco prudente. Pero esta técnica del miedo no es muy frecuente en España. Hay otros medios más refinados y algunos más crueles.

Muchas veces la madre construye en la canción una escena de paisaje abstracto, casi siempre nocturno, y en ella pone, como en el auto más simple y viejo, uno o dos personajes, que ejecutan alguna acción sencillísima y casi siempre de un efecto melancólico de lo más bello que se puede conseguir. Por esta escenografía diminuta pasan los tipos que el niño va dibujando necesariamente y que se agrandan en la niebla caliente de la vigilia.

A esta clase pertenecen los textos más suaves y tranquilos por los que el niño puede correr relativamente sin temores. Andalucía tiene hermosos ejemplos. Es la canción de cuna más racional si no fuera por las melodías. Pero las melodías son dramáticas siempre, de un dramatismo incomprensible para el oficio que ejercen.

Yo he recogido en Granada seis versiones de esta nana:

> A la nana, nana, nana,
> a la nanita de aquel
> que llevó el caballo al agua
> y lo dejó sin beber.

Y en Santander se canta:

> Por aquella calle a la larga
> hay un gavilán *perdío*
> que dicen que va a llevarse
> la paloma de su *nío*.

Y en Tamames (Salamanca) existe esta:

> Las vacas de Juana
> no quieren comer;
> llévalas al agua,
> que querrán beber.

Y en Pedrosa del Príncipe (Burgos):

> A mi caballo le eché
> hojitas de limón verde
> y no las quiso comer.

Los cuatro textos, aunque de personajes diferentes y de sentimientos distintos, tienen un mismo ambiente. Es decir: la madre evoca un paisaje de la manera más simple y hace pasar por él a un personaje al que rara vez da nombre. Solamente conozco dos tipos bautizados en el ámbito de la nana: Pedro Meilero, de la Villa del Grado, que llevaba la gaita colgada de un palo, y el delicioso maestro Galindo de Castilla, que no podía dar escuela porque pegaba a los muchachos sin quitarse las espuelas.

La madre lleva al niño fuera de sí, a la lejanía, y le hace volver a su regazo para que, cansado, descanse. Es una pequeña iniciación de aventura poética. Son los primeros pasos por el mundo de la representación intelectual. En esta nana (la más popular del reino de Granada):

> A la nana, nana, nana
> a la nanita de aquel
> que llevó el caballo al agua
> y lo dejó sin beber.

el niño tiene un juego lírico de belleza pura antes de entregarse al sueño. Ese *aquel* y su caballo se alejan por el camino de ramas oscuras hacia el río, para volver a marcharse cuando empieza el canto, una vez y otra vez y otra vez, y siempre de manera silenciosa y renovada. Nunca el niño los verá de frente. Siempre imaginará en la penumbra el traje oscuro de *aquel* y la grupa brillante del caballo. Ningún personaje de estas canciones da la cara. Es preciso que se alejen y abran un camino hacia sitios donde el agua es más profunda y el pájaro ha renunciado definitivamente a sus alas. Hacia la más simple quietud. Pero la melodía da en este caso un tono que hace dramáticos en extremo al *aquel*, al caballo; y al hecho insólito de no darle agua, una rara angustia misteriosa.

Aclaración de por qué canto

En este tipo de canción, el niño reconoce al personaje y, según su experiencia visual, que siempre es más de lo que suponemos, perfila su figura. Está obligado a ser un espectador y un creador al mismo tiempo, ¡y qué creador maravilloso! Un creador que posee un sentido poético de primer orden. No tenemos más que estudiar sus primeros juegos, antes de que se turbe de inteligencia, para observar qué belleza planetaria los anima, qué simplicidad perfecta y qué misteriosas relaciones descubren entre cosas y objetos que Minerva no podrá nunca descifrar. Con un botón, un carrete de hilo, una pluma y los cinco dedos de su mano construye el niño un mundo difícil cruzado de resonancias inéditas, que cantan y se entrechocan de turbadora manera, con la alegría de que no han de ser analizadas. Mucho más de lo que pensamos comprende el niño. Está dentro de un mundo poético inaccesible, donde ni la retórica, ni la alcahueta imaginación, ni la fantasía tienen entrada; planicie, con los centros nerviosos al aire, de horror y belleza aguda, donde un caballo blanquísimo, mitad de níquel, mitad de humo, cae herido de repente con un enjambre de abejas clavadas de furiosa manera sobre sus ojos.

Muy lejos de nosotros, el niño posee íntegra la fe creadora y no tiene aún la semilla de la razón destructora. Es inocente, por lo tanto sabio, y, desde luego, comprende, mejor que nosotros, la clave inefable de la sustancia poética.

Otras veces, en clave inefable de la sustancia poética, la madre sale también de aventura con su niño en la canción. En la región de Guadix se canta:

> A la nana, niño mío,
> a la nanita y haremos
> en el campo una chocita
> y en ella nos meteremos.

Se van los dos. El peligro está cerca. Hay que reducirse, achicarse, que las paredes de la chocita nos toquen la carne. Fuera nos acechan. Hay que vivir en un sitio muy pequeño. Si podemos, viviremos dentro de una naranja. Tú y yo. ¡Mejor: dentro de una uva!

Aquí llega el sueño, atraído por el procedimiento contrario al de la lejanía. Dormir al niño abriendo un camino delante de él equivale un poco a la raya de tiza blanca que hace el hipnotizador de gallos. Esta manera del recogimiento dentro de sí es más dulce. Tiene la alegría del que ya está seguro en la rama del árbol durante la turbulenta inundación.

Hay algún ejemplo en España —Salamanca y Murcia— en el cual la madre hace de niño al revés:

> Tengo sueño, tengo sueño,
> tengo ganas de dormir.
> Un ojo tengo cerrado,
> otro ojo a medio abrir.

Usurpa el puesto del niño de una manera autoritaria, y, claro está, como el niño carece de defensas, tiene forzosamente que dormirse.

Pero el grupo más completo de canciones de cuna, y el más frecuente en todo el país, está compuesto por aquellas canciones en las cuales se obliga al niño a ser actor único de su propia nana.

Se le empuja dentro de la canción, se le disfraza y se le pone en oficios o momentos siempre desagradables.

Aquí están los ejemplos más cantados y de más rica enjundia española, así como las melodías más originales y de más acentuado indigenismo.

El niño es maltratado, zaherido de la manera más tierna. «Vete de aquí; tú no eres mi niño; tu madre es una gitana». O «Tu madre no está; no tienes cuna; eres pobre, como nuestro Señor»; y siempre en este tono.

Ya no se trata de amenazar, asustar o construir una escena, sino que se echa al niño dentro de ella, solo y sin armas, caballero indefenso contra la realidad de la madre.

Su actitud del niño en esta clase de nanas es casi siempre de protesta, más o menos acentuada según su sensibilidad.

Yo he presenciado infinidad de casos en mi larga familia en los cuales el niño ha impedido rotundamente la canción. Ha llorado, ha pataleado hasta que la nodriza, con gran disgusto por parte de ella, ha vuelto el disco, y ha roto con otra canción en la cual se compara el sueño del niño con el bovino rubor de la rosa. En Trubia se canta a los niños esta añada que es una lección de desencanto:

> Crióme mi madre
> feliz y contentu,
> cuando me dormía

me iba diciendo:
ea, ea, ea, ea,
tú has de ser marqués,
conde o caballeru;
y por mi desgracia
yo aprendí a goxeru.
Facía los goxos
en mes de Xineru
y por el verano
cobraba el dineru.
Aquí está la vida
del pobre goxeru.
[¡Si mia pobre madre
volviés abri'l güery!]
Ea, ea, ea.

Oigan ahora ustedes esta nana que se canta en Cáceres, de
rara pureza melódica, que parece hecha para cantar a los niños que no tienen madre y cuya severidad lírica es tan madura
que más bien parece canto para morir que canto para el primer sueño:

Duérmete, mi niño, duerme,
que tu madre no está en casa,
que se la llevó la Virgen
de compañera a su casa.

De este tipo existen varias en el norte y oeste de España,
que es donde la nana toma acentos más duros y miserables.
En Orense se canta otra nana, cantada por una doncella
cuyos senos todavía ciegos esperan el rumor resbaladizo de
su manzana cortada:

Ora, ora, niño, ora;
quen vos ha de da la teta
se teu pai vai no muiño
e tua mai na leña seca?

Estas dos nanas tienen mucho parecido. Parece ser que de Galicia bajó la melodía a Cáceres. La antigüedad venerable de las dos está suficientemente clara. Ambas melodías están escritas en un tetracordo, dentro del cual desenvuelven su esquema. Por la simplicidad y su puro diseño son canciones que no tienen par en ningún cancionero.

Las mujeres de Burgos cantan:

Échate, niño, al ron ron,
que tu padre está al carbón
y tu madre a la manteca
no te puede dar la teta.

de inferior belleza melódica.

Es particularmente triste la nana con que duermen a sus hijos las gitanas de Sevilla. Pero no creo que sea oriunda de esta ciudad. Es el único tipo que presento influenciado por el canto de las montañas del norte y que no pertenece al tipo de melodía insobornable que tiene cada región cuando logra definirse. Constantemente vemos en todos los cantos gitanos esa influencia nórdica a través de Granada. Está recogida en Sevilla por un amigo mío de gran escrupulosidad musical, pero parece hija directa de los valles penibéticos.

Su diseño tiene extraordinario parecido con un canto de Santander, muy conocido:

Por aquella vereda
no pasa nadie,
que murió la zagala,
la flor del valle,
la flor del valle,
sí, [...].

Es una nana de este tipo triste en que se deja solo al niño, aun en medio de la mayor ternura. Dice así:

Este galapaguito
no tiene madre, sí,
no tiene madre, no,
lo parió una gitana,
lo echó a la calle.

No hay duda ninguna de su acento nórdico, mejor yo diría granadino, canto que conozco porque lo he recogido, y en donde se traban, como en su paisaje, la nieve con el surtidor y el helecho con la naranja. Pero para afirmar todas estas cosas hay que andar con sumo tacto. Hace años, Manuel de Falla venía sosteniendo que una canción de columpio que se canta en los primeros pueblos de Sierra Nevada era de indudable origen asturiano. Las varias transcripciones que le llevamos afirmaron su creencia. Pero un día la oyó cantar él mismo y al transcribirla y estudiarla, notó que era una canción con el ritmo viejo llamado epítrito y que nada tenía que ver con la tonalidad ni con la métrica típicas de Asturias. La transcripción, al dislocar el ritmo, la hacía asturiana. No hay duda de que Granada tiene un fuerte núcleo de canciones de tono galaico y de tono asturiano, debido a una colonización que las gentes de estas dos regiones iniciaron en la Alpujarra; pero existen otras infinitas influencias difíciles de captar por esa máscara terrible, que lo cubre todo y que se llama *carácter regional*, que confunde y nubla las entradas de las claves, solo descifrables para técnicos tan profundos como Falla, y que además poseen una intuición artística de primer orden.

En todo el folclore musical español, con algunas gloriosas excepciones, existe un desbarajuste sin freno en esto de transcribir melodías. Se pueden considerar como *no transcritas* muchas de las que circulan. No hay nada más delicado que un ritmo, base de toda melodía, ni nada más difícil que una voz del pueblo que da en estas melodías tercios de tono y aun cuartos de tono, que no tienen signos en el pentagrama de la música construida. Ya ha llegado la hora de sustituir los imperfectos cancioneros actuales con colecciones de discos de gramófono, de utilidad suma para el erudito y para el músico.

De este mismo ambiente que tiene la nana del galapaguito, aunque ya más enjuto y de melodía más sobria y patética, existe un tipo en Morón de la Frontera y algún otro en Osuna, recogido por el insigne Pedrell.

En Béjar se canta la nana más ardiente, más representativa de Castilla. Canción que sonaría como una moneda de oro si la arrojásemos contra las piedras del suelo:

> Duérmete, niño pequeño
> duerme, que te velo yo;
> Dios te dé mucha ventura
> neste mundo engañador.

> Morena de las morenas
> la Virgen del Castañar;
> en la hora de la muerte
> ella nos amparará.

En Asturias se canta esta otra añada, en la cual la madre se queja de su marido para que el niño la oiga.

El marido viene golpeando la puerta, rodeado de hombres borrachos, en la noche cerrada y lluviosa del país. La mujer mece al niño con una herida en los pies, con una herida que tiñe de sangre las cruelísimas maromas de los barcos:

> Todos los trabayos son
> para las probes muyeres,
> aguardando por les noches
> que los maridos vinieren.
>
> Unos venien borrachos,
> otros venien alegres.
> Otros decíen: «Muchachos,
> vamos matar les muyeres».
>
> Ellos piden de cenar,
> elles que dayos non tienen.
> —¿Qué ficiste los dos riales?
> Muyer, ¡qué gobierno tienes!
> [...]

Es difícil encontrar en toda España un canto más triste y de más cruda salacidad. Nos queda, sin embargo, por ver un tipo de canción de cuna verdaderamente extraordinario. Hay ejemplos en Asturias, Salamanca, Burgos y León. No es la nana de una región determinada, sino que corre por el norte y el centro de la Península. Es la canción de cuna de la mujer adúltera que, cantando a su niño, se entiende con el amante.

Tiene un doble sentido de misterio y de ironía que sorprende siempre que se escucha. La madre asusta al niño con un hombre que está en la puerta y que no debe entrar. El padre está en casa y no lo dejaría. La variante de Asturias dice:

El que está en la puerta
que non entre agora,
que está el padre en casa
del neñu que llora.

Ea, mi neñín, agora non,
ea, mi neñín, que está el papón.

El que está en la puerta
que vuelva mañana,
que el padre del neñu
está en la montaña.

Ea, mi neñín, agora non,
ea, mi neñín, que está el papón.

(Se canta.)

La canción de la adúltera que se canta en Alba de Tormes es más lírica que la asturiana y de sentimiento más velado:

Palomita blanca
que andas a deshora,
el padre está en casa
del niño que llora.

Palomita negra
de los vuelos blancos,

está el padre en casa
del niño que canto.

La variante de Burgos —Salas de los Infantes— es la más
clara de todas:

Qué majo que eres,
qué mal que lo entiendes,
que está el padre en casa
y el niño no duerme.
Al run run, run run del alma,
¡que te vayas tú!

Es una hermosa mujer la que canta estas canciones. Diosa
Flora, de pecho insomne, apto para la cabeza de la víbora.
Ávida de frutos y limpia de melancolía. Esta es la única nana
en la cual el niño no tiene importancia de ninguna clase. Es un
pretexto nada más. No quiero decir, señoras, sin embargo,
que todas las mujeres que la cantan sean adúlteras; pero sí que,
aun sin darse cuenta, entran en el ámbito del adulterio. Después de todo, ese hombre misterioso que está en la puerta y
no debe entrar es el hombre que lleva la cara oculta por el
gran sombrero, que sueña toda mujer verdadera y desligada.

He procurado presentar a ustedes diversos tipos de canciones que, con excepción de la de Sevilla, responden a un
modelo regional característico [desde] el punto de vista melódico, canciones que no han recibido influencia, melodías fijas
que no pueden viajar nunca. Las canciones que viajan son
canciones cuyos sentimientos permanecen en un equilibrio
tranquilo y que tienen cierto aire universal. Son canciones es-
cépticas, hábiles para cambiar el matemático traje del ritmo,
flexibles para el acento y neutrales para la temperatura lírica.

Cada región tiene un núcleo melódico fijo e insobornable y un verdadero ejército de canciones peregrinas, atacantes, que circulan por donde pueden y que van a morir fundidas en el último límite de su influencia.

Existe un grupo de canciones asturianas y gallegas que, teñidas de verde, húmedas, descienden a Castilla, donde se estructuran rítmicamente y llegan hasta Andalucía, donde adquieren el modo andaluz y forman el raro canto de montañas granadino.

La siguiriya gitana del cante jondo, la más pura expresión de la lírica andaluza, no logra salir de Jerez o de Córdoba, y, en cambio, el bolero, melodía neutra, se baila en Castilla y aun en Asturias. Hay un bolero auténtico en Llanes, recogido por Torner.

Los alalás gallegos golpean noche y día los muros de Zamora sin poder penetrarla y, en cambio, muchos acentos de muñeira circulan por las melodías de ciertas danzas rituales y cantos de los gitanos del sur. Las sevillanas que llegan intactas hasta Túnez, llevadas por los moros de Granada, ya sufren un cambio total de ritmo y de carácter al llegar a la Mancha, y no logran pasar del Guadarrama.

En las mismas nanas de que hablo, Andalucía influye por el mar, y en cambio, no logra llegar al norte, como en otra clase de canciones. El modo andaluz de las nanas tiñe el bajo Levante, hasta algún vou-veri-vou balear, y por Cádiz llega hasta Canarias, cuyo delicioso rorró es de indudable acento bético.

Podríamos hacer un mapa melódico de España, y notaríamos en él una fusión entre las regiones, un cambio de sangres y jugos que veríamos cambiar en las sístoles y diástoles de las estaciones del año. Veríamos claro el esqueleto de aire irrompible que une las regiones de la Península, esqueleto en vilo sobre la lluvia, con sensibilidad descubierta de molusco, para recogerse en un centro a la menor invasión de otro mundo, y volver a manar fuera de peligro la viejísima y compleja sustancia española.

Arquitectura del cante jondo*

Sería renegar de mí si yo no dijese que esta conferencia es solo
una maqueta de frío yeso, donde las nervaduras son esparto y
el aire, cal muerta de pared. No se puede decir misa en un segundo ni en una hora explicar, sugerir o colorear lo que se ha
hecho en tantos siglos. Todos habéis oído hablar del cante
jondo y seguramente tenéis una idea más o menos exacta de
él; pero es casi seguro que a los no iniciados en su trascendencia histórica, artística o a los ignorantes de su ámbito emotivo evoca una falsa España de bajo fondo llena con los últimos residuos que dejó en el aire la bailarina del mal fuego y
los bucles empapados en vino que lograron triunfar en París.
Todavía al decir «cante jondo» mucha gente se olvida de que
Andalucía tiene ríos, montes, anchas tranquilidades donde
respira el sapo y traslada estos vocablos típicos a un lugar
confinado donde hierve y fermenta el alcohol profesional.
Hace unos años, recién vuelto a Granada en vacaciones de mi
universidad madrileña, paseaba con Manuel de Falla por una
calle granadina donde surgen a veces esos típicos huertos orientales que van siendo únicos en el mundo. Era verano y mien-

* Leída en La Habana, 1930; en San Sebastián y Gijón, 1930; en Valladolid, Sevilla, Vigo, Santiago de Compostela, La Coruña y Salamanca, 1932,
y en Buenos Aires y Montevideo, 1933-1934.

tras discurríamos nos limpiábamos el sudor de plata que produce la luna llena andaluza. Falla hablaba de la degeneración, del olvido y el desprestigio que estaban envolviendo nuestras viejas canciones, tachadas de tabernarias, de chulas, de ridículas por la masa de la gente, y cuando protestaba y se revolvía contra esto, de una ventana salió la canción antigua, pura, levantada con brío frente al tiempo:

> Flores, dejadme;
> Flores, dejadme;
> que aquel que tiene una pena
> no se la divierte nadie.
> Salí al campo a divertirme;
> dejadme, flores, dejadme.

Nos asomamos a la ventana y a través de las celosías verdes vimos una habitación blanca, aséptica, sin un cuadro, como una máquina para vivir del arquitecto Le Corbusier, y en ella dos hombres, uno con la guitarra y el otro con su voz. Tan limpio era el que cantaba que el hombre de la vihuela desviaba suavemente los ojos para no verlo tan desnudo. Y notamos perfectamente que aquella guitarra no era la guitarra que viene en los estuches de pasas y tiene manchas de café con leche, sino la caja litúrgica, la guitarra que sale por las noches cuando nadie la ve y se convierte en agua de manantial. La guitarra hecha con madera de barca griega y crines de mula africana.

Entonces Falla se decidió a organizar un concurso de cante jondo con la ayuda de todos los artistas españoles y la fiesta fue por todos los conceptos un triunfo y una resurrección. Los que antes detestaban ahora adoran, pero yo los conozco. Ellos están detenidos por un criterio de alta autoridad, pero serán los primeros en saltar en contra, porque no lo han comprendido nunca. Por eso cuando me tropiezo con algún intelectual frío o algún señorito de la biblioteca que pone los ojos en blanco oyendo unas soleares, yo le arrojo a la cara con ímpetu ese puñado de crema blanca que el cinematógrafo me ha enseñado a llevar siempre oculto en mi mano derecha.

*

Antes de pasar adelante yo quiero hacer una distinción esencial que existe entre cante jondo y cante flamenco. Distinción esencial en lo que se refiere a la antigüedad, a la estructura y al espíritu de las canciones. Se da el nombre de «cante jondo» a un grupo de canciones andaluzas cuyo tipo genuino y perfecto es la *siguiriya gitana*, de la que se derivan otras canciones aún conservadas por el pueblo como los polos, martinetes, deblas y soleares. Las canciones llamadas malagueñas, granadinas, rondeñas, peteneras, tarantas, cartageneras y fandangos no pueden considerarse más que como consecuencia de las antes citadas y tanto por su construcción como por su ritmo, difieren de ellas. Estas son las llamadas flamencas. Después de haber observado todas estas canciones se saca como consecuencia que la caña y la playera o plañidera, hoy desaparecidas casi por completo, tienen en su primitivo estilo la misma composición que la siguiriya gitana y sus gemelas y parece ser que dichas canciones fueron en tiempo no lejano simples variantes de la citada canción madre. Textos relativamente recientes hacen suponer que la caña y la playera ocuparon en el primer tercio del siglo pasado el lugar que hoy asignamos a la siguiriya gitana. Estébanez Calderón, en sus lindísimas *Escenas andaluzas*, hace notar que la caña es el tronco primitivo de los cantares que conservan su filiación árabe y morisca y observa con su agudeza peculiar cómo la palabra caña se diferencia poco de gannia, que en árabe significa «canto».

Las diferencias esenciales del cante jondo con el cante flamenco consisten sencillamente en que el origen del primero hay que buscarlo en los primitivos sistemas musicales de la India; es decir, en las primeras manifestaciones del canto, mientras que el segundo, consecuencia del primero, puede decirse que toma su forma definitiva en el siglo dieciocho.

El cante jondo es un canto teñido por el color misterioso de las primeras edades de cultura; el cante flamenco es un canto relativamente moderno donde se nota la seguridad rítmica de la música construida. Color espiritual y color local: he aquí la honda diferencia. Es decir: el cante jondo, acercándose a los primitivos sistemas musicales, es tan solo un perfecto balbuceo, una maravillosa ondulación melódica, que rompe las celdas sonoras de nuestra escala atemperada, que no cabe en el pentagrama rígido y frío de nuestra música actual y quiebra en pequeños cristalitos las flores cerradas de los semitonos. El cante flamenco, en cambio, no procede por ondulación sino por saltos, como en nuestra música. Tiene un ritmo seguro, es artificioso, lleno de adornos y recargos inútiles y nació cuando ya hacía siglos que Guido d'Arezzo había dado nombre a las notas. El cante jondo se acerca al trino del pájaro, al canto del gallo y a las músicas naturales del chopo y la ola; es simple a fuerza de vejez y estilización. Es, pues, un rarísimo ejemplar de canto primitivo, de lo más viejo de Europa, donde la ruina histórica y el fragmento lírico comido por la arena aparecen vivos como en la primera mañana de su vida.

Veamos la diferencia.

Este cantaor es malo. Canta solo con la garganta; no tiene duende. Solo vive para grandes públicos desorientados.

(Disco.)

En cambio vamos a oír al duende de los duendes, al de los sonidos negros: a Manuel Torres, que ha subido al cielo hace dos meses y sobre cuyo ataúd pusieron unas rosas con mi nombre. Este es, señores, el gran estilo.

(Disco.)

Manuel: aquí en la hermosa Argentina pongo hoy tu voz, captada en la dramática luna negra del disco del gramófono. Quisiera que, rodeado del inmenso silencio en que estás ahora, oyeras el tumulto de dalias y besos que quisiera poner a tus pies de rey del cantar.

El insigne Falla, que ha estudiado la cuestión atentamente, afirma que la siguiriya gitana es la canción tipo del grupo *cante jondo* y declara con rotundidad que es el único canto que en nuestro continente ha conservado en toda su pureza, tanto por su composición como por su estilo, las cualidades que lleva en sí el canto primitivo de los pueblos orientales.

La siguiriya gitana comienza por un grito terrible. Un grito que divide el paisaje en dos hemisferios ideales. Después la voz se detiene para dar paso a un silencio impresionante y medido. Un silencio en el cual fulgura el rastro de lirio caliente que ha dejado la voz por el cielo. Después comienza la melodía, ondulada e inacabable en sentido distinto de Bach. La melodía infinita de Bach es redonda, la frase podría repetirse eternamente en un sentido circular, pero la melodía de la siguiriya se pierde en sentido horizontal: se nos escapa de las manos y la vemos alejarse hacia un punto de aspiración común y pasión perfecta donde el alma más dionisíaca no logra desembarcar.

Esta siguiriya que ustedes van a oír está cantada por Pastora Pavón, *la Niña de los Peines*, maestra de gemidos, criatura martirizada por la luna o bacante furiosa. Verde máscara gitana a quien el duende pone mejillas temblonas de muchacha recién besada. La voz de esta mujer excepcional rompe los moldes de toda escuela de canto, como rompe los moldes de toda música construida. Cuando parece que desafina no es que desafina, sino todo lo contrario: que afina de manera increíble, puesto que, por milagro especial de estilo y pasión, ella da tercios y cuartos de tono imposibles de registrar en el pentagrama.

(Disco.)

(Aquí se puede tocar y si se encuentra la Niña de los Peines: Un elogio.)

Pero nadie piense que la siguiriya gitana y sus variantes sean simplemente unos cantes transplantados de Oriente a Occidente. No. Se trata, cuando más, de un injerto o, mejor dicho, de una coincidencia de orígenes que ciertamente no se ha revelado en un solo y determinado momento, sino que obedece a la acumulación de hechos históricos seculares desarrollados en nuestra península ibérica; y esta es la razón por la cual el canto peculiar de Andalucía, aunque por sus elementos esenciales coincide con el de un pueblo tan apartado geográficamente del nuestro, acusa un carácter íntimo tan propio, tan nacional, que lo hace inconfundible.

Los hechos históricos a que me refiero, de enorme desproporción y que tanto han influido en estas canciones son tres: la adopción por la Iglesia española del canto litúrgico; la invasión sarracena que traía a la península por tercera vez un nuevo torrente de sangre africana, y la llegada de numerosas bandas de gitanos. Son estas gentes errantes y enigmáticas quienes dan forma definitiva al cante jondo. Demuéstralo el calificativo de *gitana* que conserva la siguiriya y el extraordinario empleo de las voces del *caló* en los textos de los cantares.

Esto no quiere decir naturalmente que este canto sea puramente de ellos, pues existiendo gitanos en toda Europa, y aun en otras regiones de la península ibérica, estas formas melódicas no son cultivadas más que por los del sur. Se trata de un canto netamente andaluz que ya existía en germen antes que los gitanos llegaran, como existía el arco de herradura antes de que los árabes lo utilizaran como forma característica de su arquitectura. Un canto que ya estaba levantado en Andalucía desde Tartessos, amasado con la sangre del África del norte y probablemente con vetas profundas de los desgarradores ritmos judíos, padres hoy de toda la gran música eslava.

Las coincidencias que el maestro Falla nota entre los elementos esenciales del cante jondo y los que aún acusan algunos cantos de la India son: el enarmonismo como medio modulante; el empleo de un ámbito melódico tan reducido que rara vez traspasa los límites de una sexta; y el uso reiterado y hasta obsesionante de una misma nota, procedimiento propio de ciertas fórmulas de encantamiento y hasta de aquellos recitados que pudiéramos llamar prehistóricos, lo que ha hecho suponer a muchos que el canto es anterior al lenguaje. Por este modo llega el cante jondo y especialmente la siguiriya gitana a producirnos la impresión de una prosa cantada, destruyendo toda sensación de ritmo métrico, aunque en realidad son tercetos o cuartetos asonantados los textos de sus poemas. Aunque la melodía del cante jondo es rica en giros ornamentales, en esta (lo mismo que en los cantos de la India) solo se emplean en determinados momentos como expansiones o arrebatos sugeridos por la fuerza emotiva del texto y hay que considerarlos como amplias inflexiones vocales, más que como giros de ornamentación, aunque tomen este último aspecto al ser traducidos por los intervalos geométricos de la escala atemperada.

Se puede afirmar definitivamente que en el cante jondo, lo mismo que en los cantos del corazón de Asia, la gama musical es consecuencia directa de la que podríamos llamar gama oral.

El maestro Felipe Pedrell, uno de los primeros españoles que se ocuparon profundamente de las cuestiones folclóricas, escribe en su magnífico *Cancionero popular español*: «El hecho de persistir en España en varios cantes populares el orientalismo musical, tiene hondas raíces en nuestra nación por influencia de la civilización bizantina antiquísima, que se tradujo en las fórmulas propias de los ritos usados por la Iglesia de España, desde la conversión de nuestro país al cristianismo hasta el siglo onceno, época en que fue introducida la liturgia romana propiamente dicha». Falla completa lo dicho por su viejo maestro determinando los elementos del canto litúrgico bizantino: modos tonales de los sistemas primitivos (que no hay que confundir con los llamados griegos), el enarmonismo inherente a esos modos y la falta de ritmo métrico de la línea melódica, que se revelan acusadamente en la siguiriya y sus variantes.

Estas mismas propiedades tienen a veces algunas canciones andaluzas muy posteriores a la adopción de la música litúrgica bizantina por la Iglesia española, canciones que guardan una afinidad con la música que se conoce todavía en Marruecos, Argel y Túnez con el nombre de «Música de los moros de Granada». Pero Falla, volviendo al análisis de la difícil siguiriya, con su sólida ciencia musical y su poderosa intuición, ha encontrado en este canto «determinadas formas y caracteres independientes de sus analogías con los cantos sagrados y la música de los moros de Granada». Es decir, ha buceado la extraña melodía y ha visto el característico y aglutinante elemento gitano.

La llegada de los gitanos a España es todavía un mapa equivocado de san Isidoro de Sevilla o un sistema astronómico falso. Pero son ellos los que llegando a la Andalucía unieron los viejísimos elementos nativos con el viejísimo indio que ellos traían y dieron las definitivas formas a lo que hoy llamamos cante jondo.

Y son estos cantos los que desde el último tercio del siglo pasado y lo que llevamos de este fueron arrinconados por la cursilería española. Mientras que Rusia ardía en amor a lo popular, única fuente, como dice Roberto Schumann, de todo arte característico, y en Francia temblaba la ola dorada del impresionismo, en España, país casi único de tradiciones y bellezas populares, ya era cosa de baja estofa la guitarra y el cante jondo entre las mal llamadas clases distinguidas.

Y a medida que avanzó el tiempo, este desdén hacía que nadie quisiera cantar, que se perdieran las canciones, que las siguiriyas fueran un pecado contra el buen gusto, el asqueroso buen gusto de las gentes, hasta que Falla me dio la voz de alarma mientras nos limpiábamos los granos de sal celeste que produce la luna llena andaluza, en aquella hora turbada por el gemido aristocrático:

Flores, dejadme;
que aquel que tiene una pena
no se la divierte nadie.

Pero hasta que el concurso triunfó plenamente por el apoyo y entusiasmo del pueblo, tanto Falla como yo recibimos ofensas y burlas por todas partes. Cuando el cartel cubista con dos guitarras y las siete espadas del dolor anunciando la fiesta apareció por las calles de Granada, hubo gentes que pusieron otros cartelitos que decían: «Escuelas, escuelas y escuelas», como si el hombre viviera tan solo de pan y de abecedario y como si este canto no fuera la expresión más depurada de una vieja cultura universal.

Desde que Jovellanos hizo llamar la atención sobre la bella e incoherente *danza prima* asturiana, hasta don Marcelino Menéndez y Pelayo, hay un gran paso en la comprensión de las cosas populares. Artistas aislados, poetas menores y escritores provincianos fueron estudiando estas cuestiones desde diferentes puntos de vista hasta conseguir que en España se inicie la utilísima recolección de cantos y poemas. Pero cuando advertimos la extraordinaria flexibilidad y sugestión del cante jondo es cuando vemos la influencia casi decisiva que tuvo en la formación de la moderna escuela rusa y la huella que causó en la obra francesísima de Claudio Debussy. En 1847 Miguel Ivánovich Glinka hizo un viaje a Granada. Estuvo en Berlín estudiando composición con Sigfredo Dehn y había observado lo que se puede llamar patriotismo musical de Weber oponiéndose a la influencia nefasta que ejercían en su país los compositores italianos. Seguramente él estaba ya impresionado por los cantos oblicuos de la inmensa Rusia y andaba en la busca de una expresión puramente nacional.

La estancia del padre y fundador de la escuela orientalista

eslava entre gentes granadinas es en extremo curiosa. Hizo amistad con un célebre guitarrista de entonces llamado Francisco Rodríguez, el Murciano, y pasó con él horas enteras oyéndole y copiando las variaciones y falsetas de nuestros cantos, y fue escuchando la siguiriya a través de las ascuas de platino donde se quema la guitarra, cuando tuvo el atrevimiento de usar por vez primera la escala de tonos enteros.

Al regresar a Rusia ya sabía el porvenir de su creación, explicó a sus discípulos las particularidades de los cantos andaluces y se puso a estudiar y a comprender los suyos. La música cambia de rumbo. Sus discípulos y amigos se orientan hacia lo popular y buscan no solo en Rusia sino también en España las estructuras para sus creaciones. Prueba de esto, entre otros ejemplos, son los *Recuerdos de una noche de verano en Madrid* de Glinka, algún trozo de la *Sheherezada*, donde luchan por ser iguales una melodía persa y otra del campo de Córdoba, y todo el *Capricho español* de Rimski. En la exposición universal que se celebró en París el año novecientos donde brotaron por vez primera los ya deliciosos girasoles de cemento que suben por las fachadas y las libélulas azules, también ya deliciosas, de los modernistas, hubo en el pabellón de España un grupo de gitanos que cantaba el cante jondo en toda su pureza. Aquello llamó poderosamente la atención de todos los *snobs* que han adorado los ídolos negros y ahora las maravillosas creaciones de los surrealistas, pero especialmente a un joven músico que entonces estaba luchando con los muertos, más vivos que él, para dibujar su personalidad. Aquel joven iba un día y otro para sentir cantar a los cantaores andaluces y él, que tenía su pupila abierta a los cuatro vientos del espíritu, se impregnó del viaje oriental de nuestras melodías.

Hablo de Claudio Debussy.

Efectivamente en muchas obras de este músico surgen sutilísimas evocaciones de España y principalmente a Granada. Debussy, músico de la fragancia y de la sensación pura, construye obras donde flotan en el espectro de la música impresionista rasgos y definiciones de Andalucía. Ya en el preludio titulado *La Puerta del Vino*, en el primer movimiento de su cuarteto de cuerda o en la tierna y vaga *Soirée en Grenade*, en donde están acusados todos los temas de la noche granadina, noche dibujada y destruida al mismo tiempo, donde brillan los enormes púas de niebla clavadas entre los montes y tiembla el admirable rubato de la ciudad, bajo los alucinantes juegos del agua subterránea.

En España el cante jondo ha ejercido indudable influencia, más que ningún canto regional, en todos los músicos de la nueva escuela desde Albéniz hasta Falla, pasando por Granados, y en todos los grandes músicos de la zarzuela desde Chueca, Chapí y Bretón hasta Quinito Valverde. Ya Felipe Pedrell había empleado cantos populares en su magnífica ópera *La Celestina*, y señaló nuestra actual orientación, pero el acierto grande lo tuvo Isaac Albéniz, empleando en su obra los fondos líricos del canto andaluz. Años más tarde, Manuel de Falla había de dar en sus *Noches en los jardines de España* y en su *Amor brujo*, obras levantadas sobre el cauce del cante jondo, las más puras expresiones de nuestra música moderna, ya universal. Estuvo el pueblo andaluz muy acertado al llamar hondo a este canto. Es hondo, verdaderamente hondo. Más que todos los pozos y los mares que rodean al mundo, mucho más hondo que el corazón actual que lo crea y más hondo que la voz que lo canta.

*

Dos maravillas tiene el cante jondo aparte de la esencial melódica: la guitarra y los poemas.

La guitarra

No hay duda que la guitarra ha dado forma a muchas de las canciones andaluzas, porque estas han tenido que ceñirse a su constitución tonal y una prueba de esto es que las canciones que se cantan sin ella, como los martinetes y las jelianas, la forma melódica cambia completamente y adquiere como una mayor libertad y un ímpetu, si bien más directo, menos construido.

La guitarra en el cante jondo se ha de limitar a marcar el ritmo y seguir al cantaor; es un fondo para la voz y debe estar supeditada al que canta.

Pero como la personalidad del guitarrista es tan acusada como la del cantaor, este ha de cantar también y nace la falseta, que es el comentario de las cuerdas, a veces de una extremada belleza cuando es sincero, pero en muchas ocasiones falso, tonto y lleno de italianismos sin sentido cuando está expresado por uno de estos *virtuosos* que acompañan a los fandanguilleros en estos espectáculos lamentables que se llaman ópera flamenca.

La falseta es también tradición y algunos guitarristas, como el magnífico Niño de Huelva, no solo se deja llevar por la voz de su buena sangre, sino que tampoco se aparta de la línea pura ni pretende jamás, máximo virtuoso, demostrar su virtuosismo. He hablado de «la voz de su buena sangre» porque lo primero que se necesita para el cante y el toque es esa capacidad de transformación y depuración de melodía y ritmo que posee el andaluz, especialmente el gitano. Una sagacidad para eliminar lo nuevo y accesorio para que resalte lo esencial, un poder mágico para saber dibujar o medir una siguiriya con acento absolutamente milenario. La guitarra comenta pero también crea y es este uno de los mayores peligros que tiene el cante. Hay veces en que un guitarrista que quiere lucirse estropea en absoluto la emoción de un tercio o el arranque de un final.

Lo que no cabe duda es que la guitarra ha construido el cante jondo. Ha labrado, profundizado, la oscura masa oriental, judía y árabe antiquísima, pero por eso balbuciente. La guitarra ha occidentalizado el cante y ha hecho belleza sin par y belleza positiva del drama andaluz, Oriente y Occidente en pugna, que hacen de Bética una isla de la cultura.

Los poemas

En los poemas las más variadas gradaciones del sentimiento humano, puestas al servicio de la expresión más pura y exacta, laten en los tercetos y cuartetos de la siguiriya y sus derivadas. No hay en toda la poesía española unos poemas de valores más justos y expresiones seguras y acertadas que en estos simples cantares del pueblo andaluz.

La imagen casi constante está siempre dentro de su órbita; no hay desproporción entre los miembros espirituales de los versos y tienen para la comprensión del que oye, la rapidez clara de la saeta.

Causa extrañeza y maravilla cómo el pueblo extracta de manera definitiva, en tres versos, los más difíciles estados en la vida de un hombre. Hay coplas en que el temblor lírico llega a un punto que solo pueden alcanzar contadísimos poetas:

> A mi puerta has de llamar.
> A mi puerta has de llamar.
> No te he de salir a abrir
> y me has de sentir llorar.

O este reproche de amor:

> Dices que no me *pues* ver.
> La cara te amarillea
> con la fuerza del querer.

Ya vengan del corazón de la sierra, del naranjal sevillano, o de las armoniosas costas mediterráneas, las coplas tienen un fondo común, el amor y la muerte, pero un amor y una muerte vistas a través de la Sibila, ese personaje tan oriental, verdadera esfinge de Andalucía, que sale de las catedrales góticas coronada de hierbas amargas y rosas de acero para refugiarse en el cante jondo.

El poema o plantea un problema sin realidad posible o lo resuelve con la muerte, cruzándose de brazos. Casi todos los textos (excepto algunos nacidos en Sevilla) tienen estas características. Son patéticos siempre, atacantes y extáticos con las quillas puestas hacia arriba. No hay momentos de amor correspondido ni felicidad tranquila. Esos momentos son expresivos por sí mismos y no hay necesidad de recordarlos. En Andalucía solo canta el que ya está en el filo, a punto de caer en el sitio de donde no se vuelve.

Una de las características más notables de los textos del cante jondo consiste en la ausencia casi absoluta del *medio tono*. Tanto en los cantos de Asturias como en los castellanos, catalanes, vascos y gallegos se nota un cierto equilibrio de sentimientos y una ponderación lírica que se presta a expresar humildes estados de ánimo y sentimientos ingenuos de los que puede decirse que carece casi por completo el andaluz.

Por eso, mientras muchos cantos de la península tienen la facultad de evocarnos los paisajes donde se cantan, el cante jondo canta como un ruiseñor sin ojos. Canta ciego y por eso nace siempre de la noche. No tiene mañana ni tarde ni montañas ni llanos. No tiene más que una luz de noche abstracta donde una estrella más sería un irresistible desequilibrio.

Es un canto sin paisaje y por lo tanto concentrado en sí mismo y terrible, como un lanzador de jabalinas de oro a gente oscura que llora por detrás de los árboles.

*

La mujer ocupa los ámbitos sin fin de los poemas. Pero la mujer en el cante jondo se llama Pena.

Es admirable cómo a través de los diseños líricos un sentimiento va tomando forma y cómo llega a concrecionarse en una cosa casi material. Este es el caso de la Pena.

En las coplas la Pena se hace carne, toma forma humana y se acusa con una línea definida. Es una muchacha morena que quiere y no quiere porque puede querer. Una muchachita morena sentada en lo oscuro que lleva unos zapatos verdes que le aprietan en el corazón.

La mayor parte de los poemas del cante jondo son de un delicado panteísmo; consultan al aire, a la tierra, al mar y a cosas tan sencillas como el romero, la violeta y el pájaro.

Todos los objetos exteriores tienen una aguda personalidad y llegan a plasmarse hasta tomar parte activa en la acción lírica:

> En *mitá* del *má*
> había una piedra
> y se sentaba mi compañerita
> a contarle sus penas.

*

Tan solamente a la Tierra
le cuento lo que me pasa,
porque en el mundo no encuentro
persona *e* mi confianza.

*

Todas las mañanas voy
a preguntarle al romero
si el mal de amor tiene cura,
porque yo me estoy muriendo.

*

Amarillo salía el sol.
Me manifiesta la pena
que tiene mi corazón.

El andaluz, con un delicado sentido, entrega a la naturaleza todo su caudal íntimo en la completa seguridad de que será escuchado. Pero lo que en los poemas del cante jondo se acusa como admirable realidad poética es la extraña materialización del viento que han conseguido muchas coplas. Un viento inventado. Un mito.

Subí a la muralla
y me dijo el viento:
¿para qué son tantos suspiros
si ya no hay remedio?

*

El aire lloró
al ver las penas tan grandes
de mi corazón.

*

Yo no le temo a remar,
que yo remar remaría;
yo solo le temo al viento
que sale de tu bahía.

O esta admirable:

Quisiera ser como el aire
pa estar a la vera tuya,
sin que lo notara *naide*.

Otro tema peculiarísimo y que se repite en infinidad de canciones (las mejores) es el tema del llanto.

En la siguiriya gitana, perfecto poema de las lágrimas, llora la melodía como lloran los versos. Hay campanas perdidas en los fondos y balcones abiertos al amanecer.

De noche me *sargo* al patio
y me *jarto* de *llorá*,
en *ve* que te quiero tanto
y tú no me quieres *ná*.

*

Échame, niña bonita,
lágrimas en mi pañuelo;
que las llevaré corriendo
que las engarce un platero.

*

Si luego dices que te doy pesares
es porque me gusta verte llorar,
porque tus lágrimas me parecen
caracolitas de la mar.

Y esta última, andalucísima:

Si mi corazón tuviera
berieritas de *cristar*
te asomaras y lo vieras
gotas de sangre llorar.

Todos estos poemas de agudo sentimiento lírico se contraponen con otro grupo humanísimo cantado por las gentes más humildes de la vida.

El hospital, el cementerio, el dolor inacabable, la deshonra, la cárcel son temas de este grupo, porque el pueblo va al hospital, se muere, va a la cárcel y expresa sus más hondas penas en estos realísimos y cotidianos ambientes donde, naturalmente, no va esa burguesía que tiene en sus casas cuadros con el marco de peluche rojo y clavos dorados.

De este grupo sale ese andaluz desahuciado y eterno que dice en un polo:

El que tenga alguna penita
que se arrime a mi vera,
porque yo estoy *constituío*
pa que me *ajogue* la pena.

O:

> Que negra sea la bayeta
> que mi cuerpo ha de vestir;
> que esa es la pura librea
> que me pertenece a mí.

O ese muchacho enfermo y enamoradísimo que murmura:

> Ya no quieres ni mirarme
> y yo ya me he *enterao*
> que tú has *mandao* que laven
> mi ropita aparte.

O este delicadísimo poema filial:

> Penas tiene mi madre,
> penas tengo yo.
> Las de mi madre son las que yo siento
> que las mías, no.

O esta queja realísima:

> Son tan grandes mis penas
> que ya no *pueo* más
> y yo me estoy muriendo
> por tu causita, sin calor de nadie,
> loquito *perdío*,
> en el hospital.

... y las coplas de la cárcel. En la cárcel nacen la playera o plañidera, característica de ese fecundo penal de Cartagena, y el martinete propiamente gitano. Estos cantes se dicen sin guitarra, tienen un ritmo de martillo en la fragua o el golpe de la mano contra una madera. Son las canciones más impresionantes del cante jondo por su desolada pureza y su simple sinceridad amarguísima. Jamás se acompañan con el ole. Los textos son expresivos de la vida dura de la prisión:

> Ya viene la requisa,
> ya se oyen las llaves.
> Cómo me llora siempre mi corazoncito
> gotas de sangre.

*

> Nos sacaron de los hierros,
> nos llevan por las murallas;
> las mujeres y los niños
> de sentimiento lloraban.

*

> Camino de Almería,
> Venta del Negro,
> allí mataron a un hermano mío
> los carabineros.

O esta:

> Iba mi niña Ramona
> por agua a la fundición.
> Las guardias que la encontraron
> le han quitado el honor.

Son poemas de gente oprimida hasta lo último, donde se estruja y aprieta la más densa sustancia lírica de España: gente libre, creadora y honestísima casi siempre.

Oigan un martinete. Claro es que no está cantado por un gitano sino por un romano. Pero se puede medir su desolación. A pesar de que la mitad de estos cantes está en el estilo, en el modo de cantar, es decir en el duende que descubre su antigüedad.

(Disco.)

Lo mismo que en la siguiriya y sus hijas se encuentran los elementos más viejos de Oriente, aunque mucho más ricos y complejos y de más calidad artística, lo mismo en muchos poemas que emplea el cante jondo se nota la afinidad con los cantos orientales más antiguos.

Verdad es que en el aire de Córdoba y Granada quedan gestos y líneas de Arabia remota, como es evidente que en el turbio palimpsesto del Albaicín surgen rasgos de extrañas ciudades perdidas en la arena.

Los mismos temas del sacrificio, del amor sin fin y del vino aparecen expresados con el mismo espíritu en raros poetas asiáticos. Claro es que esto puede ser influencia de nuestros poetas árabes y de la gran cultura arábigo-andaluza que pone su huella sobre toda la vieja cultura oriental y en el alma de todo el norte de África. Muchas de las gacelas de Hafiz, poeta nacional de Persia, son equivalentes a muchas de nuestras coplas más populares, como equivalen a toda la poesía madrigalesca de las escuelas árabes de Granada y Córdoba. El arte ha usado desde los tiempos más remotos de la telegrafía sin hilos o usando el frío espejo de la luna como semáforo.

Antes de terminar, yo quiero dedicar un recuerdo a los

inolvidables cantaores merced a los cuales se debe que el cante jondo haya llegado renovado hasta nuestros días.

La figura del cantaor está dentro de dos grandes líneas: el arco del cielo en lo exterior, y el zigzag que asciende dentro de su alma.

El cantaor cuando canta celebra un solemne rito, saca las viejas esencias dormidas y las lanza al viento envueltas en su voz.

Tiene un profundo sentido religioso del canto. Se canta en los momentos más dramáticos, y nunca jamás para divertirse, como en las grandes faenas de los toros, sino para volar, para evadirse, para sufrir, para traer a lo cotidiano una atmósfera estética suprema. La raza se vale de estas gentes para dejar escapar su dolor y su historia verídica. Cantan alucinados por un punto brillante que tiembla en el horizonte. Son gentes extrañas y sencillas al mismo tiempo.

Las mujeres han cantado soleares, género melancólico y humano, de relativo y fácil alcance para el espíritu; en cambio, los hombres han cultivado con preferencia la portentosa siguiriya gitana, pero casi todos ellos han sido mártires de la pasión irresistible del cante.

Casi todos se sabe positivamente que murieron del corazón en los hospitales, en los desvanes andaluces, tirados en el campo o recogidos por caridad en las oscuras porterías o en los portalillos de los zapateros remendones.

Porque la siguiriya es como un cauterio que quema la garganta y la lengua del que la dice. Hay que prevenirse contra su fuego y cantarla en su hora precisa y con religiosidad y sin frivolidad. En Andalucía se echa a las mujeres de la sala cuando se canta porque a ellas les gusta gritar demasiado.

Quiero recordar aquí con toda devoción a Romerillo, al espiritual Loco Mateo, a Antonia la de San Roque, a Dolores la Parrala, a Anita la de Ronda y a Juan Breva con cuerpo de gigante y voz de niña que cantaron como nadie las soleares en los olivos de Málaga o bajo las noches marinas del Puerto. Quiero recordar también a los maestros de la siguiriya: Curro Pablos, Paquirri, El Curro, Manuel Torres, Pastora Pavón y al portentoso Silverio Franconetti, creador de nuevos estilos, último Papa del cante jondo, que cantó como nadie el cante de los cantes y cuyo grito hacía partirse en estremecidas grietas el azogue moribundo de los espejos.

[Un poeta en Nueva York]*

Señoras y señores:

Siempre que hablo ante mucha gente me parece que me he equivocado de puerta. Unas manos amigas me han empujado y me encuentro aquí. La mitad de la gente va perdida entre telones, árboles pintados y fuentes de hojalata y, cuando creen encontrar su cuarto o círculo de tibio sol, se encuentran con un caimán que los traga o... con el público como yo en este momento. Y hoy no tengo más espectáculo que una poesía amarga, pero viva, que creo podrá abrir sus ojos a fuerza de latigazos que yo le dé.

He dicho «un poeta en Nueva York» y he debido decir «Nueva York en un poeta». Un poeta que soy yo. Lisa y llanamente; que no tengo ingenio ni talento pero que logro escaparme por un bisel turbio de este espejo del día, a veces antes que muchos niños. Un poeta que viene a esta sala y quiere hacerse la ilusión de que está en su cuarto y que vosotros... ustedes sois mis amigos, que no hay poesía escrita sin ojos esclavos del verso oscuro ni poesía hablada sin orejas dóciles, orejas amigas donde la palabra que mana lleve por ellas sangre a los labios o cielo a la frente del que oye.

* Pronunciada por primera vez en la Residencia de Señoritas de Madrid el 16 de marzo de 1932.

De todos modos hay que ser claro. Yo no vengo hoy para entretener a ustedes. Ni quiero, ni me importa, ni me da la gana. Más bien he venido a luchar. A luchar cuerpo a cuerpo con una masa tranquila porque lo que voy a hacer no es una conferencia, es una lectura de poesías, carne mía, alegría mía y sentimiento mío, y yo necesito defenderme de este enorme dragón que tengo delante, que me puede comer con sus trescientos bostezos de sus trescientas cabezas defraudadas. Y esta es la lucha; porque yo quiero con vehemencia comunicarme con vosotros ya que he venido, ya que estoy aquí, ya que salgo por un instante de mi largo silencio poético y no quiero daros miel, porque no tengo, sino arena o cicuta o agua salada. Lucha cuerpo a cuerpo en la cual no me importa ser vencido.

Convengamos en que una de las actitudes más hermosas del hombre es la actitud de san Sebastián.

Así pues, antes de leer en voz alta y delante de muchas criaturas unos poemas, lo primero que hay que hacer es pedir ayuda al duende, que es la única manera de que todos se enteren sin ayuda de inteligencia ni aparato crítico, salvando de modo instantáneo la difícil comprensión de la metáfora y cazando, con la misma velocidad que la voz, el diseño rítmico del poema. Porque la calidad de una poesía de un poeta no se puede apreciar nunca a la primera lectura, y más esta clase de poemas que voy a leer que, por estar llenos de hechos poéticos dentro exclusivamente de una lógica lírica y trabados tupidamente sobre el sentimiento humano y la arquitectura del poema, no son aptos para ser comprendidos rápidamente sin la ayuda cordial del duende.

De todos modos, yo, como hombre y como poeta, tengo una gran capa pluvial, la capa del «tú tienes la culpa», que cuelgo sobre los hombros de todo el que viene a pedirme explicaciones a mí, a mí que no puedo explicar nada sino balbucir el fuego que me quema.

*

No os voy a decir lo que es Nueva York *por fuera*, porque, juntamente con Moscú, son las dos ciudades antagónicas sobre las cuales se vierte ahora un río de libros descriptivos; ni voy a narrar un viaje, pero sí mi reacción lírica con toda sinceridad y sencillez; sinceridad y sencillez dificilísimas a los intelectuales pero fácil al poeta. Para venir aquí he vencido ya mi pudor poético.

Los dos elementos que el viajero capta en la gran ciudad son: arquitectura extrahumana y ritmo furioso. Geometría y angustia. En una primera ojeada, el ritmo puede parecer alegría, pero cuando se observa el mecanismo de la vida social y la esclavitud dolorosa de hombre y máquina juntos, se comprende aquella típica angustia vacía que hace perdonable, por evasión, hasta el crimen y el bandidaje.

Las aristas suben al cielo sin voluntad de nube ni voluntad de gloria. Las aristas góticas manan del corazón de los viejos muertos enterrados; estas ascienden frías con una belleza sin raíces ni ansia final, torpemente seguras, sin lograr vencer y superar, como en la arquitectura espiritual sucede, la intención siempre inferior del arquitecto. Nada más poético y terrible que la lucha de los rascacielos con el cielo que los cubre. Nieves, lluvias y nieblas subrayan, mojan, tapan las inmensas torres, pero estas, ciegas a todo juego, expresan su intención fría, enemiga de misterio, y cortan los cabellos a la lluvia o hacen visibles sus tres mil espadas a través del cisne suave de la niebla.

La impresión de que aquel inmenso mundo no tiene raíz,

os capta a los pocos días de llegar y comprendéis de manera perfecta cómo el vidente Edgar Poe tuvo que abrazarse a lo misterioso y al hervor cordial de la embriaguez en aquel mundo.

Yo solo y errante evocaba mi infancia de esta manera:

«1910. Intermedio»

Yo, solo y errante, agotado por el ritmo de los inmensos letreros luminosos de Times Square, huía en este pequeño poema del inmenso ejército de ventanas donde ni una sola persona tiene tiempo de mirar una nube o dialogar con una de esas delicadas brisas que tercamente envía el mar sin tener jamás una respuesta:

«Vuelta de paseo»

Pero hay que salir a la ciudad y hay que vencerla, no se puede uno entregar a las reacciones líricas sin haberse rozado con las personas de las avenidas y con la baraja de hombres de todo el mundo.

Y me lanzo a la calle y me encuentro con los negros. En Nueva York se dan cita las razas de toda la tierra, pero chinos, armenios, rusos, alemanes siguen siendo extranjeros. Todos menos los negros. Es indudable que ellos ejercen enorme influencia en Norteamérica y, pese a quien pese, son lo más espiritual y lo más delicado de aquel mundo. Porque creen, porque esperan, porque cantan y porque tienen una exquisita pereza religiosa que los salva de todos sus peligrosos afanes actuales.

Si se recorre el Bronx o Brooklyn, donde están los americanos rubios, se siente como algo sordo, como de gentes que aman los muros porque detienen la mirada; un reloj en cada casa y un Dios a quien solo se atisba la planta de los pies. En cambio, en el barrio negro hay como un constante cambio de sonrisas, un temblor profundo de tierra que oxida las columnas de níquel y algún niñito herido te ofrece su tarta de manzanas si lo miras con insistencia.

Yo bajaba muchas mañanas desde la universidad donde vivía y donde era no el terrible mister Lorca de mis profesores sino el insólito *sleepy boy* de las camareras, para verlos bailar y saber qué pensaban, porque es la danza la única forma de su dolor y la expresión aguda de su sentimiento, y escribí este poema:

«Norma y paraíso de los negros»

Pero todavía no era esto. Norma estética y paraíso azul no era lo que tenía delante de los ojos. Lo que yo miraba y paseaba y soñaba era el gran barrio negro de Harlem, la ciudad negra más importante del mundo, donde lo lúbrico tiene un acento de inocencia que lo hace perturbador y religioso. Barrio de casas rojizas lleno de pianolas, radios y cines, pero con una característica típica de raza que es el *recelo*. Puertas entornadas, niños de pórfido que temen a las gentes ricas de Park Avenue, fonógrafos que interrumpen de manera brusca su canto. Espera de los enemigos que pueden llegar por East River y señalar de modo exacto el sitio donde duermen los ídolos. Yo quería hacer el poema de la raza negra en Norteamérica y subrayar el dolor que tienen los negros de ser negros en un mundo contrario, esclavos de todos los inventos del hombre blanco y de todas sus máquinas, con el perpetuo susto de que se les olvide un día encender la estufa de gas o guiar el automóvil o abrocharse el cuello almidonado o de clavarse el tenedor en un ojo. Porque los inventos no son suyos, viven de prestado y los padrazos negros han de mantener una disciplina estrecha en el hogar para que la mujer y los hijos no adoren los discos de la gramola o se coman las llantas del auto.

En aquel hervor, sin embargo, hay un ansia de nación bien perceptible a todos los visitantes y, si a veces se dan en espectáculo, guardan siempre un fondo espiritual insobornable. Yo vi en un cabaret —Small Paradise— cuya masa de público danzante era negra, mojada y grumosa como una caja de huevas de caviar, una bailarina desnuda que se agitaba convulsamente bajo una invisible lluvia de fuego. Pero, cuando todo el mundo gritaba como creyéndola poseída por el ritmo, pude sorprender un momento en sus ojos la reserva, la lejanía, la certeza de su ausencia ante el público de extranjeros y americanos que la admiraba. Como ella era todo Harlem.

Otra vez, vi a una niña negrita montada en bicicleta. Nada más enternecedor. Las piernas ahumadas, los dientes fríos en el rosa moribundo de los labios, la cabeza apelotonada con pelo de oveja. La miré fijamente y ella me miró. Pero mi mirada decía: «Niña, ¿por qué vas en bicicleta? ¿Puede una negrita montar en ese aparato? ¿Es tuyo? ¿Dónde lo has robado? ¿Crees que sabes guiarlo?». Y, efectivamente, dio una voltereta y se cayó con piernas y con ruedas por una suave pendiente.

Pero yo protestaba todos los días. Protestaba de ver a los muchachillos negros degollados por los cuellos duros, con trajes y botas violentas, sacando las escupideras de hombres fríos que hablan como patos.

Protestaba de toda esta carne robada al paraíso, manejada por judíos de nariz gélida y alma secante, y protestaba de lo más triste, de que los negros no quieran ser negros, de que se inventen pomadas para quitar el delicioso rizado del cabello, y polvos que vuelven la cara gris, y jarabes que ensanchan la cintura y marchitan el suculento kaki de los labios.

Protestaba, y una prueba de ello es esta oda al rey de Harlem, espíritu de la raza negra, y un grito de aliento para los que tiemblan, recelan y buscan torpemente la carne de las mujeres blancas.

Y, sin embargo, lo verdaderamente salvaje y frenético de Nueva York no es Harlem. Hay vaho humano y gritos infantiles y hay hogares y hay hierbas y dolor que tiene consuelo y herida que tiene dulce vendaje.

Lo impresionante por frío y por cruel es Wall Street. Llega el oro en ríos de todas las partes de la tierra y la muerte llega con él. En ningún sitio del mundo se siente como allí la ausencia total del espíritu: manadas de hombres que no pueden pasar del tres y manadas de hombres que no pueden pasar del seis, desprecio de la ciencia pura y valor demoníaco del presente. Y lo terrible es que toda la multitud que lo llena cree que el mundo será siempre igual, y que su deber consiste en mover aquella gran máquina día y noche y siempre. Resultado perfecto de una moral protestante, que yo, como español típico, a Dios gracias, me crispaba los nervios.

Yo tuve la suerte de ver por mis ojos, el último *crack* en que se perdieron varios billones de dólares, un verdadero tumulto de dinero muerto que se precipitaba al mar, y jamás, entre varios suicidas, gentes histéricas y grupos desmayados, he sentido la impresión de la muerte real, la muerte sin esperanza, la muerte que es podredumbre y nada más, como en aquel instante, porque era un espectáculo terrible pero sin grandeza. Y yo que soy de un país donde, como dice el gran padre Unamuno, «sube por la noche la tierra al cielo», sentía como un ansia divina de bombardear todo aquel desfiladero de sombra por donde las ambulancias se llevaban a los suicidas con las manos llenas de anillos.

Por eso yo puse allí esta danza de la muerte. El mascarón típico africano, muerte verdaderamente muerta, sin ángeles ni *resurrexit*, muerte alejada de todo espíritu, bárbara y primitiva como los Estados Unidos que no han luchado ni lucharán por el cielo.

Y la multitud. Nadie puede darse cuenta exacta de lo que es una multitud neoyorquina; es decir, lo sabía Walt Whitman que buscaba en ella soledades, y lo sabe T. S. Eliot que la estruja en un poema, como un limón, para sacar de ella ratas heridas, sombreros mojados y sombras fluviales.

Pero, si a esto se une que esa multitud está borracha, tendremos uno de los espectáculos vitales más intensos que se pueden contemplar.

Coney Island es una gran feria a la cual los domingos de verano acuden más de un millón de criaturas. Beben, gritan, comen, se revuelcan y dejan el mar lleno de periódicos y las calles abarrotadas de latas, de cigarros apagados, de mordiscos, de zapatos sin tacón. Vuelve la muchedumbre de la feria cantando y vomita en grupos de cien personas apoyadas sobre las barandillas de los embarcaderos, y orina en grupos de mil en los rincones, sobre los barcos abandonados y sobre los monumentos de Garibaldi o el soldado desconocido.

Nadie puede darse idea de la soledad que siente allí un español y más todavía si este es hombre del sur. Porque, si te caes, serás atropellado, y, si resbalas al agua, arrojarán sobre ti los papeles de las meriendas.

El rumor de esta terrible multitud llena todo el domingo de Nueva York golpeando los pavimentos huecos con un ritmo de tropel de caballo.

La soledad de los poemas que hice de la multitud riman

con otros del mismo estilo que no puedo leer por falta de tiempo, como los nocturnos del Brooklyn Bridge y el anochecer en Battery Place, donde marineros y mujercillas y soldados y policías bailan sobre un mar cansado, donde pastan las vacas sirenas y deambulan campanas y boyas mugidoras.

Llega el mes de agosto y con el calor, estilo ecijano, que asola a Nueva York, tengo que marchar al campo.

Lago verde, paisaje de abetos. De pronto, en el bosque, una rueca abandonada. Vivo en casa de unos campesinos. Una niña, Mary, que come miel de arce, y un niño, Stanton, que toca un arpa judía, me acompañan y me enseñan con paciencia la lista de los presidentes de Norteamérica. Cuando llegamos al gran Lincoln saludan militarmente. El padre del niño Stanton tiene cuatro caballos ciegos que compró en la aldea de Eden Mills. La madre está casi siempre con fiebre. Yo corro, bebo buen agua y se me endulza el ánimo entre los abetos y mis pequeños amigos. Me presentan a las señoritas de Tyler, descendientes pobrísimas del antiguo presidente, que viven en una cabaña, hacen fotografías que titulan «silencio exquisito» y tocan en una increíble espineta canciones de la época heroica de Washington. Son viejas y usan pantalones para que las zarzas no las arañen porque son muy pequeñitas, pero tienen hermosos cabellos blancos y, cogidas de la mano, oyen algunas canciones que yo improviso en la espineta, exclusivamente para ellas. A veces me invitan a comer y me dan solo té y algunos trozos de queso, pero me hacen constar que la tetera es de China auténtica y que la infusión tiene algunos jazmines. A finales de agosto me llevaron a su cabaña y me dijeron: «¿No sabe usted que ya llega el otoño?». Efectivamente, por encima de las mesas y en la espineta y rodeando el retrato de Tyler estaban las hojas y los pámpanos amarillos, rojizos y naranjas más hermosos que he visto en mi vida.

En aquel ambiente, naturalmente, mi poesía tomó el tono

del bosque. Cansado de Nueva York y anhelante de las pobres cosas vivas más insignificantes, escribí un insectario que no puedo leer entero pero del que destaco este principio en el cual pido ayuda a la Virgen, a la Ave Maris Stella de aquellas deliciosas gentes que eran católicas, para cantar a los insectos, que viven su vida volando y alabando a Dios Nuestro Señor con sus diminutos instrumentos.

Pero un día la pequeña Mary se cayó a un pozo y la sacaron ahogada. No está bien que yo diga aquí el profundo dolor, la desesperación auténtica que yo tuve aquel día. Eso se queda para los árboles y las paredes que me vieron. Inmediatamente recordé aquella otra niña granadina que vi yo sacar del aljibe, las manecitas enredadas en los garfios y la cabeza golpeando contra las paredes, y las dos niñas, Mary y la otra, se me hicieron una sola que lloraba sin poder salir del círculo del pozo dentro de esa agua parada que no desemboca nunca:

«Niña ahogada en el pozo. Granada y Newburg»

Con la niña muerta ya no podía estar en la casa. Stanton comía con cara triste la miel de arce que había dejado su hermana, y las divinas señoritas de Tyler estaban como locas en el bosque haciendo fotos del otoño para obsequiarme.

Yo bajaba al lago y el silencio del agua, el cuco, etc., etc., hacía que no pudiera estar sentado de ninguna manera porque en todas las posturas me sentía litografía romántica con el siguiente pie: «Federico dejaba vagar su pensamiento». Pero, al fin, un espléndido verso de Garcilaso me arrebató esta testarudez plástica. Un verso de Garcilaso:

Nuestro ganado pace. El viento espira.

Y nació este poema doble del lago de Eden Mills.

Se termina el veraneo porque Saturno detiene los trenes, y he de volver a Nueva York. La niña ahogada, Stanton niño «come-azúcar», los caballos ciegos y las señoritas pantalonísticas me acompañan largo rato.

El tren corre por la raya del Canadá y yo me siento desgraciado y ausente de mis pequeños amigos. La niña se aleja por el pozo rodeada de ángeles verdes, y en el pecho del niño comienza a brotar, como el salitre en la pared húmeda, la cruel estrella de los policías norteamericanos.

Después... otra vez el ritmo frenético de Nueva York. Pero ya no me sorprende, conozco el mecanismo de las calles, hablo con la gente, penetro un poco más en la vida social y la denuncio. Y la denuncio porque vengo del campo y creo que lo más importante no es el hombre.

El tiempo pasa; ya no es hora prudente de decir más poemas y nos tenemos que marchar de Nueva York. Dejo de leer los poemas de la Navidad y los poemas del puerto, pero algún día los leerán, si les interesa, en el libro.

El tiempo pasa y ya estoy en el barco que me separa de la urbe aulladora, hacia las hermosas islas Antillas.

La primera impresión de que aquel mundo no tiene raíz, perdura...

> porque si la rueda olvida su fórmula
> ya puede cantar desnuda con las manadas de caballos
> y si una llama quema los helados proyectos
> el cielo tendrá que huir ante el tumulto de las ventanas.

Arista y ritmo, forma y angustia, se los va tragando el cielo. Ya no hay lucha de torre y nube, ni los enjambres de ventanas se comen más de la mitad de la noche. Peces voladores tejen húmedas guirnaldas, y el cielo, como la terrible mujerona azul de Picasso, corre con los brazos abiertos a lo largo del mar.

El cielo ha triunfado del rascacielo, pero ahora la arquitectura de Nueva York se me aparece como algo prodigioso, algo que, descartada la intención, llega a conmover como un espectáculo natural de montaña o desierto. El Chrysler Building se defiende del sol con un enorme pico de plata, y puentes, barcos, ferrocarriles y hombres los veo encadenados y sordos; encadenados por un sistema económico cruel al que pronto habrá que cortar el cuello, y sordos por sobra de disciplina y falta de la imprescindible dosis de locura.

De todos modos me separaba de Nueva York con sentimiento y con admiración profunda. Dejaba muchos amigos y había recibido la experiencia más útil de mi vida. Tengo que darle gracias por muchas cosas, especialmente por los azules de oleografía y los verdes de estampa británica con que la orilla de New Jersey me obsequiaba en mis paseos con Anita, la india portuguesa, y Sofía Megwinov, la rusa portorriqueña, y por aquel divino *aquarium* y aquella casa de fieras donde yo me sentí niño y me acordé de todos los del mundo.

Pero el barco se aleja y comienzan a llegar, palma y canela, los perfumes de la América con raíces, la América de Dios, la América española.

¿Pero qué es esto? ¿Otra vez España? ¿Otra vez la Andalucía mundial?

Es el amarillo de Cádiz con un grado más, el rosa de Sevilla tirando a carmín y el verde de Granada con una leve fosforescencia de pez.

La Habana surge entre cañaverales y ruido de maracas, cornetas chinas y marimbas. Y en el puerto, ¿quién sale a recibirme? Sale la morena Trinidad de mi niñez, aquella que se paseaba por el muelle de La Habana, por el muelle de La Habana paseaba una mañana.

Y salen los negros con sus ritmos que yo descubro típicos del gran pueblo andaluz, negritos sin drama que ponen los ojos en blanco y dicen: «Nosotros somos latinos».

Con las tres grandes líneas horizontales, línea de cañaveral, línea de terrazas y línea de palmeras, mil negras con las mejillas teñidas de naranja, como si tuvieran cincuenta grados de fiebre, bailan este son que yo compuse y que llega como una brisa de la isla:

> Cuando llegue la luna llena
> iré a Santiago de Cuba
> [...]

[Elegía a María Blanchard]*

Señoras y señores:

Yo no vengo aquí ni como crítico ni como conocedor de la obra de María Blanchard, sino como amigo de una sombra. Amigo de una dulce sombra que no he visto nunca, pero que me ha hablado a través de unas bocas y unos paisajes por donde nunca fue nube, paso furtivo, o animalito asustado en un rincón. Nadie de los que me conocen pueden sospechar esta amistad mía con María Gutiérrez Cueto, porque jamás hablé de ella, y, aunque iba conociendo su vida a través de relatos originales, siempre volvía los ojos al otro lado, como distraído, y cantaba un poco, porque no está bien que la gente sepa que un poeta es un hombre que está siempre, ¡por todas las cosas!, a punto de llorar.

¿Usted conocía a María Blanchard? Cuénteme...

Uno de los primeros cuadros que yo vi en la puerta de mi adolescencia, cuando sostenía ese dramático diálogo del bozo naciente con el espejo familiar, fue un cuadro de María. Cuatro bañistas y un fauno. La energía del color, puesto con la espátula, la trabazón de las materias, y el desenfado de la com-

* Leída en el Ateneo de Madrid después del 5 de abril de 1932, fecha de la muerte de María Blanchard.

posición me hicieron pensar en una María alta, vestida de rojo, opulenta y tiernamente cursi como una amazona.

Los muchachos llevan un carnet blanco, que no abren más que a la luz de la luna, donde apuntan los nombres de las mujeres que no conocen para llevarlas a una alcoba de musgos y caracoles iluminados, siempre en lo alto de las torres. Esto lo cuenta Wedekind muy bien, y toda la gran poesía lunar de Juan Ramón está llena de estas mujeres que se acercan como locas a los balcones y dan a los muchachos que se acercan a ellas una bebida amarguísima de tuétano de cicuta.

Cuando yo saqué mi cuartilla para apuntar el nombre de María y el nombre de su caballo, me dijeron: «Es jorobada».

Quien ha vivido, como yo, y en aquella época, en una ciudad tan bárbara bajo el punto de vista social como Granada cree que las mujeres o son imposibles o son tontas. Un miedo frenético a lo sexual y un terror al «qué dirán» convertían a las muchachas en autómatas paseantes, bajo las miradas de esas mamás fondonas que llevan zapatos de hombre y unos pelitos en el lado de la barba.

Yo había pensado con la tierna imaginación adolescente que quizá María, como era artista, no se reiría de mí por tocar al piano «latazos clásicos» o por intentar poemas, no se reiría, nada más, con esa risa repugnante que muchachas y muchachos y mamás y papás sucios tenían para la pureza y el asombro poético, hasta hace unos años, en la triste España del 98.

Pero María se cayó por la escalera y quedó con la espalda combada expuesta al chiste, expuesta al muñeco de papel colgado de un hilo, expuesta a los billetes de lotería.

¿Quién la empujó? Desde luego la empujaron, *alguien*, Dios, el demonio, alguien ansioso de contemplar a través de pobres vidrios de carne la perfección de un alma hermosa.

María Blanchard vino de una familia fantástica. El padre,

un caballero montañés; la madre, una señora refinada de tanta fantasía que casi era prestidigitadora. Cuando anciana iban unos niños amigos míos a hacerla compañía, y ella, tendida en su lecho, sacaba uvas y peras y gorriones de debajo de la almohada. No encontraba nunca las llaves y todos los días tenía que buscarlas y las hallaba en los sitios más raros: por debajo de las camas o dentro de la boca del perro. El padre montaba a caballo y casi siempre volvía sin él, porque el caballo se había dormido y le daba lástima despertarlo. Organizaba grandes cacerías sin escopetas y se le borraba con frecuencia el nombre de su mujer. En esta distracción y este dejar correr el agua María Gutiérrez se iba volviendo cada vez más pequeña; una mano le tiraba de los pies y le iba hundiendo la cabeza en su cuerpo como un tubo de «don Nicanor que toca el tambor».

En este tiempo, que corresponde a la apoteosis final de Rubén, vi yo el único retrato de María que he visto y era una caricatura triste, no sé de quién, en la que está al lado de Diego Rivera, el pintor mejicano, verdadera antítesis de María, artista sensual, que ahora, mientras que ella sube al cielo, él pinta de oro y besa el ombligo terrible de Plutarco Elías Calles.

Es la época en que María vive en Madrid y cobija en su casa a todo el mundo, a un ruso, a un chino, a quien llame a la puerta, presa ya de ese delicado delirio místico que ha coronado con camelias frías de Zurbarán su tránsito en París. La lucha de María Blanchard fue dura, áspera, pinchosa, como rama de encina, y, sin embargo, no fue nunca una resentida, sino todo lo contrario, dulce, piadosa y virgen.

Aguantaba la lluvia de risa que causaba, sin querer, su cuerpo de bufón de ópera y la risa que causaban sus primeras exposiciones, con la misma serenidad que aquel otro gran pintor, Barradas, muerto y ángel, a quien la gente rompía sus cuadros y él contestaba con un silencio recóndito de trébol o de criatura perseguida.

Aguantaba a sus amigos con capacidad de enfermera, al ruso que hablaba de coches de oro, o contaba esmeraldas sobre la nieve, o al gigantón Diego Rivera, que creía que las personas y las cosas eran arañas que venían a comerlo, y arrojaba sus botas contra las bombillas y quebraba todos los días el espejo del lavabo. Aguantaba a los demás y permanecía sola, sin comunicación humana, tan sola que tuvo que buscar su patria invisible, donde corrieran sus heridas, mezcladas con todo el mundo estilizado del dolor.

Y a medida que avanzaba el tiempo, su alma se iba purificando y sus actos adquiriendo mayor trascendencia y responsabilidad. Su pintura llevaba el mismo camino magistral desde el cuadro famoso de la primera comunión hasta sus últimos niños y maternidades, pero atormentada por una moral superior daba sus cuadros por la mitad del precio que le ofrecían, y luego ella misma componía sus zapatos con una bella humildad.

La vida y pasión de Cristo fue tomando luz en su vida y, como el gran Falla, buscó en ella norma, dogma y consuelo. No con beatería, ni con una cruz política y anticristiana colgada pornográficamente sobre los senos, sino con obras, con grave dolor, con caridad, con inteligencia. Lo más español de María Blanchard es esta busca y captura de Cristo, Dios y varón realísimo; no al modo de la fantástica Catalina de Siena, que se llega a casar con el niño Jesús y en vez de anillos se cambian los corazones, sino de un modo seco, tierra pura y cal viva, sin el menor asomo de ángeles o milagro.

Su cintura monstruosa no ha recibido más caricia que la de ese brazo muerto y chorreando sangre fresca, recién desclavado de la cruz.

Ese mismo brazo fue el que, lleno de amor, la empujó por la escalera para tenerla de novia y deleite suyo, y esa misma mano la ha socorrido en el terrible parto, en que la gran paloma de su alma apenas si podía salir por su boca sumida. No cuento esto para que meditéis su verdad o su mentira, pero los mitos crean al mundo, y el mar estaría sordo sin Neptuno y las olas deben la mitad de su gracia a la invención humana de la Venus.

Querida María Blanchard: dos puntos... dos puntos, un mundo, la almohada oscurísima donde descansa tu cabeza.

La lucha del ángel y el demonio estaba expresada de manera matemática en tu cuerpo.

Si los niños te vieran de espaldas exclamarían: «¡La bruja, ahí va la bruja!». Si un muchacho ve tu cabeza asomada sola en una de esas diminutas ventanas de Castilla, exclamaría: «¡El hada, mirad el hada!». Bruja y hada, fuiste ejemplo respetable de llanto y claridad espiritual. Todos te elogian ahora, elogian tu obra los críticos y tu vida tus amigos. Yo quiero ser galante contigo, en el doble sentido de hombre y de poeta, y quisiera decir en esta pequeña elegía algo muy antiguo, algo como la palabra *serenata*, aunque, naturalmente, sin ironía ni esa frase que usan los falsos nuevos, de «estar de vuelta». No. Con toda sinceridad. Te he llamado jorobada constantemente y no he dicho nada de tus hermosos ojos, que se llenaban de lágrimas con el mismo ritmo con que sube el mercurio por el termómetro, ni he hablado de tus manos magistrales. Pero hablo de tu cabellera y la elogio, y digo aquí que tenías una mata de pelo tan generosa y tan bella que quería cubrir tu cuerpo, como la palmera cubrió al niño que tú amabas en la huida a Egipto. Porque eras jorobada, ¿y qué? Los hombres entienden poco las cosas, y yo te digo, María Blanchard, como amigo de tu sombra, que tú tenías la mata de pelo más hermosa que ha habido en España.

Cómo canta una ciudad de noviembre a noviembre*

Señoras y señores:

Como el niño que enseña lleno de asombro a su madre vestida de color vivo para la fiesta, así quiero mostraros hoy a mi ciudad natal. A la ciudad de Granada. Para ello tengo que poner ejemplos de música y los tengo que cantar. Eso es difícil porque yo no canto como cantante sino como poeta, mejor, como un mozo simple que va guiando sus bueyes. Tengo poca voz y la garganta delicada. Así pues, nada tiene de extraño que se me escape eso que la gente llama un gallo. Pero si se escapa estoy seguro que no será el gallo corrosivo de los cantantes, que les pica los ojos y destruye su gloria, sino que yo lo convertiré en un pequeño gallito de plata que pondré amorosamente sobre el dulce cuello de la muchacha de Montevideo más melancólica que haya en el salón.

Un granadino ciego de nacimiento y ausente muchos años de la ciudad sabría la estación del año por lo que siente cantar en las calles.

* Este texto fue leído por primera vez el 26 de octubre de 1933 en Buenos Aires. Otras lecturas: Montevideo, 9 de febrero de 1934; Barcelona, diciembre de 1935. Parte de una charla con canciones previa, pues la ofreció en Madrid, junto con la Argentinita, en la primavera de 1933.

Nosotros no vamos a llevar nuestros ojos en la visita. Vamos a dejarlos sobre un plato de nieve para que no presuma más santa Lucía.

¿Por qué se ha de emplear siempre la vista y no el olfato o el gusto para estudiar una ciudad? El alfajor y la torta alajú y el mantecado de Laujar dicen tanto de Granada como el alicatado o el arco morisco; verificando idéntico prodigio que la semilla que florece al salir de la tumba del Faraón. Así pues, vamos a oír a la ciudad de Granada.

El año tiene cuatro estaciones, a saber, Invierno, Primavera, Verano y Otoño.

Granada tiene dos ríos, ochenta campanarios, cuatro mil acequias, cincuenta fuentes, mil y un surtidores y cien mil habitantes. Tiene una fábrica de hacer guitarras y bandurrias, una tienda donde venden pianos y acordeones y armónicas y sobre todo tambores. Tiene dos paseos para cantar, el Salón y la Alhambra, y uno para llorar, la Alameda de los Tristes, verdadero vértice de todo el romanticismo europeo, y tiene una legión de pirotécnicos que construyen torres de ruido con un arte gemelo al Patio de los Leones, que han de irritar al agua cuadrada de los estanques.

La Sierra pone fondo de roca o fondo de nieve o fondo de verde sueño sobre los cantos que no pueden volar, que se caen sobre los tejados, que se queman las manecitas en la lumbre o se ahogan en las secas espigas de julio.

Estos cantos son la fisonomía de la ciudad y en ellos vamos a ver su ritmo y su temperatura.

Nos vamos acercando con los oídos y el olfato y la primera sensación que tenemos es un olor a juncia, hierbabuena, a mundo vegetal suavemente aplastado por las patas de mulos y caballos y bueyes que van y vienen en todas direcciones por la vega. En seguida el ritmo del agua. Pero no un agua loca que va donde quiere. Agua con ritmo y no con *rumor*, agua medida, justa, siguiendo un cauce geométrico y acompasada en una obra de regadío. Agua que riega y canta aquí abajo y agua que sufre y gime llena de diminutos violines blancos allá en el Generalife.

No hay juego de agua en Granada. Eso se queda para Versalles, donde el agua es un espectáculo, donde es abundante como el mar, orgullosa arquitectura mecánica, y no tiene el sentido del canto. El agua de Granada sirve para apagar la sed. Es agua viva que se une al que la bebe o al que la oye, o al que desea morir en ella. Sufre una pasión de surtidores para quedar yacente y definitiva en el estanque. Juan Ramón Jiménez lo ha dicho:

> ¡Oh, qué desesperación
> de traída y de llevada,
> qué llegar al rincón último
> en repetición sonámbula,
> qué darse con la cabeza
> en las finales murallas!
> Se ha dormido el agua y sueña
> que la desenlagrimaban...

Después hay dos valles. Dos ríos. En ellos el agua ya no canta, es un sordo rumor, una niebla mezclada con los chorros de viento que manda la Sierra. El Genil coronado de chopos y el Dauro coronado de lirios.

Pero todo justo, con su proporción humana. Aire y Agua en poca cantidad, lo necesario para los oídos nuestros. Esta es la distinción y el encanto de Granada. Cosas para dentro de la habitación, patio chico, música chica, agua pequeña, aire para que baile sobre nuestros dedos.

El mar Cantábrico o el viento fuerte que se despeña por

las rocas de Ronda asusta al granadino, enmarcado, definido, en su ventana. El aire se amansa y el agua, porque los elementos de la Naturaleza en hervor rompen la tónica de la escala humana y anulan, agotan la personalidad del hombre que no puede dominarlos y pierde su paisaje y su sueño. El granadino ve las cosas con los gemelos al revés. Por eso Granada no dio jamás héroes, por eso Boabdil, el más ilustre granadino de todos los tiempos, la entregó a los castellanos, y por eso se retira en todas las épocas a sus diminutas habitaciones particulares decoradas por la luna.

Granada está hecha para la música porque es una ciudad encerrada, una ciudad entre sierras donde la melodía es devuelta y limitada y retenida por paredes y rocas. La música la tienen las ciudades del interior. Sevilla y Málaga y Cádiz se escapan por sus puertos y Granada no tiene más salida que su alto puerto natural de estrellas. Está recogida, apta para el ritmo y el eco, médula de la música.

Su expresión más alta no es la poética, sino la musical, con una ancha avenida que lleva a la mística. Por eso no tiene como Sevilla, ciudad de Don Juan, ciudad del amor, una expresión dramática, sino lírica, y si Sevilla culmina en Lope y en Tirso y en Beaumarchais y en Zorrilla y en la prosa de Bécquer, Granada culmina en su orquesta de surtidores llenos de pena andaluza y en el vihuelista Narváez y en Falla y Debussy. Y si en Sevilla el elemento humano domina el paisaje y entre cuatro paredes se pasean don Pedro y don Alonso y el duque Octavio de Nápoles y Fígaro y Mañara, en Granada se pasean los fantasmas por sus dos palacios vacíos, y la espuela se convierte en una hormiga lenta que corre por un infinito pavimento de mármol, y la carta de amor en un puñado de hierba y la espada en una mandolina delicada que solo arañas y ruiseñores se atreven a pulsar.

Hemos llegado a Granada a finales de noviembre. Hay un olor a paja quemada y las hojas en montones comienzan a pudrirse. Llueve y las gentes están en sus casas. Pero en medio de la Puerta Real hay varios puestos de zambombas. La Sierra está cubierta de nubes y tenemos la seguridad de que aquí tiene cabida toda la lírica del norte. Una muchacha de Armilla o de Santa Fe o de Atarfe, sirvienta, compra una zambomba y canta esta canción:

«Los cuatro muleros»

Este es el ritmo de un villancico que se repite por todos los ámbitos de la vega y que se llevaron los moros de Granada al África, donde todavía en Túnez lo suenan así:

(Música de moros.)

Estos «Cuatro muleros» se cantan al lado del rescoldo de paja de habas en toda la muchedumbre de pueblos que rodean la ciudad, en la corona de pueblos que suben por la Sierra.

Pero avanza diciembre, el cielo se queda limpio, llegan las manadas de pavos y un son de panderetas, chicharras y zambombas se apodera de la ciudad. Por las noches dentro de las casas cerradas se sigue oyendo el mismo ritmo, que sale por las ventanas y las chimeneas como nacido directamente de la tierra. Las voces van subiendo de tono, las calles se llenan de puestos iluminados, de grandes montones de manzanas, las campanas de media noche se unen con los esquilines que tocan las monjas al nacer el alba, la Alhambra está más oscura que nunca, más lejana que nunca, las gallinas abandonan sus huevos sobre pajas llenas de escarcha. Ya están las monjas Tomasas poniendo a san José un sombrero plano color amarillo y a la Virgen una mantilla con su peineta. Ya están las ovejas de barro y los perritos de lana subiendo por las escaleras hacia el musgo artificial. Comienzan a sonar las carrañacas y entre palillos y tapaderas y rayadores y almireces de cobre cantan el alegrísimo romance pascual de «Los peregrinitos»:

«Romance pascual de los pelegrinitos»

Lo canta la gente en las calles en grupos báquicos, lo cantan los niños con las criadas, lo cantan las rameras borrachas en esos coches con las cortinas corridas, lo cantan los soldados acordándose de sus pueblos, mientras se retratan en las barandillas del Genil.

Es la alegría de la calle y la broma andaluza y la finura entera de un pueblo cultísimo.

Pero nos salimos de las calles y nos vamos al barrio de la judería y lo encontramos desierto. Y aquí oímos este villancico lleno de una melancolía oculta, antípoda de «Los pelegrinitos».

¿Quién lo canta? Esta es la voz más pura de Granada, la voz elegíaca, el choque de Oriente con Occidente en dos palacios, rotos y llenos de fantasmas. El de Carlos V y la Alhambra.

POR LA CALLE ABAJITO

[Por la calle abajito
va quien yo quiero.
No le he visto la cara
con el sombrero.

Malhaya sea el sombrero
que tanto tapa.
Yo le compraré uno
para la Pascua].

El último villancico se escapa y la ciudad queda dormida
en los hielos de enero.

Para febrero, como el sol luce y orea, sale la gente al sol y
hacen meriendas y mecedores colgados de los olivos donde se
oye el mismo uyuí de las montañas del norte.

La gente canta en los alrededores de Granada con el agua
oculta bajo un leve témpano de hielo. Los niños crecidos se
tienden para ver las piernas a las que están en el columpio, los
mayores de reojo. El aire es todavía frío.

Ahora las calles de los arrabales están tranquilas. Algunos
perros, aire de olivar, y de pronto, ¡plas!, un cubo de agua sucia que arrojan de una puerta. Pero los olivares están llenos.

LA NIÑA SE ESTÁ MECIENDO

[La niña se está meciendo,
su amante la está mirando
y le dice: Niña mía,
la soga se está quebrando.

La soga se quiebra,
¿dónde irá a parar?
A los callejones
de San Nicolás].

Algunas de estas canciones tienen una pureza de cantarci-
llo del siglo xv:

A los olivaritos
voy por las tardes
a ver cómo menea
la hoja el aire,
la hoja el aire,
a ver cómo menea
la hoja el aire,

que equivale a aquella maravillosa de 1560, con melodía de
Juan Vásquez, que dice:

De los álamos vengo, madre,
de ver cómo los menea el aire.

De los álamos de Sevilla
de ver a mi dulce amiga.

De los álamos de Granada
de ver a mi bien amada.

De ver cómo los menea el aire
de los álamos vengo, madre.

La más pura supervivencia clásica anima estos cantos de
olivar.

No es esto raro en España, donde todavía se cantan en toda
su pureza las cosas de Juan del Encina, de Salinas, de Fuenllana
y Pisador, y surgen de pronto vivas en Galicia o en Ávila.

Al anochecer vuelve la gente de los olivares y en muchos
sitios sigue la reunión bajo techado.

Pero al llegar la primavera y asomar las puntas verdes de
los árboles, comienzan a abrirse los balcones y el paisaje se

transforma de un modo insospechado. Hemos llegado de la nieve para caer en el laurel y en todos los perfiles del sur.

Ya las niñas comienzan a estar en la calle, y en mi infancia un poeta vulgar a quien llamaban Miracielos salía a sentarse en un banco de los jardines. Las barricas traen el vino nuevo de la costa y la ciudad entre dos luces canta esta canción anunciadora de los Toros, canción de forma pura, como el aire del último día de marzo:

«En el Café de Chinitas»

¿Por qué pasa? Dos comadres se encuentran a la salida del Humilladero, por donde entraron los Reyes Católicos:

Comadre, ¿de dónde vienes?
Comadre, vengo de Granada.
Comadre, ¿qué pasa allí?
Comadre, no pasa nada,
están haciendo cestillos
y repicando las campanas.

De mayo a junio, Granada es un campanario incesante. Los estudiantes no pueden estudiar. En la plaza de Bibarrambla las campanas de la catedral, campanas submarinas con algas y nubes, no dejan hablar a los campesinos. Las campanas de San Juan de Dios lanzan por el aire un retablo barroco de lamentos y golpetazos de bronce, y sin embargo la Alhambra está más sola que nunca, más vacía que nunca, despellejada, muerta, ajena a la ciudad, más lejana que nunca. Pero en las calles hay carritos con helados y puestos de pan de aceite con pasas y ajonjolí y hombres que venden barretas de miel con garbanzos.

Asoman los gigantes y el dragón de la Tarasca y los enanitos del Corpus. De pronto las granadinas, con sus hermosos brazos desnudos y sus vientres como magnolias oscuras, abren en la calle quitasoles verdes, naranjas, azules, entre el frenesí de las iluminaciones y de los violines y de los coches enjaezados, en un *carrousel* de amor, de galantería, de nostalgia en el castillo de irás y no volverás de los fuegos artificiales.

Por el lado de la vega una nube de pitos de feria; por el lado de la calle de Elvira, de la viejísima

> Calle de Elvira,
> donde viven las manolas,
> las que suben a la Alhambra
> las tres y las cuatro solas,

esta canción expresiva de la ciudad:

«Las tres hojas»

En el último fuego de artificio que se dispara en Granada se oye lo que se llama trueno gordo y toda la gente, en un día, se marcha al campo y dejan la ciudad entregada al estío, que llega en una hora. Las señoras cubren las butacas con blancas fundas y cierran los balcones. La gente que no se va vive en los patios y en las salas bajas meciéndose en sus mecedoras y bebiendo agua fresca en el rojo mojado de los búcaros. Se empieza a pensar de noche y se empieza a vivir de noche. Es la época en que la ciudad canta acompañada de guitarras los fandangos o granadinas tan peculiares y con tanta hondura de paisaje.

Todo el romancero se vuelca en bocas de los niños. Las más bellas baladas no superadas por ningún poeta del romanticismo, las más sangrientas leyendas, los juegos de palabras más insospechados. Aquí los ejemplos son inagotables. Vamos a escoger uno que cantan los niños de algunos pueblos y las niñas de la Plaza Larga del Albaicín.

En la noche de agosto no hay quien no se deje prender por esta melodía tierna del romance del duque de Alba,

DUQUE DE ALBA

[—Se oyen voces, se oyen voces,
se oyen voces en Sevilla
que el duque de Alba se casa
con otra y a ti te olvida.
—Si se casa, que se case,
¿a mí qué se me daría?
—Mira si te importa, hermana,
que tu honra está perdida.
Se subió a una habitación
donde bordaba y cosía;
se ha asomado a una ventana
que por la plaza caía;
le ha visto venir al Duque
con otra en su compañía;
le hizo una contraseña
por ver si se la cogía.
—¿Qué me querrá Ana, Ana,
qué me querrá Ana María?
—Duque de Alba, duque de Alba,
duque de Alba de mi vida,
que me han dicho que te casas
con dama de gran valía.
—¿Quién te ha dicho la verdad,
que no te ha dicho mentira?
Mañana será mi boda,
a convidarte venía.

Al oír estas palabras,
muerta en el suelo caía.
Médicos y cirujanos
todos corren a porfía.
Trataron de abrirle el pecho
para ver de qué moría.
A un lado del corazón
dos letras de oro tenía;
en la una decía «Duque»
y en la otra «de mi vida».
—Si yo lo hubiera sabido,
que tú tanto me querías,
que no te hubiera yo olvidado,
paloma del alma mía].

Tenemos que ir todos de puntillas por este camino de tierra roja, bordeado de chumberas, a una reunión agrupada en
un recodo del monte.

Bailan y cantan. Se acompañan con guitarra, castañuelas,
y tocan además instrumentos pastoriles, panderos y triángu-
los.

Son las gentes que cantan las roas y las alboreás y las ca-
chuchas y este zorongo que tanto ha influido en la música de
Falla.

(Se toca.)

Por los fondos amarillos y por los montes viene el día y
con su luz las canciones de siega y de trilla, pero este medio
rural no penetra en Granada.

Septiembre, el que no tenga ropa que tiemble.

Vamos llegando al último radio de la rueda.

La rueda, que gire la rueda.
El Otoño asoma por las alamedas.

Y asoman las ferias. Las ferias con nueces, con azufai-
fas, con rojas acerolas, con muchedumbre de membrillos,
con torres de jalluyos y panes de azúcar de la panadería del
Corzo.

San Miguel en su cerro blande una espada rodeado de girasoles.

¿Recordáis mi romancero?

> San Miguel lleno de encajes
> en la alcoba de su torre,
> enseña sus bellos muslos
> ceñidos por los faroles.
> Arcángel domesticado
> en el gesto de las doce
> finge una cólera dulce
> de plumas y ruiseñores.
> San Miguel canta en los vidrios,
> Efebo de tres mil noches
> fragante de agua colonia
> y lejano de las flores.
> [...]
> San Miguel se estaba quieto
> en la alcoba de su torre,
> con las enaguas cuajadas
> de espejitos y entredoses.
> San Miguel, rey de los globos
> y de los números nones,
> en el primor berberisco
> de gritos y miradores.

Primor berberisco de gritos y miradores es la Granada vista desde el Cerro del Aceituno. Es un canto confuso lo que se oye. Es todo el canto de Granada a la vez: ríos, voces, cuerdas, frondas, procesiones, mar de frutas y tatachín de columpios.

Pero acaba la alegría de San Miguel, el Otoño con ruido de agua viene tocando en todas las puertas.

> Tan, tan.
> ¿Quién es?
> El Otoño otra vez.
> ¿Qué quiere de mí?
> El frescor de tu sien.
> No te lo quiero dar.
> Yo te lo quitaré.
> Tan, tan.
> ¿Quién es?
> El otoño otra vez.

Las eras se llenan de hierbas con la primera lluvia. Como hay cierto fresquillo la gente no va a los jardines y Miracielos está sentado en su mesa de camilla. Pero los crepúsculos llenan todo el cielo; anulan el paisaje las enormes nubes y las luces más raras patinan sobre los tejados o duermen en la torre de la catedral. Otra vez oímos la voz de la verdadera melancolía:

> Por aquella ventana
> que cae al río
> échame tu pañuelo
> que vengo herido.

> Por aquella ventana
> que cae al huerto
> échame tu pañuelo
> que vengo muerto.
>
> Por aquella ventana
> que cae al agua
> échame tu pañuelo,
> se me va el alma.

Ocurre que los mismos niños no quieren ir a la escuela porque juegan al trompo.

Ocurre que en las salas empiezan a encender lamparillas para los finados.

Ocurre que estamos en noviembre.

Hay un olor a paja quemada y las hojas en montones, ¿recordáis?, comienzan a pudrirse. Llueve y las gentes están en sus casas.

Pero en medio de la Puerta Real hay ya varios puestos de zambombas.

Una muchacha de Armilla o de Santa Fe o de Atarfe, con un año más, quizá vestida de luto, canta para los niños de sus señores:

> De los cuatro muleros
> que van al agua
> el de la mula torda
> me roba el alma.
> De los cuatro muleros
> que van al río
> el de la mula torda
> es mi *marío*.

Hemos dado la vuelta al año. Así será siempre. Antes y ahora. Nos vamos y Granada se queda. Eterna en el tiempo y fugitiva en estas pobres manos del más pequeño de sus hijos.

Juego y teoría del duende*

Señoras y señores:

Desde el año 1918, que ingresé en la Residencia de Estudiantes de Madrid, hasta el 1928 en que la abandoné, terminados mis estudios de Filosofía y Letras, he oído en aquel refinado salón, donde acudía para corregir su frivolidad de playa francesa la vieja aristocracia española, cerca de mil conferencias.

Con gana de aire y de sol, me he aburrido tanto, que al salir me he sentido cubierto por una leve ceniza casi a punto de convertirse en pimienta de irritación.

No. Yo no quisiera que entrara en la sala ese terrible moscardón del aburrimiento que ensarta todas las cabezas por un hilo tenue de sueño y pone en los ojos de los oyentes unos grupos diminutos de puntas de alfiler.

De modo sencillo, con el registro en que mi voz poética no tiene luces de madera, ni recodos de cicutas, ni ovejas que de pronto son cuchillos de ironía, voy a ver si puedo daros una sencilla lección sobre el espíritu oculto de la dolorida España.

El que está en la piel de toro extendida entre los Júcar, Guadalfeo, Sil o Pisuerga (no quiero citar a los caudales junto

* Leída por primera vez el 20 de octubre de 1933 en Buenos Aires, Sociedad de Amigos del Arte.

a las ondas color melena de león que agita el Plata), oye decir con medida frecuencia: «Esto tiene mucho duende». Manuel Torres, gran artista del pueblo andaluz, decía a uno que cantaba: «Tú tienes voz, tú sabes los estilos, pero no triunfarás nunca porque tú no tienes duende».

En toda Andalucía, roca de Jaén o caracola de Cádiz, la gente habla constantemente del duende y lo descubre en cuanto sale con instinto eficaz.

El maravilloso cantaor El Lebrijano, creador de la *debla*, decía: «Los días que yo canto con duende, no hay quien pueda conmigo»; la vieja bailarina gitana La Malena exclamó un día oyendo tocar a Brailowski un fragmento de Bach: «¡Olé! ¡Eso tiene duende!» y estuvo aburrida con Gluck y con Brahms y con Darius Milhaud; y Manuel Torres, el hombre de mayor cultura en la sangre que he conocido, dijo, escuchando al propio Falla su *Nocturno del Generalife*, esta espléndida frase: «Todo lo que tiene sonidos negros tiene duende». Y no hay verdad más grande.

Estos sonidos negros son el misterio, las raíces que se clavan en el limo que todos conocemos, que todos ignoramos, pero de donde nos llega lo que es sustancial en el arte. Sonidos negros, dijo el hombre popular de España, y coincidió con Goethe, que hace la definición del duende al hablar de Paganini, diciendo: «Poder misterioso que todos sienten y ningún filósofo explica».

Así pues, el duende es un poder y no un obrar, es un luchar y no un pensar. Yo he oído decir a un viejo maestro guitarrista: «El duende no está en la garganta; el duende sube por dentro, desde las plantas de los pies». Es decir, no es cuestión de facultad, sino de verdadero estilo vivo; es decir, de sangre; de viejísima cultura, y, a la vez, de creación en acto.

Este «poder misterioso que todos sienten y ningún filósofo explica» es, en suma, el espíritu de la Tierra, el mismo duende que abrasó el corazón de Nietzsche, que lo buscaba en sus formas exteriores sobre el puente Rialto o en la música de Bizet, sin encontrarlo y sin saber que el duende que él perseguía había saltado de los misterios griegos a las bailarinas de Cádiz o al dionisíaco grito degollado de la siguiriya de Silverio.

Así pues, no quiero que nadie confunda el duende con el demonio teológico de la duda, al que Lutero, con un sentimiento báquico, le arrojó un frasco de tinta en Nuremberg, ni con el diablo católico, destructor y poco inteligente, que se disfraza de perra para entrar en los conventos, ni con el mono parlante que lleva el Malgesí de Cervantes en la *Comedia de los celos y las selvas de Ardenia*.

No. El duende de que hablo, oscuro y estremecido, es descendiente de aquel alegrísimo demonio de Sócrates, mármol y sal, que lo arañó indignado el día que tomó la cicuta, y del otro melancólico demonillo de Descartes, pequeño como una almendra verde, que, harto de círculos y líneas, salía por los canales para oír cantar a los grandes marineros borrosos.

Todo hombre, todo artista, llámese Nietzsche o Cézanne, cada escala que sube en la torre de su perfección es a costa de la lucha que sostiene con su duende, no con su ángel, como se ha dicho, ni con su musa. Es preciso hacer esta distinción, fundamental para la raíz de la obra.

El ángel guía y regala como san Rafael, defiende y evita como san Miguel, anuncia y previene como san Gabriel. El ángel deslumbra, pero vuela sobre la cabeza del hombre, está por encima, derrama su gracia, y el hombre sin ningún esfuerzo realiza su obra, o su simpatía o su danza. El ángel del camino de Damasco y el que entra por la rendija del balconcillo de Asís, o el que sigue los pasos de Enrique Susón, *ordenan*, y no hay modo de oponerse a sus luces, porque agitan sus alas de acero en el ambiente del predestinado.

La musa dicta y en algunas ocasiones sopla. Puede relativamente poco, porque ya está lejana y tan cansada (yo la he visto dos veces) que tuvieron que ponerle medio corazón de mármol. Los poetas de musa oyen voces y no saben dónde, pero son de la musa que los alienta y a veces se los merienda, como en el caso de Apollinaire, gran poeta destruido por la horrible musa con que lo pintó el divino angélico Rousseau. La musa despierta la inteligencia, trae paisajes de columnas y falso sabor de laureles, y la inteligencia es muchas veces la enemiga de la poesía, porque limita demasiado, porque eleva al poeta en un trono de agudas aristas, y le hace olvidar que de pronto se lo pueden comer las hormigas, o le puede caer en la cabeza una gran langosta de arsénico, contra la cual no pueden las musas que viven en los monóculos o en la rosa de tibia laca del pequeño salón.

Ángel y musa vienen de fuera; el ángel da luces y la musa formas (Hesíodo aprendió de ella). Pan de oro o pliegue de túnica, el poeta recibe normas en su bosquecillo de laureles. En cambio, al duende hay que despertarlo en las últimas habitaciones de la sangre. Y rechazar al ángel, y dar un puntapié a la musa, y perder el miedo a la sonrisa de violetas que exhala la poesía del XVIII y al gran telescopio en cuyos cristales se duerme la musa, enferma de límites.

La verdadera lucha es con el duende.

Se saben los caminos para buscar a Dios. Desde el modo bárbaro del eremita al modo sutil del místico. Con una torre como santa Teresa o con tres caminos como san Juan de la Cruz. Y aunque tengamos que clamar con voz de Isaías: «Verdaderamente tú eres Dios escondido», al fin y al cabo Dios manda al que lo busca sus primeras espinas de fuego.

Para buscar al duende no hay mapa ni ejercicio. Solo se sabe que quema la sangre como un trópico de vidrios, que agota, que rechaza toda la dulce geometría aprendida, que rompe los estilos, que se apoya en el dolor humano que no tiene consuelo, que hace que Goya, maestro en los grises, en los platas y en los rosas de la mejor pintura inglesa, pinte con las rodillas y los puños con horribles negros de betún; o desnuda a *mossèn* Cinto Verdaguer en el frío de los Pirineos, o lleva a Jorge Manrique a esperar a la muerte en el páramo de Ocaña, o viste con un traje verde de saltimbanqui el cuerpo delicado de Rimbaud, o pone ojos de pez muerto al Conde de Lautréamont en la madrugada del *boulevard*.

Los grandes artistas del sur de España, gitanos o flamencos, ya canten, bailen o toquen, saben que no es posible ninguna emoción sin la llegada del duende. Ellos engañan a la gente y pueden dar sensación de duende sin haberla, como os engañan todos los días autores o pintores o modistas literarios sin duende; pero basta fijarse un poco y no dejarse llevar por la indiferencia, para descubrir la trampa y hacerles huir con su burdo artificio.

Una vez la cantaora andaluza Pastora Pavón, la Niña de los Peincs, sombrío genio hispánico, equivalente en capacidad de fantasía a Goya o Rafael el Gallo, cantaba en una tabernilla de Cádiz. Jugaba con su voz de sombra, con su voz de estaño fundido, con su voz cubierta de musgo; y se la enredaba en la cabellera o la mojaba en manzanilla o la perdía por unos jarales oscuros y lejanísimos. Pero nada; era inútil. Los oyentes permanecían callados.

Allí estaba Ignacio Espeleta, hermoso como una tortuga romana, a quien preguntaron una vez «¿Cómo no trabajas?»; y él, con una sonrisa digna de Argantonio, respondió: «¿Cómo voy a trabajar, si soy de Cádiz?».

Allí estaba Elvira la Caliente, aristócrata ramera de Sevilla, descendiente directa de Soledad Vargas, que en el treinta no se quiso casar con un Rothschild, porque no la igualaba en sangre. Allí estaban los Floridas, que la gente cree carniceros, pero que en realidad son sacerdotes milenarios que siguen sacrificando toros a Gerión, y en un ángulo el imponente ganadero don Pablo Murube, con un aire de máscara cretense. Pastora Pavón terminó de cantar en medio del silencio. Solo, y con sarcasmo, un hombre pequeñito, de esos hombrines bailarines que salen de pronto de las botellas de aguardiente, dijo en voz muy baja: «¡Viva París!», como diciendo: «Aquí no nos importan las facultades, ni la técnica, ni la maestría. Nos importa otra cosa».

Entonces la Niña de los Peines se levantó como una loca, tronchada igual que una llorona medieval, y se bebió de un trago un gran vaso de cazalla como fuego, y se sentó a cantar, sin voz, sin aliento, sin matices, con la garganta abrasada, pero... con duende. Había logrado matar todo el andamiaje de la canción, para dejar paso a un duende furioso y avasallador, amigo de los vientos cargados de arena, que hacía que los oyentes se rasgaran los trajes, casi con el mismo ritmo con que se los rompen los negros antillanos del rito lucumí apelotonados ante la imagen de santa Bárbara.

La Niña de los Peines tuvo que desgarrar su voz porque sabía que la estaba oyendo gente exquisita que no pedía formas sino tuétano de formas, música pura con el cuerpo sucinto para poderse mantener en el aire. Se tuvo que empobrecer de facultades y de seguridades; es decir, tuvo que alejar a su musa y quedarse desamparada, que su duende viniera y se dignara luchar a brazo partido. ¡Y cómo cantó! Su voz ya no jugaba, su voz era un chorro de sangre, digna, por su dolor y su sinceridad, de abrirse como una mano de diez dedos por los pies clavados, pero llenos de borrasca, de un Cristo de Juan de Juni.

La llegada del duende presupone siempre un cambio radical en todas las formas. Sobre planos viejos, da sensaciones de frescura totalmente inéditas, con una calidad de cosa recién creada, de milagro, que llega a producir un entusiasmo casi religioso.

En toda la música árabe, danza, canción o elegía, la llegada del duende es saludada con enérgicos «¡Alá, Alá!», «¡Dios, Dios!», tan cerca del «¡Olé!» de los toros que quién sabe si será lo mismo, y en todos los cantos del sur de España la aparición del duende es seguida por sinceros gritos de «¡Viva Dios!», profundo, humano, tierno grito, de una comunicación con Dios por medio de los cinco sentidos, gracias al duende que agita la voz y el cuerpo de la bailarina; evasión real y poética de este mundo, tan pura como la conseguida por el rarísimo poeta del XVII, Pedro Soto de Rojas, a través de siete jardines, o la de Juan Calímaco por una temblorosa escala de llanto.

Naturalmente, cuando esta evasión está lograda, todos sienten sus efectos; el iniciado, viendo cómo el estilo vence a una materia pobre, y el ignorante, en el no sé qué de una auténtica emoción. Hace años, en un concurso de baile de Jerez de la Frontera, se llevó el premio una vieja de ochenta años contra hermosas mujeres y muchachos con la cintura de agua, por el solo hecho de levantar los brazos, erguir la cabeza, y dar un golpe con el pie sobre el tabladillo; pero en la reunión de musas y de ángeles que había allí, belleza de forma y belleza de sonrisa, tenía que ganar y ganó aquel duende moribundo, que arrastraba sus alas de cuchillos oxidados por el suelo.

Todas las artes son capaces de duende, pero donde encuentra más campo, como es natural, es en la música, en la danza, y en la poesía hablada, ya que estas necesitan un cuerpo vivo que interprete, porque son formas que nacen y mueren de modo perpetuo y alzan sus contornos sobre un presente exacto. Muchas veces el duende del músico pasa al duende del intérprete, y otras veces, cuando el músico o el poeta no son tales, el duende del intérprete, y esto es interesante, crea una nueva maravilla que tiene en la apariencia, nada más, la forma primitiva. Tal el caso de la enduendada Eleonora Duse, que buscaba obras fracasadas para hacerlas triunfar gracias a lo que ella inventaba, o el caso de Paganini, explicado por Goethe, que hacía oír melodías profundas de verdaderas vulgaridades, o el caso de una deliciosa muchacha del Puerto de Santa María a quien yo le vi cantar y bailar el horroroso cuplé italiano «¡O Marí!» con unos ritmos, unos silencios y una intención que hacían de la pacotilla napolitana una dura serpiente de oro levantado.

Lo que pasa es que, efectivamente, encontraban alguna cosa nueva que nada tenía que ver con lo anterior, que ponían sangre viva y ciencia sobre cuerpos vacíos de expresión.

Todas las artes, y aun los países, tienen capacidad de duende, de ángel y de musa, y así como Alemania tiene, con excepciones, musa, y la Italia tiene permanentemente ángel, España está en todos los tiempos movida por el duende. Como país de música y danzas milenarias donde el duende exprime limones de madrugada, y como país de muerte. Como país abierto a la muerte.

En todos los países la muerte es un fin. Llega y se corren las cortinas. En España no. En España se levantan. Muchas gentes viven allí entre muros hasta el día en que mueren y las sacan al sol. Un muerto en España está más vivo como muerto que en ningún sitio del mundo: hiere su perfil como el filo de una navaja barbera. El chiste sobre la muerte o su contemplación silenciosa son familiares a los españoles. Desde *El sueño de las calaveras*, de Quevedo, hasta el *Obispo podrido*, de Valdés Leal, y desde la Marbella del siglo XVII, muerta de parto en mitad del camino, que dice:

> La sangre de mis entrañas
> cubriendo el caballo está;
> las patas de tu caballo
> echan fuego de alquitrán.

al reciente mozo de Salamanca, muerto por el toro, que clama:

> Amigos, que yo me muero;
> amigos, yo estoy muy malo.
> Tres pañuelos tengo dentro
> y este que meto son cuatro.

hay una barandilla de flores de salitre donde se asoma un pueblo de contempladores de la muerte; con versículo de Jeremías por el lado más áspero, o con ciprés fragante por el lado más lírico, pero un país donde lo más importante de todo tiene un último valor metálico de muerte.

La casulla y la rueda del carro, y la navaja y las barbas pinchosas de los pastores y la luna pelada y la mosca y las alacenas húmedas y los derribos y los santos cubiertos de encaje y la cal y la línea hiriente de aleros y miradores tienen en España diminutas hierbas de muerte, alusiones y voces perceptibles para un espíritu alerta que nos llenan la memoria con el aire yerto de nuestro propio tránsito. No es casualidad todo el arte español ligado con nuestra tierra, llena de cardos y piedras definitivas, no es un ejemplo aislado la lamentación de Pleberio o las danzas del maestro Josef María de Valdivielso, no es un azar el que de toda la balada europea se destaque esta amada española:

> Si tú eres mi linda amiga,
> ¿cómo no me miras, di?
> Ojos con que te miraba
> a la sombra se los di.
> Si tú eres mi linda amiga,
> ¿cómo no me besas, di?
> Labios con que te besaba
> a la tierra se los di.
> Si tú eres mi linda amiga,
> ¿cómo no me abrazas, di?
> Brazos con que te abrazaba
> de gusanos los cubrí.

ni es extraño que en los albores de nuestra lírica suene esta canción:

> Dentro del vergel
> moriré.
> Dentro del rosal
> matar me han.
> Yo me iba, mi madre,
> las rosas coger,
> hallara la muerte
> dentro del vergel.

Yo me iba, mi madre,
las rosas cortar,
hallara la muerte
dentro del rosal.
Dentro del vergel
moriré,
dentro del rosal,
matar me han.

Las cabezas heladas por la luna que pintó Zurbarán, el amarillo manteca con el amarillo relámpago del Greco, el relato del padre Sigüenza, la obra íntegra de Goya, el ábside de la iglesia del Escorial, toda la escultura policromada, la cripta de la casa ducal de Osuna, la muerte con la guitarra de la capilla de los Benavente en Medina de Rioseco equivalen, en lo culto, a la romería de San Andrés de Teixido, donde los muertos llevan sitio en la procesión, a los cantos de difuntos que cantan las mujeres de Asturias con faroles llenos de llamas en la noche de noviembre, al canto y danza de la Sibila en las catedrales de Mallorca y Toledo, al oscuro *In record* tortosino, y a los innumerables ritos del Viernes Santo, que con la cultísima fiesta de los toros, forman el triunfo popular de la muerte española. En el mundo, solamente México puede cogerse de la mano con mi país.

Cuando la musa ve llegar a la muerte, cierra la puerta, o levanta un plinto, o pasea una urna, y escribe un epitafio con mano de cera, pero en seguida vuelve a regar su laurel, con un silencio que vacila entre dos brisas. Bajo el arco truncado de la Oda, ella junta con sentido fúnebre las flores exactas que pintaron los italianos del xv y llama al seguro gallo de Lucrecio para que espante sombras imprevistas.

Cuando ve llegar a la muerte el ángel, vuela en círculos lentos y teje con lágrimas de hielo y narcisos la elegía que hemos visto temblar en las manos de Keats, y en las de Villasandino, y en las de Herrera, en las de Bécquer, y en las de Juan Ramón Jiménez. Pero ¡qué terror el del ángel si siente una araña, por diminuta que sea, sobre su tierno pie rosado!

En cambio, el duende no llega si no ve posibilidad de muerte, si no sabe que ha de rondar su casa, si no tiene seguridad que ha de mecer esas ramas que todos llevamos, que no tienen, que no tendrán consuelo.

Con idea, con sonido, o con gesto, el duende gusta de los bordes del pozo en franca lucha con el creador. Ángel y musa se escapan con violín o compás, y el duende hiere, y en la curación de esta herida que no se cierra nunca está lo insólito, lo inventado de la obra de un hombre.

La virtud mágica del poema consiste en estar siempre enduendado para bautizar con agua oscura a todos los que lo miran, porque con duende es más fácil amar, comprender, y es *seguro* ser amado, ser comprendido, y esta lucha por la expresión y por la comunicación de la expresión adquiere a veces en poesía caracteres mortales.

Recordad el caso de la flamenquísima y enduendada santa Teresa, flamenca no por atar un toro furioso y darle tres magníficos pases, que lo hizo, ni por presumir de guapa delante de fray Juan de la Miseria, ni por darle una bofetada al nuncio de Su Santidad, sino por ser una de las pocas criaturas cuyo duende (no cuyo ángel, porque el ángel no ataca nunca) la traspasa con un dardo, queriendo matarla por haberle quitado su último secreto, el puente sutil que une los cinco sentidos con ese centro en carne viva, en mar viva, del Amor libertado del Tiempo.

Valentísima vencedora del duende, y caso contrario al de Felipe de Austria, que, ansiando buscar musa y ángel en la teología y en la astronomía, se vio aprisionado por el duende de los ardores fríos en esa obra de El Escorial, donde la geometría limita con el sueño y donde el duende se pone careta de musa para eterno castigo del gran rey.

Hemos dicho que el duende ama el borde de la herida y se acerca a los sitios donde las formas se funden en un anhelo superior a sus expresiones visibles.

En España (como en los pueblos de Oriente donde la danza es expresión religiosa) tiene el duende un campo sin límites sobre los cuerpos de las bailarinas de Cádiz, elogiadas por Marcial, sobre los pechos de los que cantan, elogiados por Juvenal, y en toda la liturgia de los toros, auténtico drama religioso, donde, de la misma manera que en la misa, se adora y se sacrifica a un dios.

Parece como si todo el duende del mundo clásico se agolpara en esta fiesta perfecta, exponente de la cultura y de la gran sensibilidad de un pueblo que descubre en el hombre sus mejores iras, sus mejores bilis y su mejor llanto. Ni en el baile español ni en los toros se divierte nadie; el duende se encarga de hacer sufrir, por medio del drama sobre formas vivas, y prepara las escaleras para una evasión de la realidad que circunda.

El duende opera sobre el cuerpo de la bailarina como el aire sobre la arena. Convierte con mágico poder una hermosa muchacha en paralítica de la luna, o llena de rubores adolescentes a un viejo roto que pide limosna por las tiendas de vino; da con una cabellera olor de puerto nocturno y en todo momento opera sobre los brazos, en expresiones que son madres de la danza de todos los tiempos.

Pero imposible repetirse nunca. Esto es muy interesante

de subrayar. El duende no se repite, como no se repiten las formas del mar en la borrasca.

En los toros adquiere sus acentos más impresionantes porque tiene que luchar, por un lado, con la muerte, que puede destruirlo, y, por otro lado, con la geometría, con la medida, base fundamental de la fiesta.

El toro tiene su órbita; el torero la suya, y entre órbita y órbita hay un punto de peligro, donde está el vértice del terrible juego.

Se puede tener musa con la muleta y ángel con las banderillas y pasar por buen torero, pero en la faena de capa, con el toro limpio todavía de heridas, y en el momento de matar, se necesita la ayuda del duende para dar en el clavo de la verdad artística.

El torero que asusta al público en la plaza con su temeridad no torea, sino que está en ese plano ridículo, al alcance de cualquier hombre, de *jugarse la vida*; en cambio, el torero mordido por el duende da una lección de música pitagórica, y hace olvidar que tira constantemente el corazón sobre los cuernos.

Lagartijo con su duende romano, Joselito con su duende judío, Belmonte con su duende barroco, y Cagancho con su duende gitano enseñan desde el crepúsculo del anillo a poetas, pintores y músicos, cuatro grandes caminos de la tradición española.

España es el único país donde la muerte es el espectáculo nacional, donde la muerte toca largos clarines a la llegada de las primaveras, y su arte está siempre regido por un duende agudo que le ha dado su diferencia y su cualidad de invención.

El duende que llena de sangre, por vez primera en la escultura, las mejillas de los santos del maestro Mateo de Compostela, es el mismo que hace gemir a san Juan de la Cruz o quema ninfas desnudas por los sonetos religiosos de Lope.

El duende que levanta la torre de Sahagún o trabaja calientes ladrillos en Calatayud o Teruel es el mismo que rompe las nubes del Greco y echa a rodar a puntapiés alguaciles de Quevedo y quimeras de Goya.

Cuando llueve, saca a Velázquez, enduendado en secreto detrás de sus grises monárquicos; cuando nieva, hace salir a Herrera desnudo para demostrar que el frío no mata; cuando arde, mete en sus llamas a Berruguete, y le hace inventar un nuevo espacio para la escultura.

La musa de Góngora y el ángel de Garcilaso han de soltar la guirnalda de laurel cuando pasa el duende de san Juan de la Cruz, cuando

> El ciervo vulnerado
> por el otero asoma.

La musa de Gonzalo de Berceo y el ángel del Arcipreste de Hita se han de apartar para dejar paso a Jorge Manrique cuando llega herido de muerte a las puertas del castillo de Belmonte. La musa de Gregorio Hernández y el ángel de José de Mora han de alejarse para que cruce el duende que llora lágrimas de sangre de Mena, y el duende con cabeza de toro asirio de Martínez Montañés; como la melancólica musa de Cataluña y el ángel mojado de Galicia han de mirar, con amoroso asombro, al duende de Castilla, tan lejos del pan caliente y de la dulcísima vaca que pasa con normas de cielo barrido y sierra seca.

Duende de Quevedo y duende de Cervantes, con verdes

anémonas de fósforo el uno y flores de yeso de Ruidera el otro, coronan el retablo del duende de España.

Cada arte tiene, como es natural, un duende de modo y forma distinta, pero todos unen raíces en un punto, de donde manan los sonidos negros de Manuel Torres, materia última y fondo común incontrolable y estremecido, de leño, son, tela, y vocablo.

Sonidos negros detrás de los cuales están ya en tierna intimidad los volcanes, las hormigas, los céfiros, y la gran noche apretándose la cintura con la Vía láctea.

Señoras y señores: He levantado tres arcos, y con mano torpe he puesto en ellos a la musa, al ángel y al duende.

La musa permanece quieta; puede tener la túnica de pequeños pliegues o los ojos de vaca que miran en Pompeya, o la narizota de cuatro caras con que su gran amigo Picasso la ha pintado. El ángel puede agitar cabellos de Antonello de Messina, túnica de Lippi, y violín de Massolino o de Rousseau.

El duende... ¿Dónde está el duende? Por el arco vacío entra un aire mental que sopla con insistencia sobre las cabezas de los muertos, en busca de nuevos paisajes y acentos ignorados; un aire con olor de saliva de niño, de hierba machacada y velo de medusa, que anuncia el constante bautizo de las cosas recién creadas.

Lectura de poemas*

Un éxito del Ateneu Enciclopèdic.
La poesía de García Lorca, dicha por él y por Margarida Xirgu,
llega al corazón de un público popular y entusiasta

*Ayer por la mañana, el poeta andaluz Federico García Lorca
recitó poesías suyas delante de un público popular que llenaba
a rebosar el teatro Barcelona.*

*Antes, el doctor Víctor Colomer, presidente del Ateneu
Enciclopédic Popular, entidad organizadora del acto, pronunció un parlamento enalteciendo la figura del poeta y la de la
actriz señora Margarida Xirgu, socia honoraria del citado Ateneu, la cual también tomaba parte en el recital.*

*El doctor Colomer glosó, también, la labor del Ateneu En-
ciclopédic, y sus campañas pro universidad popular y a favor
del aumento de las escuelas públicas.*

*A continuación, García Lorca tomó la palabra. En la sala
se hizo aquel silencio expectante que revela el interés llevado
al máximo. El poeta, sentado detrás de una mesa, el micrófono
de Radio Barcelona a su izquierda, los brazos cruzados enci-*

* Este texto acompañó su lectura de poemas del 6 de octubre de 1935
en Barcelona, Teatro Barcelona. La reseña se publicó al día siguiente en *La
Rambla de Catalunya.*

ma de sus libros de versos, se dirigió simplemente al público. Fueron sus primeras palabras una introducción sencilla y bella que tendía a situar el poeta y la lectura. Nosotros tenemos el honor de reproducirlo textualmente:

Señoras y señores:

Aceptando con mucho gusto la invitación del Ateneo Enciclopédico de Barcelona voy a leer para sus socios una selección de poemas de mi modesta obra poética con toda la buena fe y la intención pura de que soy capaz y con el ansia que tiene todo verdadero artista que lleguen a vuestro espíritu y se establezca la comunicación de amor con otros en esa maravillosa cadena de solidaridad espiritual a que tiende toda obra de arte y que es fin único de palabra, pincel, piedra y pluma.

Estamos aquí reunidos y, como yo no tengo la técnica ni el paisaje del actor y veo este gran teatro lleno de un público distinto y expectante, tengo cierto miedo de que mis poemas o bien por íntimos o bien por oscuros o bien por demasiado escuetos, sin esa hojarasca musical que entra por las orejas sin llegar al tuétano del sentimiento, pueden quedar ateridos bajo esta bóveda temblando como esos gatos sucios que los niños matan a pedradas en los arrabales de las poblaciones.

Yo nunca he leído mis versos delante de tantos espectadores, no porque no sea capaz, puesto que lo voy a hacer ahora, sino porque es indudable que la poesía requiere cuatro paredes blancas, unos pocos amigos ligados por una armonía de amistad y un dulce silencio donde gima y cante la voz del poeta.

Mi amor a los demás, mi profundo cariño y compenetración con el pueblo, como me ha llevado a escribir teatro para llegar a todos y confundirme con todos, me trae esta tibia mañana de Barcelona a leer ante gran público lo que yo considero más entrañable de mi persona.

Por eso yo ruego a todos que por un momento nos sintamos amigos íntimos todos, que olvidemos las proporciones de la sala, las curvas de terciopelo que orlan palcos y platea y nos hagamos la ilusión de que estamos en una pequeña sala donde un poeta con toda su modestia y sencillez va a daros sin desplantes ni orgullo lo mejor, lo más hondo que tiene.

Un recital de poemas es un espectáculo con todas las bellezas y agravantes del espectáculo, todos los días los escucháis y algunas veces muy bien; una lectura de versos por el propio poeta es un acto íntimo, sin relieve, donde el poeta se desnuda y deja libre su propia voz.

Ante un gran público tengo siempre recelo de leer versos porque la poesía es todo lo contrario a la oratoria. En la oratoria, el orador estira una idea ya conocida del público y le va dando vueltas y más vueltas en juego simple que la multitud acoge con entusiasmo, es como una larga bandera que el orador hace jugar con el viento, cambiando pliegues pero sin alterar líneas; en la poesía se ha de estar alerta para cazar imágenes y sentimientos que salen pulverizados como agua de tormenta y en todas direcciones como bandada de pájaros espantados por el tiro del cazador.

Precisamente por eso yo no hablo sino que leo lo que escribo y no improviso para no tener ni un solo momento de divagación. Por eso yo recuerdo con ternura a aquel hombre maravilloso, a aquel gran maestro del pueblo don Benito Pérez Galdós, a quien yo vi de niño en los mítines, sacar unas cuartillas y leerlas, teniendo como tenía la voz más verdadera y profunda de España. Y eran aquellas cuartillas lo más verdadero, lo más nítido, lo exacto al lado de la engoladura y de las otras voces llenas de bigotes y manos con sortijas que derramaban los oradores en la balumba ruidosa del mitin.

Sean mi pudor, mi sinceridad y vuestra buena fe los tres elementos que formen el aire íntimo y claro donde se pierdan los poemas y ojalá sirvan para elevar y afirmar el ánimo de los que me oyen.

Estas palabras de García Lorca ganaron inmediatamente al público. La primera ovación estalló, unos aplausos que el entusiasmo hacía irreprimibles y que ya no cesaron durante toda la lectura.

El autor de Yerma *leyó, en primer lugar, unas composiciones de su primer libro, titulado* Canciones. *Después, siguió la «Petenera», del* Poema del cante jondo. *Conservando este orden cronológico, García Lorca recitó, después, algunos de los famosos poemas del* Romancero gitano —*los gitanos, la aristocracia de Andalucía, como dijo en un comentario preciso...*

De su libro, todavía inédito, Poeta en Nueva York, *destaca el poema titulado «El rey de Harlem», que es una excitación vibrante a que se espabile y reencuentre su espíritu. Como previamente advirtió García Lorca, en* Poeta en Nueva York *un acento social se incorpora en su obra, acento inspirado por el contacto del poeta con la vida norteamericana, en la que los negros son la única manifestación de espiritualidad. También en los negros, aunque de un carácter totalmente distinto —se trata ahora de Cuba—, hay que encontrar la inspiración del «Son de negros», con el que García Lorca concluyó su disertación.*

Los aplausos entusiásticos con los que el público obsequió al poeta se sumaron a la ovación ferviente que saludaba la aparición de Margarida Xirgu en el escenario. La ilustre ac-

triz, figura embellecida por una luz interior, silueta casi de aparición —vestido blanco, amarillo pálido y rosa—, leyó magistralmente el emocionado Llanto por la muerte *[sic]* de Ignacio Sánchez Mejías *y una pequeña y graciosa composición del* Romancero gitano.

Actriz y poeta escucharon, juntos, los últimos aplausos de aquel público popular y auténticamente selecto. Ponerse en contacto con él fue para García Lorca una satisfacción intensísima. Así lo afirmaba después a sus amigos:

«Nunca —decía— me había encontrado con un auditorio tan ávido de comprender. Nunca había recitado tan a gusto, ni me había entregado a los oyentes de una manera tan absoluta».

[Conferencia-recital del *Romancero gitano*]*

No es un poeta que se ha hecho notar más o menos, o un dramaturgo incipiente, ansioso de un gran teatro, el que está ante vosotros, sino un verdadero amigo, un camarada que recuerda todavía cercanos los años que vivía a golpes con la enorme cara bigotuda del Derecho Mercantil y llevando una vida de broma y jaleo para ocultar una verdadera y bienhechora melancolía.

Yo sé muy bien que eso que se llama conferencia sirve en las salas y teatros para llevar a los ojos de las personas esas puntas de alfiler donde se clavan las irresistibles anémonas de Morfeo y esos bostezos para los cuales se necesitaría tener boca de caimán.

Yo he observado que generalmente el conferenciante pone cátedra sin pretender acercarse a su auditorio, habla lo que sabe sin gastar nervio y con una ausencia absoluta de voluntad de amor, que origina ese odio profundo que se le toma momentáneamente y hace que deseemos con ansia que resbale al salir de la tribuna o que estornude de modo tan furioso que se le caigan las gafas sobre el vaso.

Por eso, no vengo a dar una conferencia sobre temas que

* Pronunciada el 9 de octubre de 1935 en Barcelona, Residència d'Estudiants; también el 7 de marzo de 1936 en San Sebastián, Ateneo Guipuzcoano.

he estudiado y preparado, sino que vengo a comunicarme con vosotros con lo que nadie me ha enseñado, con lo que es sustancia y magia pura, con la poesía.

He elegido para leer con pequeños comentarios el *Romancero gitano*, no solo por ser mi obra más popular, sino porque indudablemente es la que hasta ahora tiene más unidad, y es donde mi rostro poético aparece por vez primera con personalidad propia, virgen de contacto con otro poeta y definitivamente dibujado.

No voy a hacer crítica del libro, ni voy a decir, ni estudiar lo que significa como forma de romance, ni a mostrar la mecánica de sus imágenes, ni el gráfico de su desarrollo rítmico y fonético, sino que voy a mostrar sus fuentes y los primeros atisbos de su concepción total.

El libro en conjunto, aunque se llama gitano, es el poema de Andalucía, y lo llamo gitano porque el gitano es lo más elevado, lo más profundo, más aristocrático de mi país, lo más representativo de su modo y el que guarda el ascua, la sangre y el alfabeto de la verdad andaluza y universal.

Así pues, el libro es un retablo de Andalucía, con gitanos, caballos, arcángeles, planetas, con su brisa judía, con su brisa romana, con ríos, con crímenes, con la nota vulgar del contrabandista y la nota celeste de los niños desnudos de Córdoba que burlan a san Rafael. Un libro donde apenas si está expresada la Andalucía que se ve, pero donde está temblando la que no se ve. Y ahora lo voy a decir. Un libro antipintoresco, antifolclórico, antiflamenco, donde no hay ni una chaquetilla corta, ni un traje de torero, ni un sombrero plano, ni una pandereta; donde las figuras sirven a fondos milenarios y donde no hay más que un solo personaje, grande y oscuro como un cielo de estío, un solo personaje que es la Pena, que se filtra en el tuétano de los huesos y en la savia de los árboles, y que no tiene nada que ver con la melancolía, ni con la nostalgia, ni con ninguna otra aflicción o dolencia del ánimo; que es un sentimiento más celeste que terrestre; pena andaluza que es una lucha de la inteligencia amorosa con el misterio que la rodea y no puede comprender.

Pero un hecho poético, como un hecho criminal o un hecho jurídico, son tales hechos cuando viven en el mundo y son llevados y traídos; en suma, interpretados. Por eso no me quejo de la falsa visión andaluza que se tiene de este poema a causa de recitadores, sensuales, de bajo tono, o criaturas ignorantes. Creo que la pureza de su construcción y el noble tono con que me esforcé al crearlo lo defenderán de sus actuales amantes *excesivos*, que a veces lo llenan de baba.

Desde el año 1919, época de mis primeros pasos poéticos, estaba yo preocupado con la forma del romance, porque me daba cuenta que era el vaso donde mejor se amoldaba mi sensibilidad. El romance había permanecido estacionario desde los últimos exquisitos romancillos de Góngora, hasta que el duque de Rivas lo hizo dulce, fluido, doméstico, o Zorrilla lo llenó de nenúfares, sombras y campanas sumergidas.

El romance típico había sido siempre una narración, y era lo narrativo lo que daba encanto a su fisonomía, porque cuando se hacía lírico, sin eco de anécdota, se convertía en canción. Yo quise fundir el romance narrativo con el lírico sin que perdieran ninguna calidad, y este esfuerzo se ve conseguido en algunos poemas del *Romancero*, como el llamado «Romance sonámbulo», donde hay una *gran sensación* de anécdota, un agudo ambiente dramático, y nadie sabe lo que pasa, ni aun yo, porque el misterio poético es también misterio para el poeta que lo comunica, pero que muchas veces lo ignora.

En realidad, la forma de mi romance la encontré —mejor, me la comunicaron— en los albores de mis primeros poemas, donde ya se notan los mismos elementos y un mecanismo similar al del *Romancero gitano*.

Ya el año veinte escribía yo este *crepúsculo*:

> El diamante de una estrella
> ha rayado el hondo cielo.
> Pájaro de luz que quiere
> escapar del firmamento
> y huye del enorme nido
> donde estaba prisionero
> sin saber que lleva atada
> una cadena en el cuello.
>
> Cazadores extrahumanos
> están cazando luceros,
> cisnes de plata maciza
> en el agua del silencio.
>
> Los chopos niños recitan
> la cartilla. Es el maestro
> un chopo antiguo que mueve
> tranquilos sus brazos viejos.
>
> ¡Rana, empieza tu cantar!
> ¡Grillo, sal de tu agujero!
> Haced un bosque sonoro
> con vuestras flautas. Yo vuelvo
> hacia mi casa intranquilo.
> Se agitan en mi recuerdo
> dos palomas campesinas
> y en el horizonte, lejos
> se hunde el arcaduz del día.
> ¡Terrible noria del tiempo!

Esto, como forma, ya tiene el claroscuro del *Romancero* y el gusto de mezclar imágenes astronómicas con insectos y hechos vulgares, que son notas primarias de mi carácter poético.

Tengo cierto rubor de hablar de mí en público, pero lo hago porque os considero amigos, o ecuánimes oyentes, y porque sé que un poeta, cuando es poeta, es sencillo, y, cuando es sencillo, no puede caer jamás en el infierno cómico de la pedantería.

De un poema se puede estar hablando mucho tiempo, analizando y observando sus aspectos múltiples. Yo os voy a presentar un plano de este mío y voy a comenzar la lectura de sus composiciones.

*

Desde los primeros versos se nota que el mito está mezclado con el elemento que pudiéramos llamar realista, aunque no lo es, puesto que al contacto con el plano mágico se torna aún más misterioso e indescifrable, como el alma misma de Andalucía, lucha y drama del veneno de Oriente del andaluz con la geometría y el equilibrio que impone lo romano, lo bético.

El libro empieza con dos mitos inventados: la luna como bailarina mortal y el viento como sátiro. Mito de la luna sobre tierras de danza dramática, Andalucía interior concentrada y religiosa, y mito de playa tartesa, donde el aire es suave como pelusa de melocotón y donde todo, drama o danza, está sostenido por una aguja inteligente de burla o de ironía:

«Romance de la luna, luna»
«Preciosa y el aire»

En el romance «Reyerta de mozos» está expresada esa lucha sorda, latente en Andalucía y en toda España, de grupos que se atacan sin saber por qué, por causas misteriosas, por una mirada, por una rosa, porque un hombre de pronto siente un insecto sobre la mejilla, por un amor de hace dos siglos:

«Reyerta»

Después, aparece el «Romance sonámbulo», del que ya he hablado, uno de los más misteriosos del libro, interpretado por mucha gente como un romance que expresa el ansia de Granada por el mar, la angustia de una ciudad que no oye las olas y las busca en sus juegos de agua subterránea y en las nieblas onduladas con que cubre sus montes. Está bien. Es así, pero también es otra cosa. Es un hecho poético puro del fondo andaluz, y siempre tendrá luces cambiantes, aun para el hombre que lo ha comunicado, que soy yo. Si me preguntan ustedes por qué digo yo «Mil panderos de cristal herían la madrugada», les diré que los he visto en manos de ángeles y de árboles, pero no sabré decir más, ni mucho menos explicar su significado. Y está bien que sea así. El hombre se acerca por medio de la poesía con más rapidez al filo donde el filósofo y el matemático vuelven la espalda en silencio:

«Romance sonámbulo»

Después aparece en el libro el romance de «La casada infiel», gracioso de forma y de imagen, pero este sí que es pura anécdota andaluza. Es popular hasta la desesperación y, como lo considero lo más primario, lo más halagador de sensualidades y lo menos andaluz, no lo leo.

*

En contraposición de la noche marchosa y ardiente de la casada infiel, noche de vega alta y junco en penumbra, aparece esta noche de Soledad Montoya, concreción de la Pena sin remedio, de la pena negra, de la cual no se puede salir más que abriendo con un cuchillo un ojal bien hondo en el costado siniestro.

La pena de Soledad Montoya es la raíz del pueblo andaluz. No es angustia, porque con pena se puede sonreír, ni es un dolor que ciega, puesto que jamás produce llanto; es un ansia sin objeto, es un amor agudo a nada, con una seguridad de que la muerte (preocupación perenne de Andalucía) está respirando detrás de la puerta. Este poema tiene un antecedente en la canción del jinete que voy a decir, en la que a mí me parece ver a aquel prodigioso andaluz Omar ben Hafsún desterrado para siempre de su patria:

«Canción de jinete»
«Romance de la pena negra»

En el poema irrumpen de pronto los arcángeles que expresan las tres grandes Andalucías: san Miguel, rey del aire, que vuela sobre Granada, ciudad de torrentes y montañas; san Rafael, arcángel peregrino que vive en la Biblia y en el Corán, quizá más amigo de musulmanes que de cristianos, que pesca en el río de Córdoba; san Gabriel Arcángel anunciador, padre de la propaganda, que planta sus azucenas en la torre de Sevilla. Son las tres Andalucías que están expresadas en esta canción:

«[Arbolé arbolé]»

Como no tengo tiempo de leer todo el libro, diré solo «San Gabriel».

«San Gabriel»

Ahora aparece en el retablo uno de sus héroes más netos, Antoñito el Camborio, el único de todo el libro que me llama por mi nombre en el momento de su muerte. Gitano verdadero, incapaz del mal, como muchos que en estos momentos mueren de hambre por no vender su voz milenaria a los señores que no poseen más que dinero, que es tan poca cosa:

«Prendimiento»
«Muerte»

Pocas palabras voy a decir de esta otra fuerza andaluza, centauro de muerte y de odio que es el Amargo.

Teniendo yo ocho años, y mientras jugaba en mi casa de Fuente Vaqueros, se asomó a la ventana un muchacho que a mí me pareció un gigante, y que me miró con un desprecio y un odio que nunca olvidaré, y escupió dentro al retirarse. A lo lejos una voz lo llamó: «¡Amargo, ven!».

Desde entonces el Amargo fue creciendo en mí hasta que pude descifrar por qué me miró de aquella manera, ángel de la muerte y la desesperanza que guarda las puertas de Andalucía. Esta figura es una obsesión en mi obra poética. Ahora ya no sé si la vi o se me apareció, si me lo imaginé o ha estado a punto de ahogarme con sus manos. La primera vez que sale el Amargo es en el Poema del cante jondo, que yo escribí en 1921:

«Diálogo del Amargo»

Después en el *Romancero*, y últimamente en el final de mi tragedia *Bodas de sangre*, se llora también, no sé por qué, a esta figura enigmática.

(Si hay tiempo, lee la escena: «Con un cuchillo [...]».)

Pero ¿qué ruido de cascos y de correas se escucha por Jaén y por la sierra de Almería? Es que viene la Guardia Civil. Este es el tema fuerte del libro y el más difícil por increíblemente antipoético. Sin embargo, no lo es:

«Romance de la Guardia Civil española»

Para completar, voy a leer un romance de la Andalucía romana (Mérida es andaluza, como por otra parte lo es Tetuán), donde la forma, la imagen y el ritmo son apretados y justos como piedras para el tema:

«Martirio de Santa Olalla»

Y ahora, el tema bíblico. Los gitanos, y en general el pueblo andaluz, cantan el romance de Thamar y Amnón llamando a Thamar «Altas Mares». De Thamar, «Tamare»; de «Tamare», «Altamare», y de «Altamare», «Altas Mares», que es mucho más bonito.

Este poema es gitano-judío, como era Joselito, el Gallo, y como son las gentes que pueblan los montes de Granada y algún pueblo del interior cordobés.

Y de forma y de intención es mucho más fuerte que los desplantes de «La casada infiel», pero tiene en cambio un acento poético más difícil, que lo pone a salvo de ese terrible ojo que guiña ante los actos inocentes y hermosos de la Naturaleza:

«Thamar y Amnón»

Alocuciones

Banquete de *gallo**

En el salón principal de la Venta de Eritaña se celebró ayer
una comida íntima de los redactores y simpatizantes de la nue-
va revista literaria de vanguardia gallo, *que hoy verá la luz*
pública, con objeto de festejar su aparición y afirmar los grana-
dinos ideales que inspiraron la idea de su fundación.

[...]

Primeramente habló el joven don Enrique Gómez Ar-
boleya, en representación del cuerpo de redacción de la re-
vista.

Empieza diciendo que el gallo es un animal que tiene
siempre una alegría inquieta y juvenil; es un símbolo de ju-
ventud, cuyo canto confina por todas partes con la aurora, y
que por eso él, que es más joven y el más alegre de sus redacto-
res, es el que lo puede representar mejor.

Habla luego de la revista naciente, que, haciendo honor a
su nombre, intenta ser el comienzo de una nueva época para
Granada. Todos sus redactores tienen el deseo —dice— de in-
corporar a esta ciudad al mapa artístico mundial teñida con el
color alegre y jugoso de sus plumas. «Que se borren los últimos
ecos románticos y que todos los relojes canten la serenidad y

* Publicada el 9 de marzo de 1928 en *El Defensor de Granada.*

belleza de la hora actual», es la aspiración del grupo. Así Granada puede despertar.

Termina dedicando un recuerdo a don Alhambro, y diciendo que el gallo, que es erudito e intérprete de turistas británicos, no tiene inconveniente en traducir su quiquiriquí y ofrecerlo, en honor de los comensales, en inglés: hip, hip, hip.

Seguidamente el gran poeta Federico García Lorca leyó el siguiente discurso:

Queridos amigos:

Desde que desgraciadamente murió la revista *Andalucía*, que en aquellos años representó todo lo que había de puro y de juvenil en la ciudad, se empezó a sentir la falta de un periódico literario que expresara los ricos perfiles espirituales de este original y único pedazo de tierra andaluza.

Con Constantino Ruiz Carnero, José Mora Guarnido, Miguel Pizarro, Pepe Fernández Montesinos, Antonio Gallego, Paquito Soriano, José Navarro y otros, hemos dado largos paseos por la vega y las primeras colinas de la sierra, hablando de una revista, de un periódico que expresara, que cantara, que gritara a los cuatro vientos esta belleza viva y sangrante de Granada, esta belleza irresistible, que tiene espada y que hiere como la música. Pero todo era hablar. Yo me culpo el primero. Hay en todos nosotros el mismo germen contemplativo y la misma actitud patética del don Alhambro de mi leyenda. Cinco o seis veces ha estado esta revista a punto de salir. Cinco o seis veces ha querido volar. Pero, al fin, ya está entre nosotros, viva, con ganas de vivir mucho tiempo; y olorosa a tinta de imprenta, perfume que temen los muertos de espíritu y odia la burguesía; pero perfume divino como el de los paseos en la madrugada, armadura de las creaciones poéticas y señal inefable de lo que no puede morir.

Un grupo nuevo de Granada, unido al antiguo, se reúne en torno de este *gallo* y creo que ahora va de firme. Todos a una. Con el amor a Granada, pero con el pensamiento puesto en Europa. Solo así podremos arrancar los más ocultos y finos tesoros indígenas. Revista de Granada, para fuera de Granada, revista que recoja el latido de todas partes para saber mejor cuál es el suyo propio; revista alegre, viva, antilocalista, antiprovinciana, del mundo, como lo es Granada. Granada tiene un nombre en el universo y una corona de gloria. Granada no es el café Colón, la calle de Pavaneras, la Gran Vía, etcétera. Granada es otra cosa más permanente y más clavada en la conciencia nacional: términos históricos, poéticos y rumor de belleza pura. No somos nosotros ya, gracias a Dios, los granadinos que se encierran, sino los que salen, los que buscan, y los que necesariamente encontrarán.

Al haber sido yo ahora inspirador de esta revista, he cumplido la voluntad de algunos ausentes, de algún amigo muerto, y de todos los que escuchan. En mi calidad de poeta de Granada lo he hecho. Un poeta siempre tiene cierto grado de entusiasmo que comunica a los demás. El entusiasmo es una aurora que no se termina nunca; hace crecer las plantas y levantar caballitos de blanca espuma en las ondas tranquilas, atentas y anhelantes de reunirse con su último destino: el agua del mar. El entusiasmo es la fe candente, la fe al rojo por la esperanza de un día mejor.

Con este entusiasmo ha venido el *gallo*. Todos hemos trabajado, y yo os puedo decir que habiendo ya tenido algunos (perdón) triunfos populares, y de élite, no he tenido nunca una alegría mayor que cuando anoche cogí la revista en mis manos, como se coge a un niño, como se coge un haz de espigas, como se coge un gallo auténtico de plumaje empavonado y cabeza nerviosísima.

Hay que proteger esta revista, queridos amigos, porque es la voz más pura de Granada; la voz de su juventud, que mira al mundo, y, desde luego, la única que se oirá fuera de ella.

Protegedla, proteged las ediciones de sus clásicos y haced posible una unión de nuestros grandes poetas del siglo XVII y los escritores de hoy, a quienes amamos y respetamos como maestros de forma y de contenido.

Nosotros, como ellos, sabemos hablar de nuestras cosas locales sin necesidad del odioso, del abominable, del facilísimo costumbrismo y del antipático: «¡Ay Graná, qué hermosa!».

Don Pedro Soto de Rojas, en la maravillosa égloga de Marcelo y Fenijardo, dice, descubriendo nuestra oriental sangría:

> De su piel despojado
> Entre el añejo vino, en vaso hermoso
> Te serviré el melocotón sabroso
> Que después de cortado
> Sangre derrama en su color dorado.

Y habla así de la horchata:

> Desnuda y sin camisa,
> Bien que casta, nadante en linfa pura,
> A tomar de sus labios su dulzura
> Vendrá la almendra lisa
> Con blando orgullo, derramando risa.

Ese es nuestro camino. La tradición poética viva y la actual recién cuajada. Melchorito Fernández Almagro, uno de los jóvenes ya grandes fuera de Granada, ha brindado por nuestra ciudad en un precioso artículo de la revista. Tiene razón. Brind55ejan decir su mejor canto, y pidamos a Dios, aventureros, locos, gente que derroche el dinero para que en la ciudad vibre toda la fuerza que tiene escondida, y haya un atleta desnudo que con un martillo de oro vaya abriendo a la fuerza de los puños cerrados, florecidos con el salitre de la avaricia.

Después, don Francisco García Lorca dijo:

«Amigos, colaboradores y simpatizantes del gallo.

Azares de la suerte y el hecho de tener edad bastante me han hecho director de nuestro gallo*. Mi brindis, si yo fuera capaz, debería ser el más importante; pero las direcciones, como las presidencias, están donde está el presidente; esta dirección, la mía, está fragmentada y concreta como la aurora en los innumerables cantos de gallo que la preceden y acompañan».* *Continúa diciendo que nunca se le otorgó al gallo el carácter de que goza: es el anuncio de auroras por derecho propio; así este* gallo *no espera que nadie le unja, pues ya es él como sus hermanos, heraldo de mejores días. «Yo brindo porque todos nosotros sintamos la necesidad de su canto, como el alba necesita del canto de los gallos para humanizarse; pues será buena señal que nuestra ansia de renovación exija siempre cantos de gallo, y que haya siempre un gallo como este, que responda alegre, certero y audaz».*

Hablaron a continuación don José Navarro Pardo, quien planteó «tenebrosos» temas; don Francisco Campos Aravaca, en defensa de los ocho últimos años del siglo XIX y del primer trozo de la calle Pavaneras; don Juan M. Gallego, en defensa de los intelectuales desconocidos; don Joaquín Amigo y don M. López Banús tirando a dar al siglo XIX; don C. Ruiz Carnero, en pro; don Fernando Valcárcel, en contra; don Luis Jiménez, don Nicolás Ramiro, don Hermenegildo Lanz, don Antonio Luna (en alemán), don Miguel Rodríguez Acosta (en inglés) y don José Serrat.

En atención a no poder llegarse a un acuerdo en la valoración del siglo XIX en contraste con el XX, un «gallo» maduro suspendió el banquete por orden superior, hasta el próximo número en el mismo sitio y en la misma plana.

Mariana Pineda en Granada*

Hace seis o siete años terminé la última escena de *Mariana Pineda*. La obra recorrió varios teatros y en medio de los más calurosos elogios me la devolvían, unos, por atrevida; otros, por difícil. Margarita Xirgu la leyó y a los dos meses comenzaron los ensayos para hacerla viva en la escena.

Públicamente y en Granada, donde duerme su sueño de amor mi distinguida heroína, he de manifestarle mi agradecimiento y expresarle de manera fría y razonada la profunda admiración que siento por su labor en el teatro de nuestro país; porque ella es la actriz que rompe la monotonía de las candilejas con aires renovadores y arroja puñados de fuego y jarros de agua fría a los públicos dormidos sobre normas apolilladas.

Margarita tiene la inquietud del teatro, la fiebre de los temperamentos múltiples. Yo la veo siempre en una encrucijada, en la encrucijada de todas las heroínas, meta barrida por un viento oscuro donde la vena aorta canta como si fuera un ruiseñor.

Son tres mil mujeres mudas las que la rodean: unas llorando, otras clavándose espinas en los senos desnudos, algunas

* Publicada el 7 de mayo de 1929 en *El Defensor de Granada*.

pretendiendo arrancar una sonrisa a su cabeza de mármol, pero todas pidiéndole su cuerpo y su palabra.

Sombras vacías que la actriz ha de llenar con su carne flexible y su sangre generosa.

El sueño de Margarita Xirgu sería poder satisfacerlas a todas. Lo mismo a la que viene con la corona del drama griego, como la que se acerca con el pijama y el llanto contenido de la pasión nueva.

Por eso se vistió de Mariana Pineda. En la muchedumbre de las sombras poéticas, Mariana Pineda venía pidiendo justicia por boca de poeta. La rodearon de trompetas y ella era una lira. La igualaron con Judit y ella iba en la sombra buscando la mano de Julieta, su hermana. Ciñeron su garganta partida con el collar de la oda y ella pedía el madrigal libertado. Cantaban todos el águila que parte de un aletazo la dura barra de metal y ella bailaba mientras como el cordero, abandonaba de todos, sostenida tan solo por las estrellas.

Yo he cumplido mi deber de poeta oponiendo una Mariana viva, cristiana y resplandeciente de heroísmo frente a la fría, vestida de forastera y librepensadora del pedestal.

Margarita ha cumplido su deber de actriz llenando con su voz y su gesto apasionado la bella sombra desgraciada, médula y símbolo de la Libertad.

Los dos damos las gracias más efusivas por este cordial homenaje... Yo con un poco de vergüenza. Este es el tercero o cuarto banquete que me ofrecen por este motivo y me parece demasiado.

Mi drama es obra débil de principiante y, aun teniendo rasgos de mi temperamento poético, no responde ya en absoluto a mi criterio sobre el teatro.

Por otra parte, me da cierto pudor este homenaje en Granada. Me ha producido verdadera tristeza ver mi nombre por las esquinas. Parece como si me arrancaran mi vida de niño y me encontrara lleno de responsabilidad en un sitio donde no quiero tenerla nunca y donde solo anhelo estar en mi casa tranquilo, gozando del reposo y preparando obra nueva. Bastante suena mi nombre en otras partes. Granada ya tiene bastante con darme su luz y sus temas y abrirme la vena de su secreto lírico.

Si algún día, si Dios me sigue ayudando, tengo gloria, la mitad de esta gloria será de Granada, que formó y modeló esta criatura que soy yo: poeta de nacimiento y sin poderlo remediar.

Ahora más que nunca, necesito del silencio y la densidad espiritual del aire granadino para sostener el duelo a muerte que sostengo con mi corazón y con la poesía.

Con mi corazón, para librarlo de la pasión imposible que destruye y de la sombra falaz del mundo que lo siembra de sal estéril, con la poesía, para construir, pese a ella que se defiende como un virgen, el poema despierto y verdadero donde la belleza y el horror y lo inefable y lo repugnante vivan y se entrechoquen en medio de la más candente alegría.

Mil gracias otra vez. Mil gracias a la maravillosa intérprete de *Mariana Pineda* y gracias en nombre de ella a vosotros.

En Fuente Vaqueros*

Se agasaja con un banquete a García Lorca.

El pueblo de Fuente Vaqueros, cuna del poeta Federico García Lorca y uno de los pueblos más bellos e inteligentes de la provincia, ha querido sumarse a los homenajes tributados al autor de Mariana Pineda, *y el domingo organizó en su honor un banquete.*

El acto fue simpático y cordial, sumándose al homenaje todo el vecindario, más algunas personalidades de Granada que se trasladaron con este fin a Fuente Vaqueros.

Sentáronse a la mesa don Federico García Lorca, el alcalde del pueblo don José Sánchez Sánchez, doña Pastora Carmona de García, doña Carlota Ruiz de Pareja, señorita Antonia Martín Ríos, señorita Conchita García Lorca, doña Matilde Palacios García, doña Amelia Mateos, don Fernando de los Ríos, don Federico García Rodríguez, don Constantino Ruiz Carnero, don Juan Ávila, don José y don Joaquín Amigo, don Manuel Pugnaire, don Antonio Álvarez, don Luis López, don Ramón Ruiz Guerrero, señorita Amelia Jiménez García, don Pedro López, señorita Isabelita García Ríos, don Ricardo Rodríguez, don Francisco Pugnaire, don Apolinar Mu-

* Publicada el 21 de mayo de 1929 en *El Defensor de Granada*.

ñoz, don Francisco Delgado, don José Calero, don Salvador Pareja, don Manuel Ramos, don Antonio Martín García, don Antonio Ramos, don Agustín Pérez, don Guillermo García, don Antonio Ramos González, don José Sánchez, don Enrique Sánchez, don Francisco García, don Rafael Casares, don Rafael Ríos, don Enrique González, don Emilio Carmona, don Federico Palacios, don Manuel Delgado, don Francisco García Mazuecos, don José Roldán Benavides, don José Jiménez, don Federico García Ríos, don Eduardo Gómez, don Enrique García Rodríguez, don Segundo Leira, don Francisco Molina, don Rafael Sánchez, don Federico Palacios Rodríguez, don José Palacios Ríos, don Antonio Delgado, don Francisco Salobreña, don Agustín Palacios, don Guillermo Pugnaire, don Francisco González, don Juan Caballero, don Nicasio Peña, don Antonio González, don José Santana, don Federico Martín, don Alfonso Moreno, don José Correal, don José Valverde, don Antonio Ávila, don Francisco Martín Palacios, don José Caballero, don Arturo Martín, don Antonio Palacios, don Miguel Molinero, señorita Isabel Sánchez, don Manuel Fernández Montesinos, don Luis García y don Julio Jiménez.

Se recibieron adhesiones del cura párroco don Enrique L. Morcillo y del administrador del duque de Wellington, don Agustín Viñas.

Se sirvió un excelente menú y reinó la mayor alegría.

A la hora de los brindis, ofreció el homenaje el alcalde de Fuente Vaqueros señor Sánchez, pronunciando breves y sentidas palabras.

Después, don Enrique González García leyó unas vibrantes cuartillas, que fueron acogidas con grandes aplausos.

Seguidamente, el señor García Lorca dio las gracias por el agasajo, haciendo un brillante elogio de Fuente Vaqueros.

Y ya que estamos juntos —añade— no quiero dejar de elogiar vuestra maravillosa fuente de agua fresca. La fuente del agua es uno de los motivos que más definen la personalidad de este pueblecito. Los pueblos que no tienen fuente pública son insociables, tímidos, apocados.

La fuente es el sitio de reunión, el punto donde convergen todos los vecinos y donde cambian impresiones y airean los espíritus. Con motivo de la fuente, hablan las mujeres, se encuentran los hombres, y a la vera del agua cristalina crecen sus espíritus y aprenden, no solo a quererse, sino a comprenderse mejor.

El pueblo sin fuente es cerrado, como oscurecido, y cada casa es un mundo aparte que se defiende del vecino.

Fuente se llama este pueblo; Fuente que tiene su corazón en la fuente del agua bienhechora.

(García Lorca fue ovacionado.)

A continuación, don Ricardo Rodríguez García leyó una hermosa poesía, que fue acogida con aplausos.

Don Fernando de los Ríos, a petición de los presentes, pronunció un breve y elocuentísimo discurso, que fue muy aplaudido.

También leyó unas cuartillas don Miguel Molinero.

Por último, don Rafael Sánchez, recogiendo la iniciativa expuesta por García Lorca para crear en Fuente Vaqueros una biblioteca popular, ofreció con este fin trescientos volúmenes de su propiedad.

Y con esta nota simpática terminó el acto.

Presentación de Ignacio Sánchez Mejías*

Dijo García Lorca hablando de toros la otra noche (20-11-1930) que la única cosa seria que queda en el mundo es el toreo, único espectáculo vivo del mundo antiguo en donde se encuentran todas las esencias clásicas de los pueblos más artistas del mundo.

Dice, y con razón, que en España en el único sitio donde se encuentra verdadera disciplina y autoridad es en la plaza de toros. Allí va el público en punto, y el mismo presidente no puede llegar tarde sin ser estrepitosamente silbado.

Toreo, sagrado ritmo de la matemática más pura; toreo, disciplina y perfección. En él todo está medido, hasta la angustia y la misma muerte.

«Torero. Héroe. Reloj. Héroe dentro de un tiempo medido, tiempo casi de compás musical. Héroe dentro de una estrecha regla de arte y de otra regla más estrecha aún de perdonar.»

En la última prodigiosa generación taurina que ha dado España, a Ignacio Sánchez Mejías le corresponde el sitio de la fe.

Joselito fue inteligencia pura, sabiduría inmaculada. Bel-

* Publicada el 3 de marzo de 1930 en *La Prensa*, Nueva York.

monte, el iluminado, el hambriento desnudo de Triana, que cambia la alegría del sol por una verde y dramática luz de gas. Sánchez Mejías es la fe, la voluntad, el hombre, el héroe puro.

El extraordinario artista que fue actor y testigo en las faenas más agudas del drama español termina con el estoque y se dirige a la literatura. En nuestros días escribe teatro.

De esta su nueva fase —dice Lorca—, su arte es valiente, poético y de imaginación, con una fragancia y gracia de estilo que delata su filiación andaluza. El teatro de Sánchez mejías, como otros que traen valores nuevos y puros, se impone y triunfa de los Linares y Benaventes, héroes de la ramplona y sanchopancesa burguesía española.

Así pues —termina su introducción—, yo con gran alegría le doy la alternativa en esta plaza de Nueva York. Ignacio, tienes la palabra. ¡Salud!

Alocución al pueblo de Fuente Vaqueros*

Queridos paisanos y amigos:

Antes que nada yo debo deciros que no hablo sino que leo. Y no hablo, porque lo mismo que le pasaba a Galdós y en general a todos los poetas y escritores nos pasa: estamos acostumbrados a decir las cosas pronto y de una manera exacta, y parece que la oratoria es un género en el cual las ideas se diluyen tanto que solo queda una música agradable, pero lo demás se lo lleva el viento.

Siempre todas mis conferencias son leídas, lo cual indica mucho más trabajo que hablar, pero al fin y al cabo, la expresión es mucho más duradera porque queda escrita y mucho más firme puesto que puede servir de enseñanza a las gentes que no oyen o no están presentes aquí.

Tengo un deber de gratitud con este hermoso pueblo donde nací y donde transcurrió mi dichosa niñez por el inmerecido homenaje de que he sido objeto al dar mi nombre a la antigua calle de la iglesia. Todos podéis creer que os lo agradezco de corazón, y que yo cuando en Madrid o en otro sitio me

* Alocución leída en los primeros días de septiembre de 1931, durante las fiestas patronales de Fuente Vaqueros. El texto fue escrito en los días previos, en la Huerta de San Vicente, Granada.

preguntan el lugar de mi nacimiento, en encuestas periodísticas o en cualquier parte, yo digo que nací en Fuente Vaqueros para que la gloria o la fama que haya de caer en mí caiga también sobre este simpatiquísimo, sobre este modernísimo, sobre este jugoso y liberal pueblo de la Fuente. Y sabed todos que yo inmediatamente hago su elogio como poeta y como hijo de él, porque en toda la vega de Granada, y no es pasión, no hay otro pueblo más hermoso, ni más rico, ni con más capacidad emotiva que este pueblecito. No quiero ofender a ninguno de los bellos pueblos de la vega de Granada, pero yo tengo ojos en la cara y la suficiente inteligencia para decir el elogio de mi pueblo natal.

Está edificado sobre el agua. Por todas partes cantan las acequias y crecen los altos chopos donde el viento hace sonar sus músicas suaves en el verano. En su corazón tiene una fuente que mana sin cesar y por encima de sus tejados asoman las montañas azules de la vega, pero lejanas, apartadas, como si no quisieran que sus rocas llegaran aquí donde una tierra muelle y riquísima hace florecer toda clase de frutos.

El carácter de sus habitantes es característico entre los pueblos limítrofes. Un muchacho de Fuente Vaqueros se reconoce entre mil. Allí le veréis garboso, con el sombrero echado hacia atrás, dando manotazos y ágil en la conversación y en la elegancia. Pero será el primero, en un grupo de forasteros, en admitir una idea moderna o en secundar un movimiento noble.

Una muchacha de la Fuente la conoceréis entre mil por su sentido de la gracia, por su viveza, por su afán de elegancia y superación.

Y es que los habitantes de este pueblo tienen sentimientos artísticos nativos bien palpables en las personas que han nacido de él. Sentimiento artístico y sentido de la alegría que es tanto como decir sentido de la vida.

Muchas veces he observado que al entrar en este pueblo hay como un clamor, un estremecimiento que mana de la parte más íntima de él. Un clamor, un ritmo, que es afán social y comprensión humana. Yo he recorrido cientos y cientos de pueblecitos como este, y he podido estudiar en ellos una melancolía que nace no solamente de la pobreza, sino también de la desesperanza y de la incultura. Los pueblos que viven solamente apegados a la tierra tienen únicamente un sentimiento terrible de la muerte sin que haya nada que eleve hacia días claros de risa y auténtica paz social.

Fuente Vaqueros tiene ganado eso. Aquí hay un anhelo de alegría o sea de progreso o sea de vida. Y por lo tanto afán artístico, amor a la belleza y a la cultura.

Yo he visto a muchos hombres de otros campos volver del trabajo a sus hogares, y llenos de cansancio, se han sentado quietos, como estatuas, a esperar otro día y otro y otro, con el mismo ritmo, sin que por su alma cruce un anhelo de saber. Hombres esclavos de la muerte sin haber vislumbrado siquiera las luces y la hermosura a que llega el espíritu humano. Porque en el mundo no hay más que vida y muerte y existen millones de hombres que hablan, viven, miran, comen, pero están muertos. Más muertos que las piedras y más muertos que los verdaderos muertos que duermen su sueño bajo la tierra, porque tienen el alma muerta. Muerta como un molino que no muele, muerta porque no tiene amor, ni un germen de idea, ni una fe, ni un ansia de liberación, imprescindible en todos los hombres para poderse llamar así. Es este uno de los programas, queridos amigos míos, que más me preocupan en el presente momento.

Cuando alguien va al teatro, a un concierto o a una fiesta de cualquier índole que sea, si la fiesta es de su agrado, recuerda inmediatamente y lamenta que las personas que él quiere no se encuentren allí. «Lo que le gustaría esto a mi hermana, a mi padre», piensa, y no goza ya del espectáculo sino a través de una leve melancolía. Esta es la melancolía que yo siento, no por la gente de mi casa, que sería pequeño y ruin, sino por todas las criaturas que por falta de medios y por desgracia suya no gozan del supremo bien de la belleza que es vida y es bondad y es serenidad y es pasión.

Por eso no tengo nunca un libro, porque regalo cuantos compro, que son infinitos, y por eso estoy aquí honrado y contento de inaugurar esta biblioteca del pueblo, la primera seguramente en toda la provincia de Granada.

No solo de pan vive el hombre. Yo, si tuviera hambre y estuviera desvalido en la calle, no pediría un pan; sino que pediría medio pan y un libro. Y yo ataco desde aquí violentamente a los que solamente hablan de reivindicaciones económicas sin nombrar jamás las reivindicaciones culturales que es lo que los pueblos piden a gritos. Bien está que todos los hombres coman, pero que todos los hombres sepan. Que gocen todos los frutos del espíritu humano porque lo contrario es convertirlos en máquinas al servicio del Estado, es convertirlos en esclavos de una terrible organización social.

Yo tengo mucha más lástima de un hombre que quiere saber y no puede que de un hambriento. Porque un hambriento puede calmar su hambre fácilmente con un pedazo de pan o con unas frutas, pero un hombre que tiene ansia de saber y no tiene medios sufre una terrible agonía porque son libros, libros, muchos libros los que necesita, ¿y dónde están esos libros?

¡Libros!, ¡libros! He aquí una palabra mágica que equivale a decir: «amor, amor», y que debían los pueblos pedir como piden pan o como anhelan la lluvia para sus sementeras. Cuando el insigne escritor ruso, Fiódor Dostoyevski, padre de la Revolución rusa mucho más que Lenin, estaba prisionero en la Siberia, alejado del mundo, entre cuatro paredes y cercado por desoladas llanuras de nieve infinita, pedía socorro en carta a su lejana familia, solo decía: «¡Enviadme libros, libros, muchos libros para que mi alma no muera!». Tenía frío y no pedía fuego, tenía terrible sed y no pedía agua, pedía libros, es decir horizontes, es decir escaleras para subir a la cumbre del espíritu y del corazón. Porque la agonía física, biológica, natural, de un cuerpo por hambre, sed o frío dura poco, muy poco, pero la agonía del alma insatisfecha dura toda la vida.

Ya ha dicho el gran Menéndez Pidal, uno de los sabios más verdaderos de Europa, que el lema de la República debe ser: «Cultura». Cultura, porque solo a través de ella se pueden resolver los problemas en que hoy se debate el pueblo lleno de fe, pero falto de luz.

Y no olvidéis que lo primero de todo es la luz. Que es la luz obrando sobre unos cuantos individuos lo que hace los pueblos, y que los pueblos vivan y se engrandezcan a cambio de las ideas que nacen en unas cuantas cabezas privilegiadas, llenas de un amor superior hacia los demás.

Por eso ¡no sabéis qué alegría tan grande me produce el poder inaugurar la biblioteca pública de Fuente Vaqueros! Una biblioteca que es una reunión de libros agrupados y seleccionados, que es una voz contra la ignorancia; una luz perenne contra la oscuridad.

Nadie se da cuenta, al tener un libro en las manos, del esfuerzo, el dolor, la vigilia, la sangre que ha costado. El libro es sin disputa la obra mayor de la humanidad. Muchas veces, un pueblo está dormido como el agua de un estanque en día sin viento. Ni el más leve temblor turba la ternura blanda del agua. Las ranas duermen en el fondo y los pájaros están inmóviles en las ramas que lo circundan. Pero arrojad de pronto una piedra. Veréis una explosión de círculos concéntricos, de ondas redondas que se dilatan atropellándose unas a las otras y se estrellan contra los bordes. Veréis un estremecimiento total del agua, un bullir de ranas en todas direcciones, una inquietud por todas las orillas y hasta los pájaros que dormían en las ramas umbrosas saltan disparados en bandadas por todo el aire azul. Muchas veces un pueblo duerme como el agua de un estanque un día sin viento, y un libro o unos libros pueden estremecerle e inquietarle y enseñarle nuevos horizontes de superación y concordia.

¡Y cuánto esfuerzo ha costado al hombre producir un libro! ¡Y qué influencia tan grande ejercen, han ejercido y ejercerán en el mundo! Ya lo dijo el sagacísimo Voltaire: Todo el mundo civilizado se gobierna por unos cuantos libros: la Biblia, el Corán, las obras de Confucio y de Zoroastro. Y el alma y el cuerpo, la salud, la libertad y la hacienda se supeditan y dependen de aquellas grandes obras. Y yo añado: todo viene de los libros. La Revolución francesa sale de la Enciclopedia y de los libros de Rousseau, y todos los movimientos actuales societarios comunistas y socialistas arrancan de un gran libro; de *El capital*, de Carlos Marx.

Pero antes de que el hombre pudiese construir libros para difundirlos, ¡qué drama tan largo y qué lucha ha tenido que sostener! Los primeros hombres hicieron libros de piedra, es decir escribieron los signos de sus religiones sobre las montañas. No teniendo otro modo, grabaron en las rocas sus anhelos con esta ansia de inmortalidad, de sobrevivir, que es lo que diferencia al humano de la bestia. Luego emplearon los metales. Aarón, sacerdote milenario de los hebreos, hermano de Moisés, llevaba una tabla de oro sobre el pecho con inscripciones, y las obras del poeta griego primitivo Hesíodo, que vio a las nueve musas bailar sobre las cumbres del monte Helicón, se escribieron sobre láminas de plomo. Más tarde los caldeos y los asirios ya escribieron sus códices y los hechos de su historia sobre ladrillos, pasando sobre estos un punzón antes de que se secasen. Y tuvieron grandes bibliotecas de tablas de arcilla, porque ya eran pueblos adelantados, estupendos astrónomos, los primeros que hicieron altas torres y se dedicaron al estudio de la bóveda celeste.

Los egipcios, además de escribir en las puertas de sus prodigiosos templos, escribieron sobre unas largas tiras vegetales llamadas papiros, que enrollaban. Aquí empieza el libro propiamente dicho. Como el Egipto prohibiera la exportación de esta materia vegetal, y deseando las gentes de la ciudad de Pérgamo tener libros y una biblioteca, se les ocurrió utilizar las pieles secas de los animales para escribir sobre ellas, y entonces nace el pergamino, que en poco tiempo venció al papiro y se utiliza ya como única materia para hacer libros, hasta que se descubre el papel.

Mientras cuento esto de manera tan breve, no olvidar que entre hecho y hecho hay muchos siglos; pero el hombre sigue luchando con las uñas, con los ojos, con la sangre, por eternizar, por difundir, por fijar el pensamiento y la belleza.

Cuando a Egipto se le ocurre no vender papiros porque los necesitan o porque no quieren, ¿quién pasa en Pérgamo noches y años enteros de luchas hasta que se le ocurre escribir en piel seca de animal?, ¿qué hombre o qué hombres son estos que en medio del dolor buscan una materia donde grabar los pensamientos de los grandes sabios y poetas? No es un hombre ni son cien hombres. Es la humanidad entera la que les empujaba misteriosamente por detrás.

Entonces, una vez ya con pergamino, se hace la gran biblioteca de Pérgamo, verdadero foco de luz en la cultura clásica. Y se escriben los grandes códices. Diodoro de Sicilia dice que los libros sagrados de los persas ocupaban en pergaminos nada menos que mil doscientas pieles de buey.

Toda Roma escribía en pergaminos. Todas las obras de los grandes poetas latinos, modelos eternos de profundidad, perfección y hermosura, están escritas sobre pergamino. Sobre pergaminos brotó el arrebatado lirismo de Virgilio y sobre la misma piel amarillenta brillan las luces densas de la espléndida palabra del español Séneca.

Pero llegamos al papel. Desde la más remota antigüedad el papel se conocía en China. Se fabricaba con arroz. La difusión del papel marca un paso gigantesco en la historia del mundo. Se puede fijar el día exacto en que el papel chino penetró en Occidente para bien de la civilización. El día glorioso que llegó fue el 7 de julio del año 751 de la era cristiana.

Los historiadores árabes y los chinos están conformes en esto. Ocurrió que los árabes, luchando con los chinos en Corea, lograron traspasar la frontera del Celeste Imperio y consiguieron hacerles muchos prisioneros. Algunos prisioneros de estos tenían por oficio hacer papel y enseñaron su secreto a los árabes. Estos prisioneros fueron llevados a Samarkanda donde ejercieron su oficio bajo el reinado del sultán Harun al-Rachid, el prodigioso personaje que puebla los cuentos de *Las mil y una noches*.

El papel se hizo con algodón, pero como allí escaseaba este producto, se les ocurrió a los árabes hacerlo de trapos viejos y así cooperaron a la aparición del papel actual. Pero los libros tenían que ser manuscritos. Los escribían los amanuenses, hombres pacientísimos que copiaban página a página con gran primor y estilo, pero eran muy pocas las personas que los podían poseer.

Y así, como las colecciones de rollos de papiros o de pergaminos pertenecieron a los templos o a las colecciones reales, los manuscritos en papel ya tuvieron más difusión, aunque naturalmente entre las altas clases privilegiadas. De este modo se hacen multitud de libros, sin que se abandone, naturalmente, el pergamino, pues sobre esta clase de materia se pintan por artistas maravillosas miniaturas de vivos colores de tal belleza e intensidad, que muchos de estos libros los conservan las actuales grandes bibliotecas, como verdaderas joyas, más valiosas que el oro y las piedras preciosas mejor talladas. Yo he tenido con verdadera emoción varios de estos libros en mis manos. Algunos códices árabes de la biblioteca de El Escorial y la magnífica *Historia natural*, de Alberto Magno, códice del siglo XIII existente en la Universidad de Granada, con el cual me he pasado horas enteras, sin poder apartar mis ojos de aquellas pinturas de animales, ejecutadas con pinceles más finos que el aire, donde los colores azules y rosas y verdes y amarillos se combinan sobre fondos hechos con panes de oro.

Pero el hombre pedía más. La humanidad empujaba misteriosamente a unos cuantos hombres para que abrieran con sus hachas de luz el bosque tupidísimo de la ignorancia. Los libros, que tenían que ser para todos, eran por las circunstancias objetos de lujo, y sin embargo son objetos de primera necesidad. Por las montañas y por los valles, en las ciudades y a las orillas de los ríos, morían millones de hombres sin saber qué era una letra. La gran cultura de la Antigüedad estaba olvidada y las supersticiones más terribles nublaban las conciencias populares.

Se dice que el dolor de saber abre las puertas más difíciles, y es verdad. Este ansia confusa de los hombres movió a dos o tres a hacer sus estudios, sus ensayos, y así apareció en el siglo xv, en Maguncia de Alemania, la primera imprenta del mundo. Varios hombres se disputan la invención, pero fue Gutenberg el que la llevó a cabo. Se le ocurrió fundir en plomo las letras y estamparlas, pudiendo así reproducir infinitos ejemplares de un libro. ¡Qué cosa más sencilla! ¡Qué cosa más difícil! Han pasado siglos y siglos, y sin embargo no ha surgido esta idea en la mente del hombre. Todas las claves de los secretos están en nuestras manos, nos rodean constantemente pero sin embargo, ¡qué enorme dificultad para abrir las puertecitas donde viven ocultos!

En las materias de la naturaleza se encuentran, sin duda, los lenitivos de muchas enfermedades incurables, ¿pero qué combinación es la precisa, la justa, para que el milagro se opere? Pocas veces en la historia del mundo hay un hecho más importante que este de la invención de la imprenta. De mucho más alcance que los otros dos grandes hechos de su época: la invención de la pólvora y el descubrimiento de América. Porque si la pólvora acaba con el feudalismo y da motivo a los grandes ejércitos y a la formación de fuertes nacionalidades antes fraccionadas por la nobleza, y el nacimiento de América da lugar a un desplazamiento de la historia a una nueva vida y termina con un milenario secreto geográfico, la imprenta va a causar una revolución en las almas tan grande que las sociedades han de temblar hasta sus cimientos. Y sin embargo ¡con qué silencio y qué tímidamente nace! Mientras la pólvora hacía estallar sus rosas de fuego por los campos, y el Atlántico se llenaba de barcos que con las velas henchidas por el viento iban y venían cargados de oro y materiales preciosos, calladamente en la ciudad de Amberes, Cristóbal Plantino establece la imprenta y la librería más importante del mundo, y ¡por fin!, hace los primeros libros baratos.

Entonces los libros antiguos, de los que quedaban uno o dos o tres ejemplares de cada uno, se agolpan en las puertas de las imprentas y en las puertas de las casas de los sabios pidiendo a gritos ser editados, ser traducidos, ser expandidos por toda la superficie de la tierra. Este es el gran momento del mundo. Es el Renacimiento. Es el alba gloriosa de las culturas modernas con las cuales vivimos.

Muchos siglos antes de esto que cuento, después de la caída del Imperio romano, de las invasiones bárbaras y del triunfo del cristianismo, tuvo el libro su momento más terrible de peligro. Fueron arrasadas las bibliotecas y esparcidos los libros. Toda la ciencia filosófica y la poesía de los antiguos estuvieron a punto de desaparecer. Los poemas homéricos, las obras de Platón, todo el pensamiento griego, luz de Europa, la poesía latina, el Derecho de Roma, todo, absolutamente todo. Gracias a los cuidados de los monjes no se rompió el hilo. Los monasterios antiguos salvaron a la humanidad. Toda la cultura y el saber se refugió en los claustros donde unos hombres sabios y sencillos, sin ningún fanatismo ni intransigencia (la intransigencia es mucho más moderna), custodiaron y estudiaron las grandes obras imprescindibles para el hombre. Y no solamente hacían esto, sino que estudiaron los idiomas antiguos para entenderlos y así se da el caso de que un filósofo pagano como Aristóteles influya decisivamente en la filosofía católica. Durante toda la Edad Media los benedictinos del monte Athos recogen y guardan infinidad de libros y a ellos les debemos conocer casi las más hermosas obras de la humanidad antigua.

Pero empezó a soplar el aire puro del Renacimiento italiano y las bibliotecas se levantan por todas partes. Se desentierran las estatuas de los antiguos dioses, se apuntalan los bellísimos templos de mármol, se abren academias como la que

Cosme de Médicis fundó en Florencia para estudiar las obras del filósofo Platón, y en fin el gran papa Nicolás v enviaba comisionistas a todas las partes del mundo para que adquirieran libros y pagaba espléndidamente a sus traductores.

Pero con ser esto magnífico, el paso grande lo daba el editor Cristóbal Plantino en Amberes. Era de aquella casita con su patinillo cubierto de hiedras y sus ventanas de cristales emplomados, de donde salía la luz para todos con el libro barato y donde se urdía una gran ofensiva contra la ignorancia que hay que continuar con verdadero calor, porque todavía la ignorancia es terrible y ya sabemos que donde hay ignorancia es muy fácil confundir el mal con el bien y la verdad con la mentira.

Naturalmente, los poderosos que tenían manuscritos y libros en pergamino, se sonrieron del libro impreso en papel como cosa deleznable y de mal gusto que estaba al alcance de todos. Sus libros estaban ricamente pintados con adornos de oro y los otros eran simples papeles con letras. Pero a mediados del siglo xv y gracias a los magníficos pintores flamencos, hermanos Van Eyck, que fueron también los primeros que pintaron con óleo, aparece el grabado y los libros se llenaron de reproducciones que ayudaban de modo notable al lector. En el siglo xvi, el genio de Alberto Durero lo perfeccionó y ya los libros pudieron reproducir cuadros, paisajes, figuras, siguiéndose perfeccionando durante todo el xvii para llegar en el siglo xviii a la maravilla de las ilustraciones y la cumbre de la belleza del libro hecho con papel.

El siglo xviii llega a la maravilla en hacer libros bellos. Las obras se editan llenas de grabados y aguafuertes, y con un cuidado y un amor tan grandes por el libro que todavía los hombres del siglo XX, a pesar de los adelantos enormes, no hemos podido superar.

El libro deja de ser un objeto de cultura de unos pocos para convertirse en un tremendo factor social. Los efectos no se dejan sentir. A pesar de persecuciones y de servir muchas veces de pasto a las llamas, surge la Revolución francesa, primera obra social de los libros.

Porque contra el libro no valen persecuciones. Ni los ejércitos, ni el oro, ni las llamas pueden contra ellos; porque podéis hacer desaparecer una obra, pero no podéis cortar las cabezas que han aprendido de ella porque son miles, y si son pocas ignoráis dónde están.

Los libros han sido perseguidos por toda clase de Estados y por toda clase de religiones, pero esto no significa nada en comparación con lo que han sido amados. Porque si un príncipe oriental fanático quema la biblioteca de Alejandría, en cambio Alejandro de Macedonia manda construir una caja riquísima de esmaltes y pedrerías para conservar *La Ilíada*, de Homero; y los árabes cordobeses fabrican la maravilla del Mirahb de su mezquita para guardar en él un Corán que había pertenecido al califa Omar. Y pese a quien pese, las bibliotecas inundan el mundo y las vemos hasta en las calles y al aire libre de los jardines de las ciudades.

Cada día que pasa las múltiples casas editoriales se esfuerzan en bajar los precios, y hoy ya está el libro al alcance de todos en ese gran libro diario que es la prensa, en ese libro abierto de dos o tres hojas que llega oloroso a inquietud y a tinta mojada, en ese oído que oye los hechos de todas las naciones con imparcialidad absoluta; en los miles de periódicos, verdaderos latidos del corazón unánime del mundo.

Por primera vez en su corta historia tiene este pueblo un principio de biblioteca. Lo importante es poner la primera piedra, porque yo y todos ayudaremos para que se levante el edificio. Es un hecho importante que me llena de regocijo y me honra que sea mi voz la que se levante aquí en el momento de su inauguración, porque mi familia ha cooperado extraordinariamente a la cultura vuestra. Mi madre, como todos sabéis, ha enseñado a mucha gente de este pueblo, porque vino aquí para enseñar, y yo recuerdo de niño haberla oído leer en alta voz para ser escuchada por muchos. Mis abuelos sirvieron a este pueblo con verdadero espíritu y hasta muchas de las músicas y canciones que habéis cantado han sido compuestas por algún viejo poeta de mi familia. Por eso yo me siento lleno de satisfacción en este instante y me dirijo a los que tienen fortuna pidiéndoles que ayuden en esta obra, que den dinero para comprar libros como es su obligación, como es su deber. Y a los que no tienen medios, que acudan a leer, que acudan a cultivar sus inteligencias como único medio de su liberación económica y social. Es preciso que la biblioteca se esté nutriendo de libros nuevos y lectores nuevos y que los maestros se esmeren en no enseñar a leer a los niños mecánicamente, como hacen tantos por desgracia todavía, sino que les inculquen el sentido de la lectura, es decir, lo que vale un punto y una coma en el desarrollo y forma de una idea escrita.

Y ¡libros!, ¡libros! Es preciso que a la bibliotequita de la Fuente comiencen a llegar libros. Yo he escrito a la editorial de la Residencia de Estudiantes de Madrid, donde yo he estudiado tantos años, y a la Editorial Ulises, para ver si consigo que manden aquí sus colecciones completas, y desde luego, yo mandaré los libros que he escrito y los de mis amigos.

Libros de todas las tendencias y de todas las ideas. Lo mismo las obras divinas, iluminadas, de los místicos y los santos, que las obras encendidas de los revolucionarios y hombres de acción. Que se enfrenten el *Cántico espiritual* de san Juan de la Cruz, obra cumbre de la poesía española, con las obras de Tolstói; que se miren frente a frente *La ciudad de Dios* de san Agustín con *Zaratustra* de Nietzsche o *El capital* de Marx. Porque, queridos amigos, todas estas obras están conformes en un punto de amor a la humanidad y elevación del espíritu, y al final todas se confunden y abrazan en un ideal supremo.

Y ¡lectores!, ¡muchos lectores! Yo sé que todos no tienen igual inteligencia, como no tienen la misma cara; que hay inteligencias magníficas y que hay inteligencias pobrísimas, como hay caras feas y caras bellas, pero cada uno sacará del libro lo que pueda, que siempre le será provechoso, y para algunos será absolutamente salvador. Esta biblioteca tiene que cumplir un fin social, porque si se cuida y se alienta el número de lectores, y poco a poco se va enriqueciendo con obras, dentro de unos años ya se notará en el pueblo, y esto no lo dudéis, un mayor nivel de cultura. Y si esta generación que hoy me oye no aprovecha por falta de preparación todo lo que puedan dar los libros, ya lo aprovecharán vuestros hijos. Porque es necesario que sepáis todos que los hombres no trabajamos para nosotros sino para los que vienen detrás, y que este es el sentido moral de todas las revoluciones, y en último caso, el verdadero sentido de la vida.

Los padres luchan por sus hijos y por sus nietos, y egoísmo quiere decir esterilidad. Y ahora que la humanidad tiende a que desaparezcan las clases sociales, tal como estaban instituidas, precisa un espíritu de sacrificio y abnegación en todos los sectores, para intensificar la cultura, única salvación de los pueblos.

Estoy seguro que Fuente Vaqueros, que siempre ha sido un pueblo de imaginación viva y de alma clara y risueña como el agua que fluye de su fuente, sacará mucho jugo de esta biblioteca y servirá para llevar a la conciencia de todos nuevos anhelos y alegrías por saber. Os he explicado a grandes trazos el trabajo que ha costado al hombre llegar a hacer libros para ponerlos en todas las manos. Que esta modesta y pequeña lección sirva para que los améis y los busquéis como amigos. Porque los hombres se mueren y ellos quedan más vivos cada día, porque los árboles se marchitan y ellos están eternamente verdes y porque en todo momento y en toda hora se abren para responder a una pregunta o prodigar un consuelo.

Y sabed, desde luego, que los avances sociales y las revoluciones se hacen con libros y que los hombres que las dirigen mueren muchas veces como el gran Lenin de tanto estudiar, de tanto querer abarcar con su inteligencia. Que no valen armas ni sangre si las ideas no están bien orientadas y bien digeridas en las cabezas. Y que es preciso que los pueblos lean para que aprendan no solo el verdadero sentido de la libertad, sino el sentido actual de la comprensión mutua y de la vida.

Y gracias a todos. Gracias al pueblo, gracias en particular a la agrupación socialista que siempre ha tenido conmigo las mayores deferencias, y gracias a vuestro alcalde, don Rafael Sánchez Roldán, hombre benemérito, verdadero y leal hijo del trabajo, que ha adquirido por su propio esfuerzo ilustración y conciencia de su época, y merced al cual es hoy un hecho esta biblioteca pública.

Y un saludo a todos. A los vivos y a los muertos, ya que vivos y muertos componen un país. A los vivos para desearles felicidad y a los muertos para recordarlos cariñosamente porque representan la tradición del pueblo y porque gracias a ellos estamos todos aquí. Que esta biblioteca sirva de paz, inquietud espiritual y alegría en este precioso pueblo donde tengo la honra de haber nacido, y no olvidéis este precioso refrán que escribió un crítico francés del siglo XIX: «Dime qué lees y te diré quién eres».

He dicho.

Al pueblo de Almazán*

Antes de una representación de La Barraca

Pueblo de Almazán:

Los estudiantes de la Universidad de Madrid, ayudados por el Gobierno de la República y especialmente por el ministro don Fernando de los Ríos, hacen por vez primera en España un teatro con el calor creativo de un núcleo de jóvenes artistas destacados ya con luminoso perfil en la actual vida de la nación.

Este grupo hace ahora su temporada preliminar, una temporada de ensayo para que los actores vayan formándose al contacto del público y adquiriendo una cierta soltura precisa siempre aun para las técnicas dramáticas de más rígida interpretación.

Así pues, estas representaciones no son todavía perfectas, pero sí se puede notar en ellas un criterio nuevo de plasticidad y ritmo que serán superados y vencidos con el natural tiempo.

Nosotros queremos representar y vulgarizar nuestro olvidado y gran repertorio clásico, ya que se da el caso vergonzoso de que teniendo los españoles el teatro más rico y hondo de toda Europa, esté para todos oculto; y tener encerradas prodigiosas voces poéticas es lo mismo que cegar la fuente de los ríos o poner toldo al cielo para no ver el estaño duro de las estrellas...

* Leída en Almazán, Soria, el 16 de julio de 1932.

Antes de una representación de La Barraca*

[Fragmentos]

I

[...] Aquel niño y aquel ángel con reloj y cadena y pañuelo en el bolsillo eran imágenes del teatro evadido de técnica y con plena frescura como un romancillo anónimo y lo más grande consistía en que, cuando resultaba mejor, era cuando se equivocaban, cuando la palabra balbucía y se quedaba como un caracol muerto en los labios. Lo mismo de bella que cuando el gran poeta... ¿qué poeta?, ¡cualquiera!, fray Luis escribe un ripio a conciencia, ripio luminoso que llena de gracia humana a la poesía.

Nosotros queremos representar y vulgarizar nuestro olvidado y gran repertorio clásico, ya que se da el caso vergonzoso de que, teniendo los españoles el teatro más rico de toda Europa, esté para todos oculto; y tener estas prodigiosas voces poéticas encerradas es lo mismo que secar las fuentes de los ríos o poner toldos al cielo para no ver el estaño duro de las estrellas.

Hay mucho que hacer, pero nosotros iremos poniendo

* Es de los mismos días que el texto anterior. Se trata de la gira que La Barraca comenzó el 10 de julio de 1932 en la provincia de Soria: Burgo de Osma, San Leonardo, Soria, Vinuesa, Ágreda y Almazán.

con verdadera modestia nuestro grano. El poco teatro clásico que ustedes han visto ha sido bajo una absurda y sentimental visión romántica que quitó a Lope, a Tirso y a Calderón y a Vélez de Guevara y a todos su eternidad y su verdor para dar lugar al ridículo lucimiento de un divo.

El Teatro Universitario no solo se dedicará a los clásicos sino también a los modernos universales de todas las tendencias y además persigue, con las misiones pedagógicas, la creación de una escena moderna puramente popular y exclusiva del color y el aire de estas hermosas tierras...

II

[...] o en tierras de Ronda o en tierras de Méjico, o en tierras de habla española donde Bras el calzonazos y Minga la negrita y el delicado pastor Gallero cortan la camelia recién pintada de Zurbarán en el inefable villancico.

Estos vecinos de San Leonardo declamaban una loa a la Virgen, probablemente de la decadencia del XVII. Todo era tierno y vivo. La Virgen vestía de blanco con estrellas de plata, de esas que pegan en las cajas de los niños. San José vestía un traje celeste de baturro con faja negra y una gran corbata de tela de casulla, y el demonio un traje de pana corriente con dos precarios cuernos en el sombrero. Los otros personajes, un ángel y tres pastores, trajes del vestir usual.

Y, sin embargo, por la fuerza del verso y la absoluta sinceridad y cordialidad de su declamación era todo de un patetismo y una profundidad que solo las cosas creadas tienen, y cuando el niño que llevaba aquella virginal y [?] virgen, que era un niño de verdad, rompió a llorar y la Virgen, con toda naturalidad, se puso a mecerlo sin darle ninguna importancia al accidente, yo me acordé de todos los artistas avanzados que luchan por nuevas expresiones y nuevos acentos, porque era sencillamente admirable y, sobre todo, inédito. He aquí la verdadera fuente del teatro, y saludé con emoción al pobre Serguéi Diághilev, allá en su tumba de Venecia, donde seguramente hará ahora un teatro que ya quisiéramos todos contemplar. Aquella Virgen y aquel san José y [...]

Presentación del auto sacramental
La vida es sueño, de Calderón de la Barca,
representado por La Barraca*

Señoras y señores:

Ayer hablábamos del teatro popular, del tabladillo del puente sobre el río lleno de historia y del villancico tierno donde España ha puesto su diálogo, desde el clavel perfecto de Góngora a la tajada de melón de Murillo y Juan de la Encina.

Hoy el Teatro Universitario presenta el auto de *La vida es sueño*, de don Pedro Calderón de la Barca. El péndulo teatral español oscila de modo violento entre estos dos mundos antagónicos, Calderón y Cervantes, pasando por el drama de Lope de Vega, donde el mal llamado realismo ibérico adquiere tonos misteriosos e insospechados, de fresca poesía.

Es el mismo péndulo eterno del arte de España, que va de Murillo a Goya, pasando por Zurbarán y llegando a Picasso, cumbre del arte andaluz universal; el péndulo que va de Cristóbal de Castillejo a Góngora, pasando por Herrera; la melodía entrañable que nace del órgano de Vitoria gime llena de escarcha y estambres de azucena en la vihuela de Salinas, y se rompe, como una granada nocturna y azul, en las manos de Manuel de Falla.

* Leída el 25 de octubre de 1932 en el paraninfo de la Universidad de Madrid.

Pero donde se acusa con rasgos más definidos la curva de este péndulo, verdadero racimo barroco de uvas y sirenas, es en el teatro. De los colores costumbristas de Cervantes, donde recoge, ironizado y asimilado, toda la picante sexualidad de la época, hasta el auto de Calderón, está todo el ámbito de la escena y todas las posibilidades teatrales habidas y por haber.

Por el teatro de Cervantes se llega a la farsa más esquemática; él mismo tiene rasgos que hoy se pueden encontrar realizados en Pirandello. Por el teatro de Calderón se llega al *Fausto*, y yo creo que él mismo ya llegó con *El mágico prodigioso*; y se llega al gran drama, al mejor drama que se representa miles de veces todos los días, a la mejor tragedia teatral que existe en el mundo; me refiero al santo sacrificio de la misa.

Por el teatro popular de Cervantes está el camino humano de la escena; por el teatro de Calderón se llega a la evasión espiritual de todos los valores. Tierra y Cielo.

Tierra Cervantes, tierra pura, llena de jugos y de raíces y de olores y de ansia dramática de vuelo. Cielo Calderón y su teatro, cabeza inteligentísima donde sabemos que hay una paloma encerrada que algún día saldrá por la boca y se perderá por el aire, un aire gris, sin matices, antagónico de la pulpa de su poesía, toda columnas salomónicas.

Por eso el Teatro Universitario, al comenzar sus tareas, todavía modestas y reducidas y desde luego imperfectas, porque en ocho meses no se puede hacer otra cosa con muchachos que no son profesionales, ha elegido estos dos autores, norte y sur del teatro, con objeto de subir a lo alto de la escalera donde están los zapateros y las fregonas y las mujercillas indecentes de don Miguel, no por baja indigna de estar alta, pues ya Goya la puso en el cielo al pintarla en la cúpula de San Antonio de la Florida.

Pero si en Cervantes se nota maestría serena en la creación y comprensión de los tipos, él jamás logra los arrebatos violentos de poesía que Calderón. El elemento hombre llena las creaciones de todos los grandes poetas antiguos y modernos. Y cuando en la segunda parte del *Fausto* Goethe alza las nubes y empuja a los coros y a las mitologías, cae en el más profundo misterio, que lo embarga y lo perturba y le borra el camino. En la misma *Tempestad* de Shakespeare ocurre lo mismo: el hombre ocupa un primer término y es un corazón lleno de nublos el que late en el fondo sombrío de estos grandes poemas. En el teatro religioso de Calderón, que es un magistral teatro, el hombre ocupa un segundo plano. Todo tiende a él, pero él no es el drama; el drama lo llevan los símbolos, lo llevan los elementos de la naturaleza; el drama lo lleva, como en la misa o como en los toros, viejo espectáculo religioso donde se sacrifica un símbolo, el drama lo lleva Dios. Todos los autos de Calderón son el drama de Dios, que ama al hombre, lo busca y lo perdona y lo vuelve a llamar, lleno de heridas, con rayo de coral o balido de cordero. El drama de Dios consigo mismo y con todo lo que ha creado. Y lo más admirable es que ni por casualidad hay en todo este teatro, único en el mundo, sentimientos y pasiones o gestos humanos. Los símbolos siguen [siendo] símbolos, dentro de la más estricta disciplina, los pensamientos se enlazan con rigor dogmático, y la escapada al misterio va provista de telescopios seguros y divinos reflectores. Pero el elemento hombre con su lucha, que se debate en Shakespeare o en Goethe, no está en estas creaciones de Calderón originales, por hacer geometrías henchidas de fe con metales hirientes donde se abrasan las manos todos los demás poetas.

Y esto se ve muy bien en Lope. Lope quiere hacer también autos sacramentales, pero..., pero no los hace. Hace lo que tenía que hacer: autos de sangre; hace comedias de hombres. Y llega a ser tan dramático tratando símbolos que cada símbolo es una persona viva. En el *Auto de los cantares*, donde Lope glosa el *Cantar* de Salomón, hay una escena entre Cristo y el alma mucho más erótica y ardiente y arrebatada que *Romeo y Julieta*; tanto, que el sentido religioso se pierde en absoluto. Y la conversación, admirable, de Cristo con el Demonio, que es el otro galán que viene a quitársela, tiene el mismo acento que el diálogo entre dos muchachos valientes del dieciséis en una encrucijada de Sevilla. Nunca hubiera hecho esto Calderón. Calderón, como Newton, ve la tierra desde la órbita de la luna, pegado a las tapias que saltaran Juan de la Cruz y Teresa de Jesús y que él no puede subir debido a su aguda objetividad, a que era, eso, un poeta dramático y un loco de la forma.

Y por esta razón puede tratar con caliente frialdad temas peligrosos y salir tranquilo. Porque todo lo que hay en la *Tempestad* y en la segunda parte del *Fausto* es magia pura. Goethe y Shakespeare son dos magos, dos aprendices de brujos que se ahogan en el agua del cielo como un muchachillo del poema de Dukas. Calderón es un ángel que se deja mandar por el agua, y el agua le regala dos calabazas en forma de estrella para que nade sobre el peligro.

Goethe y Shakespeare buscan la ciencia, anhelan la ciencia, y este don Pedro busca el amor y se lleva el premio por humilde.

La vida es sueño es a mi juicio el auto de más altura de este poeta. Es el poema de la creación del mundo y del hombre, pero tan elevado y profundo que en realidad salta por encima de todas las creencias positivas.

La lucha de los cuatro elementos de la Naturaleza por dominar el mundo, el terror del hombre recién nacido, todavía tembloroso de arcilla y luz planetaria, y la escena de la Sombra con el pálido Príncipe de las Tinieblas son momentos dramáticos de difícil superación en ningún teatro.

Hemos tenido en cuenta para la dicción de los actores huir de la enfática declamación romántica, sin olvidar el acento barroco del poema.

La interpretación plástica ha sido realizada por el pintor Benjamín Palencia, uno de los valores más puros y más firmes de la actual juventud española. Esta versión no es la definitiva, sino la que se da en las plazas públicas, pues la verdadera interpretación de la obra requiere escenario, y es la que se dará próximamente, para que los trajes y los ritmos queden en sus planos y con sus propios valores. La parte musical corre a cargo de la orquesta universitaria dirigida por Benedito.

Naturalmente toda esta modesta obra la hacemos con absoluto desinterés y por la alegría de poder colaborar, en la medida de nuestras fuerzas, en esta hermosa hora de la nueva España.

Salud a todos.

En la universidad: La Barraca*

La Barraca de los estudiantes se ha instalado por unos días en el paraninfo de la universidad. Nos ha tocado asistir a la representación del auto de Calderón: La vida es sueño. *Primeramente hubo unas palabras del poeta García Lorca, animador de esta empresa artística.*

Lorca nos habló de Calderón, contrastándole con Lope y con Cervantes. «Calderón es el poeta del cielo; Cervantes es el poeta de la tierra. Los personajes de Calderón son ángeles; los de Cervantes son hombres». Algo así vino a decir el exegeta. Y en cuanto a la relación de Calderón con Lope, cabe observar que en Calderón los símbolos son siempre eso: símbolos. La tierra, el fuego, el aire, el agua. El poeta no los humaniza, sino que se vale de ellos en su pura condición de elementos. Lope, no. «En Lope —añade Lorca— los símbolos se vuelven figuras de carne y hueso. Y el amor más divino se hace humano.»

Concluyó el poeta agradeciendo su protección a las artes. «Los estudiantes de La Barraca están dispuestos —dice— a colaborar con entusiasmo en esta hora de España desde su sitio y en aquello que a ellos les concierne.»

* Publicada el 1 de noviembre de 1932 en *La Libertad*.

Palabras antes de una representación
de tres entremeses de Cervantes*

Esta noche, el Teatro Universitario trabaja delante de los alumnos de la Universidad Popular de la FUE y experimenta por eso una de sus mayores alegrías y ve claro su fin más anhelado, que es el enseñar, mover, fibra y ala de sentimiento dormido.

Es significativa de la época actual esta compenetración de todos, este ansia de llevar la cultura y el pan a los cuatro puntos cardinales. Los estudiantes aprenden de sus maestros y a su vez enseñan a los que se acercan a ellos con ganas de saber. Este es el verdadero objeto de la universidad, la aspiración de nuestro modesto teatro, y por esto esta interesante labor de la FUE ha sido tan bien acogida en toda España.

Vamos a representar para vuestro deleite tres entremeses del gran poeta don Miguel de Cervantes, padre del idioma que todos habláis.

Estas tres obritas son tres joyas en las que se nota la maestría del poeta que trabaja con alegría y con altura. Es decir, dominando el tema. Esta sensación de dominio, de caliente frialdad, la tiene Cervantes como la tiene Goethe.

---

* Mantenemos para este texto el orden en que lo publicó García-Posada, quien data la alocución en 1933 (en todo caso, es posterior al 1 de noviembre de 1932). Está conectada con la «Presentación del auto sacramental *La vida es sueño...*».

Es la facultad de ir guiando los asuntos por un cauce previsto sin que jamás falte el temblor misterioso de lo inspirado. Alameda plantada con estilo personal donde el poeta permite que entre un viento de no se sabe dónde.

Cervantes trabaja con su plano ya hecho y por eso asombra la sensación de cosa inspirada, de dalia nacida, que corre por toda su obra fresquísima.

Y desde luego no es arqueología, no es viejo, no está pasado. Estos entremeses están vivos, como acabados de hacer, y yo he visto su efecto siempre despierto en los públicos de aldeas y de ciudades.

Trama y lenguaje de farsa humana eterna con los mismos perfiles inalterables en autores posteriores, ya se llamen Molière o Pirandello.

Farsa y norma que llega a ser como el tuétano del verdadero teatro, gráfico de hueso donde la máscara día y noche llora y sonríe desde la aorta griega donde nació la escena y las normas con las que vive y vivirá. Los tres entremeses que representamos se llaman «La cueva de Salamanca», «Los dos habladores» y, el tercero, «La guarda cuidadosa».

Con alegría representamos para vosotros y ojalá pudiéramos hacer más.

Amigos y compañeros: salud a todos.

Al público de Buenos Aires*

*La reaparición de la compañía Lola Membrives anoche, en el
escenario del Avenida, con* Bodas de sangre, *adquirió significativos caracteres y simpático relieve, por la presencia en Buenos Aires del autor de la obra bella y fuerte, que por primera
vez asistía a una interpretación de su obra en Buenos Aires.
La obra fue objeto de la misma prolija y expresiva versión
escénica que escuchamos en el Maipo, destacándose, sobre
todo, Lola Membrives y Helena Cortesina en los dos papeles
de preponderancia, y siendo, en su amplio reparto y en su lu-
cida presentación, objeto del mismo cuidado y de los mismos
comentarios elogiosos, que ya registramos en su oportunidad.
La atmósfera, amistosamente caldeada por la presencia del
autor, determinó en el público un entusiasmo comunicativo,
manifestándose en sus escenas culminantes y en los más felices
de sus párrafos inspirados, y arrancó los sostenidos aplausos
con que fue saludada la presencia de García Lorca en el pros-
cenio. El autor dirigió al público de Buenos Aires las siguientes palabras, que fueron vivamente celebradas, dejando la
velada el más grato recuerdo y un vibrante eco de simpatía.
Dijo así:*

* Publicada el 26 de octubre de 1933 en *La Nación*, Buenos Aires.

El dirigir la palabra esta noche al público no tiene más objeto que dar las gracias bajo el arco de la escena por el calor y la cordialidad y la simpatía con que me ha recibido este hermoso país, que abre sus praderas y sus ríos a todas las razas de la tierra.

A los rusos con sus estrellas de nieve, a los gallegos que llegan sonando ese cuerno de blando metal que es su idioma, a los franceses en su ansia de hogar limpio, al italiano con su acordeón lleno de cintas, al japonés con su tristeza definitiva. Pero, a pesar de esto, cuando subía las ondas rojizas y ásperas como la melena de un león que tiene el Río de la Plata, no soñaba esperar, por no merecer, esta paloma blanca temblorosa de confianza que la enorme ciudad me ha puesto en las manos; y más que el aplauso agradece el poeta la sonrisa de viejo amigo que me entrega el aire luminoso de la Avenida de Mayo.

En los comienzos de mi vida de autor, yo considero como fuerte espaldarazo esta ayuda atenta de Buenos Aires, que correspondo buscando su perfil más agudo entre sus barcos, sus bandoneones, sus finos caballos tendidos al viento, la música dormida de su castellano suave y los hogares limpios del pueblo donde el tango abre en el crepúsculo sus mejores abanicos de lágrimas.

Rubén Darío, el gran poeta de América, cantó con voz inolvidable la gloria de la Argentina, poniendo vítores azules y blancos en las pirámides que forman la zumbadora rosa de sus vientos. Para agradecer vuestra cortesía, yo pongo mi voz pequeña como un junco del Genil al lado de ese negro tronco de higuera que es la voz suya.

Mi saludo en este sitio donde el escenario abre sus alas

de cisne torpe es de alegría y de brindis por un teatro mejor, donde lo humano cobre su auténtico sentido de grandeza.

Yo dejo mis gracias en el aire para que lleguen recién cortadas de mi boca a vuestra sincera cordialidad.

Salud a todos.

Saludo desde la República Argentina*

Desde la orilla inmensa de esta hermosa y hospitalaria República Argentina tengo la alegría de dirigir mi emocionado saludo a todos los radioescuchas españoles, a las gentes de mi pueblecito natal, Fuente Vaqueros, a todos mis amigos, a mis compañeros del Teatro Universitario La Barraca, y un abrazo efusivo a mis padres, mis hermanos y mis dos sobrinitos, que me están oyendo. Guardaré toda mi vida el recuerdo del entusiasmo y la simpatía con que me ha recibido la ciudad de Buenos Aires. ¡Viva la Argentina! ¡Viva España!

* Publicado el 15 de noviembre de 1933 en *El Diario Español*, Buenos Aires.

Discurso al alimón de Federico García Lorca y Pablo Neruda sobre Rubén Darío*

N.— Señoras...

L.— ... y señores: existe en la fiesta de los toros una suerte llamada «toreo al alimón», en que dos toreros hurtan su cuerpo al toro cogidos de la misma capa.

N.— Federico y yo, amarrados por un alambre eléctrico, vamos a parear y a responder esta recepción muy decisiva.

L.— Es costumbre en estas reuniones que los poetas muestren su palabra viva, plata o madera, y saluden con su voz propia a sus compañeros y amigos.

N.— Pero nosotros vamos a establecer entre vosotros un muerto, un comensal viudo, oscuro en las tinieblas de una muerte más grande que otras muertes, viudo de la vida, de quien fuera en su hora marido deslumbrante. Nos vamos a esconder bajo su sombra ardiendo, vamos a repetir su nombre hasta que su poder salte del olvido.

L.— Nosotros vamos, después de enviar nuestro abrazo con ternura de pingüino al delicado poeta Amado Villar, vamos a lanzar un gran nombre sobre el mantel, en la seguridad de que se han de romper las copas, han de saltar los tenedores,

---

* Federico García Lorca y Pablo Neruda lo pronunciaron el 20 de noviembre de 1933 en el Pen Club de Buenos Aires, y fue publicado el 30 de diciembre de 1934 en el diario *El Sol*, Madrid.

buscando el ojo que ellos ansían, y un golpe de mar ha de manchar los manteles. Nosotros vamos a nombrar al poeta de América y de España: Rubén...

N.— Darío. Porque, señoras...

L.— y señores...

N.— ¿Dónde está, en Buenos Aires, la plaza de Rubén Darío?

L.— ¿Dónde está la estatua de Rubén Darío?

N.— Él amaba los parques: ¿dónde está el parque Rubén Darío?

L.— ¿Dónde está la tienda de rosas de Rubén Darío?

N.— ¿Dónde está el manzano y las manzanas de Rubén Darío?

L.— ¿Dónde está la mano cortada de Rubén Darío?

N.— ¿Dónde está el aceite, la resina, el cisne de Rubén Darío?

L.— Rubén Darío duerme en su «Nicaragua natal» bajo su espantoso león de marmolina, como esos leones que los ricos ponen en los portales de sus casas.

N.— Un león de botica, a él, fundador de leones, un león sin estrellas a quien dedicaba estrellas.

L.— Dio el rumor de la selva con un adjetivo, y como fray Luis de Granada, jefe de idioma, hizo signos estelares con el limón, y la pata de ciervo, y los moluscos llenos de terror e infinito; nos puso el mar con fragatas y sombras en las niñas de nuestros ojos y construyó un enorme paseo de gin sobre la tarde más gris que ha tenido el cielo, y saludó de tú a tú al ábrego oscuro, todo pecho, como un poeta romántico, y puso la mano sobre el capitel corintio con una duda irónica y triste, de todas las épocas.

N.— Merece su nombre rojo recordarlo en sus direcciones esenciales con sus terribles dolores del corazón, su incertidumbre incandescente, su descenso a los hospitales del infierno, su subida a los castillos de la fama, sus atributos de poeta grande, desde entonces y para siempre e imprescindible.

L.— Como poeta español, enseñó en España a los viejos maestros y a los niños, con un sentido de universalidad y de generosidad que hace falta en los poetas actuales. Enseñó a Valle-Inclán y a Juan Ramón Jiménez, y a los hermanos Machado, y su voz fue agua y salitre en el surco del venerable idioma. Desde Rodrigo Caro a los Argensolas o don Juan de Arguijo no había tenido el español fiestas de palabras, choques de consonantes, luces y formas como en Rubén Darío. Desde el paisaje de Velázquez a la hoguera de Goya y desde la melancolía de Quevedo al culo color manzana de las payesas mallorquinas, Darío paseó la tierra de España como su propia tierra.

N.— Lo trajo a Chile una marea, el mar caliente del norte, y lo dejó allí el mar, abandonado en costa dura y dentada, y el océano lo golpeaba con espumas y campanas, y el viento negro de Valparaíso lo llenaba de sal sonora. Hagamos esta noche su estatua con el aire de esta sala, atravesada por el humo y la voz y por las circunstancias, y por la vida, como está su poética magnífica atravesada por sueños y sonidos.

L.— Pero sobre esta estatua de aire yo quiero poner su sangre como un ramo de coral agitado por la marea, sus nervios idénticos a la fotografía de un grupo de rayos, su cabeza de minotauro, donde la nieve gongorina es pintada por un vuelo de colibrís, sus ojos vagos y ausentes de millonario de lágrimas, y también sus defectos. Las estanterías comidas ya por los jaramagos, donde suenan vacíos de flauta, las botellas de coñac de su dramática embriaguez, y su mal gusto encantador, y sus ripios descarados que llenan de humanidad la muchedumbre de sus versos. Fuera de normas, formas y escuelas queda en pie la fecunda sustancia de su gran poesía.

N.— Federico García Lorca, español, y yo, chileno, declinamos la responsabilidad de esta noche de camaradas, hacia esa gran sombra que cantó más altamente que nosotros, y saludó con voz inusitada a la tierra argentina que pisamos.

L.— Pablo Neruda, chileno, y yo, español, coincidimos en el idioma y en el gran poeta nicaragüense, argentino, chileno y español, Rubén Darío...

N. y L.— Por cuyo homenaje y gloria levantamos nuestros vasos.

Presentación de José López Rubio y Eduardo Ugarte*
Federico García Lorca en Radio Splendid

La obra que van ustedes a oír en este escenario de aire y de humo tenue, que levanta la radio sobre ramas y techos, tiene la importancia de ser una de las primeras obras en que la juventud de España rompe con un teatro naturalista y sin sabor, donde toda idea política es rechazada y donde el público envilece su alma en una negación constante de la fantasía. Sobre un ambiente realista de comedia corriente, en el eterno *hall* del hotelito burgués, y con un lenguaje simple, estos autores, sin que el público se dé cuenta, dictan una admirable lección de poesía dramática. Cuando las gentes quieren acordar ya está la rosa abierta y tienen necesidad de contar sus pétalos o diferenciar su casta. Yo asistí al estreno y pude observar, con gran regocijo, la furia contenida de ese señor gordo que quiere patear y no puede, porque, por vez primera en su vida, le dan «no gato por liebre» sino oro por liebre, amor por liebre. No he de hacer yo la crítica de esta primera comedia estrenada en francés, en inglés y en italiano. Yo vengo aquí, al inmenso circo vacío de la radio, para presentarlos a los miles de oídos que los van a ver, y también, como buen franciscano que soy, para presentarlos a las nubes, a los pájaros y a las melancólicas ra-

* Emitido por Radio Splendid el 7 de diciembre de 1933 y reproducido al día siguiente en *Noticias Gráficas*, Buenos Aires.

mas del jacarandá que ponen morados los aires buenos de Buenos Aires.

Yo quiero que vean ustedes dos ventanas juntas: una pintada de verde. Otra cubierta de cristales.

La pintada de verde tiene una naranja, un cactus y un objeto de níquel. La cubierta de cristales no tiene nada, pero, si nos fijamos, la brisa canta sobre ella una canción que casi hace llorar.

En la ventana verde, se asoma José López Rubio. Miradlo. Tiene veintiocho años, pero parece que tiene veinte. Ojos chinescos, pelo planchado, cierto aire rubio de desconfianza. De niño fue el primero del colegio y era tan listo que decía el avemaría en cuatro segundos con asombro de sus profesores. Es de familia de ricos industriales granadinos, pero, afortunadamente para él su padre se arruinó con cierta grandeza comprando caballos y dando fiestas en el Carnaval.

¡Miradlo cómo se ríe!

Pero no creáis que esa risa ingenua es verdadera. Debajo de sus dientes de niño guarda los suyos, verdaderos colmillos retorcidos, de hombre sereno que va a las cosas con una meditada y fría inteligencia.

Lleva puesto un *pullover* rojo sin mangas y una camisa de seda norteamericana. Así quiere ver la vida. López Rubio dejó el teatro por el cine hace cuatro años y dejaría el cine por el deporte si lo hicieran campeón mundial. Le gusta dar saltos en el aire y su inteligencia domina por completo a su corazón. Es el hombre que se despide de las cosas sin nostalgia, el verdadero gran humorista que puede hacer una caricatura con el llanto de los niños. Su arte es el arte del volante del automóvil y de la raqueta de tenis, arte de gracia dominada y elegancia dirigida.

Ahora está en Hollywood dedicado al cine y allí despliega su humor poético por los divanes de raso, por los reflecto-

res, por los zapatos en forma de campánula, por la luna enter-
necedora y cursilísima del cine norteamericano. No sabemos
si volverá a España. No sabemos si las estrellas de la pantalla
le harán olvidarse de las que presididas por la Osa Mayor cubren por las noches el cielo de su pueblo natal. De todos modos yo espero una sorpresa. No por el objeto de níquel que
acaricia ahora con su mano, sino por la naranja y el cactus sediento que ven ustedes al otro lado de la ventana.

¿Qué pasa? ¿Es que Ugarte no quiere asomarse? Dígale
que no se va a asomar para las gentes ricas, ni para los empresarios que asesinan el teatro, ni para los *snobs* que hacen moda
y juego con la sangre de una idea política. Dígale que lo van a
ver los hombres que duermen por las calles cubiertos con periódicos, los obreros, los muchachos sinceros que se hacen
mal la corbata y la gente llama antipáticos, las familias que
plantan rosales en las cacerolas estropeadas.

Así ha salido a su ventana. En el cuadrado de cristal puro
hay un hombre moreno, de gran frente, con unas gafas duras
que impiden ver sus ojos: un muchacho con aire de marinero
y ademán delicadísimo. Feo si está callado. Hermoso con una
hermosura profunda si sonríe.

Eduardo Ugarte es uno de los tipos más definidos y más
bien dibujados que yo he conocido en toda mi vida.

Su serenidad y su rectitud le vienen de su abuelo materno,
el famoso Pagés, general carlista que pasaba revista militar a su
familia todas las mañanas. Su ternura contenida y su desbor-
dante capacidad de amor, de don Diego de Marsilla, el aristocrático amante de Teruel, de quien desciende en línea recta.

Su arte es un arte profundo, con rasgos de ironía tierna y
un cierto cansancio de su poca fe en los públicos actuales y en
el estado teatral de su país. Hay que animarlo y casi darle latigazos para que se decida a crear.

También estuvo en Hollywood, pero este regresó a España al día siguiente de terminar su contrato. No trajo de allí más que una amistad: la del gran Carlitos, con quien pasó melancolías gemelas y al que retrató desnudo bajo una ducha que es un verdadero llanto sobre el pobre cuerpo del gran poeta *clown*.

Eduardo Ugarte y Pagés de Marsilla, perteneciente por los cuatro costados a la más vieja nobleza española, tiene gustos, delicadezas y actitudes que revelan la tradición y el equilibrio de su casa, pero su idea y su corazón van cada día que transcurre hacia el pueblo, con ritmo más acelerado. Yo le he visto feliz en grupos de campesinos y lo veo feliz rodeado de la gente perseguida y entregada a la batalla por ideas de una justicia mejor.

Eduardo Ugarte y Pagés de Marsilla nos ha vuelto la espalda.

No quiere que hable más de él. Pero aunque él no quiera, tengo que decir que el mejor aire de renovación y las más puras ideas del teatro están cantando en su honor sobre los vidrios de su ventana.

Ya se aleja. Sus espaldas son firmes. ¿Las ven? Pueden llevar cualquier cruz. Y mientras López Rubio, artista y jugador de flores saca en este momento cintas de su frente, de su poema o de su baile, nosotros sentimos los pasos profundos de Eduardo Ugarte pegados a la tierra donde el pueblo sufre y escuchamos su voz segura que expresa a una de las más puras inteligencias de la nueva juventud de España. Las dos ventanas son dispares.

Los dos hombres son distintos. La obra que van a oír es una y como escrita por una sola mano.

Admiremos este prodigio de colaboración. Salud a todos.

Salutación a los marinos del *Juan Sebastián Elcano**

Anoche se realizó en el Avenida [de Buenos Aires] una función en honor de los marinos de la fragata española Juan Sebastián Elcano, *llegada ayer por la tarde a nuestro puerto. En un intervalo de la representación, el poeta Federico García Lorca, en nombre de los españoles residentes en nuestro país, ofreció el homenaje en las bellas palabras que van a leerse:*

La fragata española *Juan Sebastián Elcano* ha llegado al puerto de Buenos Aires trayendo en sus velas toda la vieja poesía del mar. No son extraños estos mares, dibujados por Juan de la Cosa, a su glorioso patrón, ni lo son a sus actuales marinos, que encuentran el Salud y el Adiós dichos en castellano por todas las costas del Nuevo Mundo.

Las gentes usan el pañuelo blanco para despedir y la mano tibia para saludar. Manos y pañuelos forman una guirnalda estremecida en la orilla de todos los puertos del mundo. Lo que tiene el pañuelo de pájaro que se agita por echarse a volar y lo que tiene la mano de cordialidad y silencio definitivo no lo puede tener la palabra, siempre con menos pasión expresiva que un gesto.

* Publicada el 27 de diciembre de 1933 en *Noticias Gráficas*, Buenos Aires.

Entre el pañuelo que despide y la mano que recibe está el verdadero saludo del marino, llegada y despedida al mismo tiempo, alegría y melancolía juntas en las olas oscuras y muertas, que son las que empujan las piedras del muelle. Por eso, con la palabra más simple y la más profunda emoción, doy la bienvenida, en nombre de los españoles que viven en esta hermosa República Argentina, a los marinos de la fragata *Juan Sebastián Elcano*. Salud.

Agradecimiento al público de Buenos Aires*

Presentación de *Mariana Pineda*

Es la tercera vez que mi queridísimo público de Buenos Aires me hace hablar, y yo, que como todos saben, hablo por los codos en un grupo de amigos, aquí no sé nunca qué decir. Me atrae el misterio de tanto rostro como me mira y me siento pequeño con la timidez del hombre demasiado observado.

Por eso, y suponiendo que gracias a vuestra bondad y al cariño que me habéis dispensado, no faltará esta noche ese vozarrón que clama desde las alturas con desenfado de juventud, ¡que hable!, he escrito estas líneas de agradecimiento.

Yo no sé qué agradecer más a este público, al que tanto debo y que tendrá tanta influencia en mi vida de autor.

Pero esta noche no quiero aplausos para mí: los quiero para la estupenda Lola Membrives. Yo tengo bastante con haber visto tan admirablemente representada esta obra de mi juventud, que me trae un olor de jazmín que tenía el huerto de mi casa cuando la escribía.

Esto me basta, pero las flores y los corazones los quiero para Lola. ¡Salud!

* Publicado en *Crítica*, Buenos Aires, el 13 de enero de 1934.

Discurso en el homenaje y despedida de Buenos Aires*

Fue la de ayer, en el Avenida, la velada que Lola Membrives y el público de Buenos Aires debían al poeta y dramaturgo granadino Federico García Lorca para pagarle, en parte, las noches de arte que nos brindó en tres inolvidables oportunidades.

EL HOMENAJE A LORCA

El cartel de esta fiesta en homenaje y despedida a García Lorca se componía de fragmentos de las obras que, a través de sus magníficas interpretaciones, nos brindó Lola Membrives: la tercera «estampa» de este delicioso y romancesco drama que es Mariana Pineda, *verdadera y coloreada estampa romántica del siglo pasado, que el talento de Lorca animó con música del romancillo popular cantado por frescas voces infantiles; el primer acto de esta exquisita farsa,* La zapatera prodigiosa, *que tiene el sentido de los cuentos miliunanochescos y la forma ingenua de los clásicos castellanos, la médula de las fábulas eternas y la gracia de las alegorías modernas, y el último cuadro de* Bodas de sangre, *esa recia tragedia en que, más que una ma-*

---

* Publicado en *Crítica*, Buenos Aires, el 2 de marzo de 1934.

dre a quien han asesinado un hijo, más que la tierra andaluza, sufren toda la tierra y todas las madres.

Aparte de este programa excepcional, muestra representativa del vario e inquieto ingenio de Lorca, que realzó una vez más Lola Membrives y sus compañeros de elenco, la velada tenía el extraordinario interés de que el autor, como prenda de cariño hacia el público que tan franca y espontánea acogida dispensó a su persona y a sus obras, leería dos cuadros de su obra Yerma, *tragedia que en breve será dada a conocer.*

Federico García Lorca, antes de leer dichos cuadros, pronunció un breve discurso que íntegramente transcribimos a continuación.

Helo aquí:

EL DISCURSO DEL GRAN AUTOR

Señoras y señores:

Hoy yo quisiera que este enorme teatro tuviera la intimidad de una blanca habitación íntima para leer con cierta tranquilidad dos cuadros de la tragedia *Yerma*, que será estrenada en abril por la compañía de mi querida actriz Lola Membrives, y que yo ofrezco como primicia al público de Buenos Aires en modesta prueba de cariño.

Es muy difícil leer teatro en el sitio donde toman vida real los sueños del autor; así pues, yo he de hacer un esfuerzo expresivo para que llegue a la sala algo del espíritu de la obra y pido también un poco de atención por parte de ustedes.

Los cuadros de Yerma

Voy a leer el primer cuadro de la tragedia, donde se plantea de lleno el asunto, y después el primer cuadro del segundo acto, donde yo desarrollo un coro, recibiendo la luz de normas antiguas pero eternas en el teatro trágico.

No quiero cansar en esta noche, triste para mí, de la despedida de un público al que tanto debo y que me ha dado aliento de modo decisivo. Pero mi familia me está aguardando, y yo, a pesar de ser hombre nuevo, sigo en primer lugar a los viejos afectos de mi corazón.

Le cuesta irse

De todos modos, me cuesta arrancar. «¿Cuándo se va usted?», me preguntan. Y rotundamente contesto: «El seis».

Pasan días, pasan noches y un mes y medio, pero... como dice el viejo romance, «yo permanezco...». Salto del seis al veinte, y al treinta y al uno del mes, ¡nada! Sigo aquí, como me ven ustedes. Y es... que Buenos Aires tiene algo vivo y personal; algo lleno de dramático latido, algo inconfundible y original en medio de sus mil razas que atrae al viajero y lo fascina. Para mí ha sido suave y galán, cachador y lindo, y he de mover por eso un pañuelo oscuro, de donde salga una paloma de misteriosas palabras en el instante de mi despedida.

Ahora vamos a leer. Es la primera vez que lo hago y me sabría mal dar una lata.

¡Gracias a todos y salud!; que no canse.

García Lorca ofrenda los aplausos a Lope de Vega*

Cuando, anoche, los interminables aplausos del público que abarrotaba el Teatro Comedia reclamaron la presencia de Federico García Lorca en el escenario, reconociendo en él un factor principalísimo del rotundo éxito obtenido por Eva Franco y sus compañeros de elenco, el poeta, profundamente emocionado, el poeta, que anticipadamente sabía que esa emoción impediríale hilvanar un párrafo, leyó, en medio de un respetuoso y conmovido silencio, el breve discurso que a continuación transcribimos.

Helo aquí:

LAS PALABRAS DE GARCÍA LORCA

Señoras y señores:

Yo quiero esta noche dedicar los aplausos del senado, y contando con su aprobación, a la memoria de Lope de Vega, monstruo de la naturaleza y padre del teatro. Con profundo respeto he puesto la obra, pensando que salgan a luz todas sus esencias perennes y ocultando cuidadosamente lo que sola-

---

* Publicada en *Crítica*, Buenos Aires, el 4 de marzo de 1934.

mente se entendía en su tiempo y carece ahora de virtud poética. El siglo XIX llevó su afán dogmático hasta triturar estas joyas clásicas en esas refundiciones hechas con la vista puesta en el lucimiento de un divo. El poeta actual, más libre y respetuoso, no pone de su cosecha nada y deja correr esta fuente de maravilla en todo su color antiguo. ¿Antiguo? No. En este caso, eterno.

Lope de Vega, múltiple, llega al paisaje de Shakespeare con su tragedia *El caballero de Olmedo* y abre la puerta de esta Dama Boba al aire de espejos y violines amarillos, donde respira Molière, o al aire lleno de pimienta, donde suenan los cascabeles de Goldoni.

Por eso he procurado aliviar la obra de monólogos, hasta ponerla como una muchachita puesta sobre la punta de sus pies para alcanzar una rosa muy alta. Si este juego divino de amor que jugó Félix Lope de Vega y Carpio os ha conmovido, agradecedlo a esta compañía, a cuyo frente ríe la deliciosa Eva Franco, que ha puesto esfuerzo y pasión para conseguirlo. Para mí ha sido una satisfacción trabajar con estos compañeros y con su entusiasta director, Carlos Calderón de la Barca, de una compañía nacional, en una tan españolísima obra que ha dado lugar a que el gran Manuel Fontanals realice esta poética evocación clásica que mete al espectador dentro del ambiente de la comedia.

En nombre de todos, gracias y salud.

En honor de Lola Membrives*

Es la segunda vez que tengo la satisfacción de dirigir la palabra a los actores argentinos, a quienes después de la estrecha colaboración que he tenido con un núcleo de ellos durante la creación cómica de *La niña boba*, ya considero mis amigos y camaradas.

Nos reunimos aquí esta noche en cordial homenaje a una insigne actriz, Lola Membrives, maja con abanico de fuego, y para admirar la labor de entusiasmo que una compañía argentina, con la deliciosa Eva Franco por juvenil capitana, ha puesto en ritmar el ejemplo dramático de un poeta español.

Yo no quiero hablar hoy como lírico que oye mares y árboles y tiembla con la oscuridad llena de mariposas y de insectos, ni como el poeta que sueña en su cuarto la obra dramática que después realiza, sino como un apasionado amante del teatro, como un profundo creyente de su eficacia inalterable y de su gloria futura.

No vamos a debatir la cuestión teatro o cine, que llena hoy de modo inútil, como simple torneo periodístico, las páginas de todos los periódicos del mundo, sino la cuestión del teatro

---

* Publicado en *Crítica*, Buenos Aires, el 16 de marzo de 1934. Sin embargo, seguimos a García-Posada y reproducimos, no la versión publicada, sino el manuscrito guardado en la Fundación Federico García Lorca.

teatro, sin abrir más perspectivas que las que puede dar el prestigioso telón pintado.

Cuando me hablan de la decadencia del teatro, yo pienso en los jóvenes autores dramáticos que por culpa de la organización actual de la escena dejan su mundo de sueños y hacen otra cosa, cansados de lucha; cuando me hablan de la decadencia del teatro, yo pienso en los millones de hombres que esperan en los campos y en los arrabales de las ciudades ver con sus ojos nuevos de asombro el idilio con ruiseñor de Romeo y Julieta, la panza llena de vino de Falstaff o el lamento de nuestro Segismundo luchando cara a cara con el cielo. No creo en la decadencia del teatro, como no creo en la decadencia de la pintura ni en la decadencia de la mística.

Cuando Mengs pinta con colores llenos de miedo y pinceles podridos por la adulación, llega Goya pintando con los zapatos llenos de barro, agresivamente y sin disimulo, la cara boba de la duquesa de Medinaceli que el otro había representado como Diana. Cuando los impresionistas hacen una papilla de luz con los paisajes, Cézanne levanta muros definitivos y pinta manzanas eternas donde no penetrará jamás el gusano aterido. Cuando el rumor de Mozart se hace demasiado angélico, acude como equilibrio el canto de Beethoven, demasiado humano. Cuando los dioses de Wagner hacen demasiado grande la expresión artística, llega Debussy narrando la epopeya de un lirio sobre el agua. Cuando el legado imaginativo de Calderón de la Barca se llena de monstruos idiotas en los poetastros del XVIII, llega la flauta de Moratín, deliciosa, entre cuatro paredes, y cuando Francia se encierra demasiado en sus cámaras bordadas de sedas, hay una lluvia furiosa que se llama Victor Hugo que destroza los canapés con patas de gacelas y llena de algas y puñados de arena los espejos moribundos de las consolas.

No hay decadencia, porque la decadencia es un comienzo de agonía y un presagio de muerte; hay un natural sístole y diástole en el corazón del teatro, un cambio de paisajes y de modos, pero... pero. En este teatro lleno de actores y de autores y de críticos, yo digo que lo que pasa es que existe una grave crisis de autoridad. El teatro ha perdido su autoridad, y si sigue así y nosotros dejamos que siga así, haremos que las nuevas generaciones pierdan la fe y, por tanto, el manantial de la vocación. El teatro ha perdido su autoridad porque día tras día se ha producido un grave desequilibrio entre arte y negocio. El teatro necesita dinero, y es justo y vital para su vida que sea motivo de lucro; pero hasta la mitad nada más. La otra mitad es depuración, belleza, cuido, sacrificio para un fin superior de emoción y cultura.

No estoy hablando de teatro de arte, ni de teatro de experimentación, porque este tiene que ser de pérdidas exclusivamente y no de ganancias; hablo del teatro corriente, del de todos los días, del teatro de taquilla, al que hay que exigirle un mínimum de decoro y recordarle en todo momento su función artística, su función educativa.

El público no tiene la culpa; al público se le atrae, se le engaña, se le educa y se le da, sin que él se dé cuenta, no gato por liebre, sino oro por liebre. Pero sin perder de vista que el teatro es superior al público y no inferior, como ocurre con lamentable frecuencia; y no olvidar que el actor es un noble artista que trabaja por vocación y no perderlo en repetición de obras donde se agota su entusiasmo por el modo exclusivamente comercial con que están montadas y que lo convierten en el más simple de los servidores. Y no olvidar nunca que el teatro es un arte, un gran arte, un arte que nace con el hombre que lo lleva en lo más noble de su alma y que cuando quiere expresar lo más profundo de su historia y de su ser, lo expresa representando, repitiendo actitudes físicas. El santo sacrificio de la misa es la representación teatral más perfecta que se puede ver todavía. Desde el teatro más pobre de vodevil, hasta el teatro donde se anima la tragedia, hay que repetir hasta la saciedad la palabra *arte*. Porque es triste que el único sitio donde se dice arte con sarcasmo y burla sea en los pasillos de los teatros. «Sí, pero eso es arte; a eso no va el público», se oye decir todos los días, y yo digo: ¡¡Va!! El público va con emoción a los espectáculos que considera superiores a él, a los espectáculos donde aprende, donde encuentra autoridad.

Mientras que la arquitectura y la música y la partitura y la danza y la poesía han tenido en lo que va de siglo dolor y lucha de la que han salido vencedoras (hoy existen pintura y arquitectura y música nuevas y totalmente incorporadas, populares, el teatro, por miedo de unos y otros, no ha tenido, al menos en nuestros países, la gran lucha renovadora. No han impuesto ni compañía ni autores una obra de regeneración y en vez de mirar a los ojos del público se han puesto a hacerle cosquillas en los pies. ¿Y qué ha pasado? Que el público se aburre y sale del teatro criticando, con una superioridad que no debe tener, al espectáculo, que se quedaba suplicante en el escenario repartiéndose unas tristes monedas ganadas muchas veces a costa de la dignidad profesional.

Por eso me dan tanto aliento los éxitos como el de *Mirandolina* y este de *La dama boba*, que dan autoridad al teatro y alegría a los actores, que se sienten lo que son, artistas en función de un arte que cultivan y al cual dedican su actividad de hombres.

El teatro tiene que volver por sus antiguos fueros con el respeto y la devoción que merece.

Cuando un collar de perlas pierde su oriente hay que devolverlo al agua del mar para que lo vuelva a tener. Cuando un arte necesita jugos hay que volver a buscar sus raíces para refrescarlas de nuevo y que surjan inéditas flores. El teatro necesita volver a la tierra para cobrar nuevos bríos. Hoy se inicia en todo el mundo una revisión de clásicos que resulta apasionante. París asiste con asombro a la nueva resurrección de *Coriolano*, y los italianos y los alemanes y los españoles ponen los clásicos al alcance del pueblo. Por eso, he gozado montando esta obra de Lope, como monté en España con gran éxito *Fuenteovejuna* y *El burlador*, de Tirso. Con alegría y con profundo respeto, tratando de resucitar viejas esencias y orientarme sin refundiciones odiosas hacia el modo antiguo. Vossler, el gran tratadista de Lope de Vega, lo aconseja diciendo: «Hoy no se puede representar una obra clásica íntegramente sino dándole un nuevo ritmo», y yo añado: y exaltando lo que tuvo de espectáculo en su época, es decir, con la ayuda de la danza y el canto.

Puede parecer que estas canciones y bailes que yo he puesto en *La dama boba* no están de acuerdo con el carácter de la comedia. Pero no es verdad. Todavía por premura de tiempo he puesto pocas. En el teatro español de la época se bailaba y cantaba constantemente, y de ahí nació la zarzuela española con *La púrpura de la rosa* y *El Eco y Narciso*, de Calderón de la Barca. Se mezclaban con las comedias y, en todo momento, las danzas y canciones más variadas. La zarabanda, la chacona, el bullicurcur [?], las coquillas de la cepona, el guirigay, el zampapalo, el carcañal, el potrillo, el rastreado, la danza de los cascabeles y mil más que no tenían relación directa con la obra pero que la ayudaban y levantaban su ritmo de modo eficaz. Y el resultado se ha visto aquí donde cada intervención de la música es un descanso para el espectador y un subrayado del ambiente verbal.

Así, pues, para lograr autoridad en el teatro no hay solo

que montar obras buenas, sino montarlas con un imprescindible director de escena. Esto lo deben ir sabiendo todas las compañías. Hacen falta directores de escena autorizados y documentados que transformen las obras y las interpreten con un estilo. Y yo no digo que se pongan siempre obras maestras, porque no puede ser, pero sí afirmo que, con director y entusiasmo en los intérpretes por él disciplinados, de una obra mala se sacan virtudes y efectos de obra buena. No quiero deciros esto como dómine ni con frase de persona suficiente. Creo que estoy entre entusiastas del teatro, y esto lo digo con toda modestia, sin poner cátedra, y me nace directamente del corazón.

Ahora vamos con Lope de Vega en cuyas interpretaciones pone tanta sangre esta compañía nacional, y vamos a admirar la espléndida labor de Eva Franco, fresca y justa como corresponde de su calidad de actriz.

Yo aprovecho esta oportunidad, ya que estoy con el pie en las escalerillas del barco, para saludar con todo cariño a mis compañeros los autores argentinos y a los actores para darles las gracias por sus gentilezas y desear un entusiasmo sin límites en la diaria tarea del teatro.

Despedida de Lorca al público porteño
desde Radio Stentor*

Cuando llegué a Buenos Aires, me pidieron que saludara al público desde el balcón invisible de la radio, y rehusé porque, dentro de mi carácter sencillo, encontré desorbitada la proposición. Tengo miedo siempre de ser molesto y me da rubor la popularidad adquirida siempre a costa del paisaje tranquilo de nuestra vida íntima.

Hoy yo mismo acudo a despedirme de vosotros, porque ya entre los que me escuchan hay muchos cientos de amigos míos. Yo vengo solamente a dar gracias por el interés y la cordialidad con que me habéis tratado en estos seis meses. Me voy con gran tristeza, tanta que ya tengo ganas de volver. Ahora pienso en los días de nostalgia que voy a pasar en Madrid recordando el ahora barro fresco, olor de búcaro andaluz, que tienen las orillas del río, y el deslumbramiento de la tremenda llanura donde se anega la ciudad, en una melancólica música de hierbas y balidos.

Yo sé que existe una nostalgia de la Argentina, de la cual no me veré libre y de la cual no quiero librarme porque será buena y fecunda para mi espíritu.

Adiós a todos y salud. Dios quiera que nos volvamos a

* Texto leído en Radio Stentor el 26 de marzo de 1934 y publicado en *Antena*, Buenos Aires, el 31 de marzo.

ver y desde luego yo, siempre que escriba mis nuevas obras de teatro, pensaré siempre en este país que tanto aliento me ha dado como escritor.

Hasta la vuelta.

La Barraca. En la Universidad Internacional de Santander*

Señoras y señores:

Los estudiantes universitarios de La Barraca tienen la misión de dar funciones del teatro clásico por todos los pueblos de España. Integran la agrupación estudiantes universitarios, que trabajan desinteresadamente, y esta agrupación fue creada por el maestro don Fernando de los Ríos. Los estudiantes de La Barraca tienen mucho gusto y alegría de trabajar en esta universidad y saludan a los compañeros y a los estudiantes extranjeros.

* Nota publicada en *El Cantábrico*, Santander, el 14 de agosto de 1934.

Presentación de Pablo Neruda*

Esto que yo hago ahora se llama una presentación en el protocolo convencional de conferencias y lecturas, pero yo no presento, porque a un poeta de la calidad del chileno Pablo Neruda no se le puede presentar, sino que con toda sencillez, y cobijado por mi pequeña historia de poeta, señalo, doy un suave pero profundo toque de atención.

Y digo que os dispongáis para oír a un auténtico poeta de los que tienen sus sentidos amaestrados en un mundo que no es el nuestro y que poca gente percibe. Un poeta más cerca de la muerte que de la filosofía, más cerca del dolor que de la inteligencia; más cerca de la sangre que de la tinta. Un poeta lleno de voces misteriosas que afortunadamente él mismo no sabe descifrar; de un hombre verdadero que ya sabe que el junco y la golondrina son más eternos que la mejilla dura de la estatua.

La América española nos envía constantemente poetas de diferente numen, de variadas capacidades y técnicas. Suaves poetas de trópico, de meseta, de montaña; ritmos y tonos distintos que dan al idioma español una riqueza única. Idioma ya familiar para la serpiente borracha y el delicioso pingüino almidonado. Pero no todos estos poetas tienen el tono de Amé-

* Tuvo lugar en el último trimestre de 1934, en la Facultad de Filosofía de Madrid.

347

rica. Muchos parecen peninsulares y otros acentúan en su voz ráfagas extrañas, sobre todo francesas. Pero en los grandes, no. En los grandes cruje la luz ancha, romántica, cruel, desorbitada, misteriosa de América. Bloques a punto de hundirse, poemas sostenidos sobre el abismo por un hilo de araña, sonrisa con un leve matiz de jaguar, gran mano cubierta de vello que juega delicadamente con un pañuelito de encaje. Estos poetas dan el tono descarado del gran idioma español de los americanos, tan ligado con las fuentes de nuestros clásicos; poesía que no tiene vergüenza de romper moldes, que no teme el ridículo y que se pone a llorar de pronto en mitad de la calle.

Al lado de la prodigiosa voz del siempre maestro Rubén Darío y de la extravagante, adorable, arrebatadoramente cursi y fosforescente voz de Herrera y Reissig y del gemido del uruguayo y nunca francés Conde de Lautréamont, cuyo canto llena de horror la madrugada del adolescente, la poesía de Pablo Neruda se levanta con un tono nunca igualado en América, de pasión, de ternura y sinceridad.

Se mantiene frente al mundo lleno de sincero asombro y le fallan los dos elementos con los que han vivido tantos falsos poetas, el odio y la ironía. Cuando va a castigar y levanta la espada, se encuentra de pronto con una paloma herida entre los dedos.

Yo os aconsejo oír con atención a este gran poeta y tratar de conmoveros con él cada uno a su manera. La poesía requiere una larga iniciación como cualquier deporte, pero hay en la verdadera poesía un perfume, un acento, un rasgo luminoso que todas las criaturas pueden percibir. Y ojalá os sirva para nutrir ese grano de locura que todos llevamos dentro, que muchos matan para colocarse el odioso monóculo de la pedantería libresca y sin el cual es imprudente vivir.

Presentación de *Peribáñez y el Comendador de Ocaña*, de Lope de Vega, representado por el Club Teatral Anfistora*

Señoras y señores:

No salgo yo aquí esta noche para hacer el panegírico de Lope, que llenaría una montaña con cien valles o se podría escribir sobre la morada hoja de un lirio fresco, pero nunca en unas breves líneas, sino para subrayar la acción modesta, acción llena de fe de un grupo de gentes amigas del teatro que hoy celebran la renovada gloria del más grande poeta dramático del idioma español.

Da vergüenza decirlo, pero hay que decirlo como triste verdad vergonzosa: el increíble alejamiento en que vivimos respecto de nuestros más representativos poetas, el olvido que todos tenemos de nuestro vivo, resplandeciente, inmortal teatro clásico. Los empresarios le echan la culpa al público diciendo: «No está educado; esto no gusta ahora»; el público les echa la culpa a los actores diciendo: «No saben hacer»; y los actores le echan la culpa a la fatalidad de que siempre les equivocan los papeles, o a que el traje les apretaba demasiado. Mientras tanto, todo el palpitante tesoro de un verdadero teatro nacional único en el mundo permanece en la sombra esperando siempre

* Leída el 25 de enero de 1935 en el cine Capitol de Madrid.

el día de su difusión, rodeado de las más cretinas discusiones y los proyectos más insustanciales y antipoéticos.

En la avalancha de comedias de ascensor y piso principal, comedias donde no hay ni una rosa, ni una melancólica ráfaga de llama, ni un llanto por causa verdadera, que hemos padecido durante tantos años, se ha roto la tradición con el teatro romántico que nos acercaba, a pesar de refundiciones y criterios rítmicos equivocados que la época imponía, con el magnífico teatro de ardiente expresión hispánica, desconocido o de perfil borroso para la mayoría de los españoles.

Un río de merengue y venenosa hipocresía hay ya entre ellos y nosotros, y será difícil llegar a la otra orilla porque no usamos los dos talismanes para cruzarlo sin mancharse, los dos talismanes gloriosos que ellos no olvidan nunca, los dos talismanes polos de toda creación verdadera, que son valentía y libertad. Nos hemos olvidado totalmente de que Tirso de Molina pone en escena el incesto de Thamar y Amnón con atrevimiento y crudeza que no ha tenido Gabriel d'Annunzio en su *Città morta*. No se representa nunca *El mágico prodigioso* de Calderón, tan grande como el *Fausto*, y no recordamos que este poeta ha hecho dialogar en escena a las fuentes, los aires, el pensamiento, la sombra, los días de la semana. No queremos oír las ideas revolucionarias, las terribles palabrotas, el frenesí amoroso, aquellos pechos de doña María Coronel, desnudos en medio de la escena y quemados por el hacha purificadora, que brillan como dos lunas de leche y fuego en el humanístico teatro de Lope.

Hemos olvidado el ritmo, la sabiduría, la gracia totalmente modernos del entremés de don Miguel de Cervantes.

Hemos olvidado el clima de un teatro entero y al olvidarlo se nos ha convertido en agua sucia la sangre poderosa que llevábamos en las venas.

*

Con motivo del centenario de Lope de Vega comienzan a representar obras que son como verdaderos estrenos y que se debían saber de memoria los niños de las escuelas públicas si nuestros mayores hubieran tenido y hubieran sabido darnos educación.

Los actores de este club teatral representan el *Peribáñez* con un respeto y un entusiasmo que yo me complazco en subrayar para animarles en otros ensayos. Nadie puede imaginarse los desvelos, el trabajo, la constancia que su directora, Pura Maortua de Ucelay, ha invertido en esta labor que yo he visto crecer ante mis ojos.

La obra está montada con el anacronismo necesario para acercarla a nuestra sensibilidad actual. Una recreación histórica de la época se nos perdería en las manos, sin sustancia. Aparte de que las obras siguen viviendo con las épocas y así como admitió las interpretaciones románticas hoy protestaría enérgicamente de ellas. Hemos elegido los trajes de las mujeres de Monte Hermoso y de La Alberca como expresiones populares vivas que pueden por su tradición animar con nobleza y tranquilidad la atmósfera de Lope. Hemos ido a comprarlos a estos pueblos porque ninguna modista acertaba con el estilo del pliegue y la ternura del volante, sabroso como un pan caliente.

Las pajas amarillas, los espejitos de los capotes, los corazones de pana roja, las cintas, los refajos de diez colores y los encajes gordos en la penumbra morena del seno de las campesinas actuales se hermanan de modo justo con la aceitada cabellera poética de la Casilda de Lope y con la camisa maravillosa de Peribáñez, que, llena de jazmines, trae en dorado azafate una vieja, el día antes de su boda.

Charla sobre teatro*

Queridos amigos:

Hace tiempo hice firme promesa de rechazar toda clase de homenajes, banquetes o fiestas que se hicieran a mi modesta persona; primero, por entender que cada uno de ellos pone un ladrillo sobre nuestra tumba literaria, y segundo, porque he visto que no hay cosa más desolada que el discurso frío en nuestro honor, ni momento más triste que el aplauso organizado, aunque sea de buena fe.

Además —esto en secreto—, creo que banquetes y pergaminos traen el *mal fario*, la mala suerte, sobre el hombre que los recibe; *mal fario* y mala suerte nacidos de la actitud descansada de los amigos que piensan: «Ya hemos cumplido con él». Un banquete es una reunión de gente profesional que come con nosotros y donde están, pares o nones, las gentes que nos quieren menos en la vida.

Para los poetas y dramaturgos, en vez de homenajes yo organizaría ataques y desafíos en los cuales se nos dijera gallardamente y con verdadera saña: «¿A que no tienes valor de hacer esto? ¿A que no eres capaz de expresar la angustia del

* Leída el 1 de febrero de 1935 en el Teatro Español de Madrid. Se publicó al día siguiente en *El Heraldo de Madrid*.

mar en un personaje? ¿A que no te atreves a cantar la desesperación de los soldados enemigos de la guerra?». Exigencia y lucha, con un fondo de amor severo, templan el alma del artista, que se afemina y destroza con el fácil halago. Los teatros están llenos de engañosas sirenas coronadas con rosas de invernadero, y el público está satisfecho y aplaude viendo corazones de serrín y diálogos a flor de dientes; pero el poeta dramático no debe olvidar, si quiere salvarse del olvido, los campos de rocas, mojados por el amanecer, donde sufren los labradores, y ese palomo, herido por un cazador misterioso, que agoniza entre los juncos sin que nadie escuche su gemido.

Huyendo de sirenas, felicitaciones y voces falsas, no he aceptado ningún homenaje con motivo del estreno de *Yerma*; pero he tenido la mayor alegría de mi corta vida de autor al enterarme de que la familia teatral madrileña pedía a la gran Margarita Xirgu, actriz de inmaculada historia artística, lumbrera del teatro español y admirable creadora del papel, con la compañía que tan brillantemente la secunda, una representación especial para verla.

Por lo que esto significa de curiosidad y atención para un esfuerzo noble de teatro, doy, ahora que estamos reunidos, las más rendidas, las más verdaderas gracias a todos. Yo no hablo esta noche como autor ni como poeta, ni como estudiante sencillo del rico panorama de la vida del hombre, sino como ardiente apasionado del teatro y de su acción social. El teatro es uno de los más expresivos y útiles instrumentos para la educación de un país y el barómetro que marca su grandeza o descenso. Un teatro sensible y bien orientado en todas sus ramas, desde la tragedia al vodevil, puede cambiar en pocos años la sensibilidad de un pueblo; y un teatro destrozado, donde las pezuñas sustituyen a las alas, puede achabacanar y adormecer a una nación entera. El teatro es una escuela de llanto y de risa y una tribuna libre donde los hombres pueden poner en evidencia morales viejas o equivocadas y explicar con ejemplos vivos normas eternas del corazón y el sentimiento del hombre.

Un pueblo que no ayuda y no fomenta su teatro, si no está muerto, está moribundo; como el teatro que no recoge el latido social, el latido histórico, el drama de sus gentes y el color genuino de su paisaje y de su espíritu, con risa o con lágrimas, no tiene derecho a llamarse teatro, sino sala de juego o sitio para hacer esa horrible cosa que se llama «matar el tiempo». No me refiero a nadie ni quiero herir a nadie; no hablo de la actualidad viva, sino del problema planteado sin solución.

Yo oigo todos los días, queridos amigos, hablar de la crisis del teatro, y siempre pienso que el mal no está delante de nuestros ojos, sino en lo más oscuro de la esencia; no es un mal de flor actual, o sea de obra, sino de profunda raíz, que es, en suma, un mal de organización. Mientras que actores y autores estén en manos de empresas absolutamente comerciales, libres y sin control literario ni estatal de ninguna clase, actores, autores y el teatro entero se hundirá cada día más, sin salvación posible.

El delicioso teatro ligero de revista, vodevil y comedia bufa, géneros de los que soy aficionado espectador, podría defenderse y aun salvarse; pero el teatro en verso, el género histórico, la llamada alta comedia y la espléndida zarzuela hispánica sufrirán cada día más reveses, porque son géneros que exigen mucho y donde caben las innovaciones verdaderas, y no hay autoridad ni espíritu de sacrificio para imponerlas a un público al que hay que domar con altura y contradecirlo y atacarlo en muchas ocasiones. El teatro se debe imponer al público y no el público al teatro. Para eso, autores y actores deben revestirse, a costa de sangre, de gran autoridad, porque el público de teatro es como los niños en las escuelas: adora al maestro grave y austero que exige y hace justicia, y llena de crueles agujas las sillas donde se sientan los maestros tímidos y adulones, que ni enseñan ni dejan enseñar.

Al público se le puede enseñar —conste que digo público, no pueblo—; se le puede enseñar, porque yo he visto patear a Debussy y a Ravel hace años, y he asistido después a las clamorosas ovaciones que un público popular hacía a las obras antes rechazadas. Estos autores fueron impuestos por un alto criterio de autoridad superior al del público corriente, como Wedekind en Alemania y Pirandello en Italia, y tantos otros.

Hay necesidad de hacer esto para bien del teatro y para gloria y jerarquía de los intérpretes. Hay que mantener actitudes dignas, en la seguridad de que serán recompensadas con creces. Lo contrario es temblar de miedo detrás de las bambalinas y matar las fantasías, la imaginación y la gracia del teatro, que es siempre, siempre, siempre, un arte, y será siempre un arte excelso, aunque haya habido una época en que se llamaba arte a todo lo que no gustaba, para rebajar la atmósfera, para destruir la poesía y hacer de la escena un puerto de arrebatacapas.

Arte por encima de todo. Arte nobilístico, y vosotros, queridos actores, artistas por encima de todo. Artistas de pies a cabeza, puesto que por amor y vocación habéis subido al mundo fingido y doloroso de las tablas. Artistas por ocupación y preocupación. Desde el teatro más modesto al más encumbrado se debe escribir la palabra «arte» en salas y camerinos, porque, si no, vamos a tener que poner la palabra «comercio» o alguna otra que no me atrevo a decir. Y la jerarquía, disciplina y sacrificio y amor.

A través de mi vida, si vivo, espero, queridos actores, que os encontréis conmigo y yo con vosotros. Siempre me hallaréis con el mismo encendido amor al teatro y con la moral artística del ansia de una obra y una escena cada vez mejor. Espero luchar para seguir conservando la independencia que me salva; y para calumnias, horrores y sambenitos que empiecen a colgar sobre mi cuerpo, tengo una lluvia de risas de campesino para mi uso particular.

No quiero daros una lección, porque me encuentro en condiciones de recibirlas. Mis palabras las dicta el entusiasmo y la seguridad. No soy un iluso. He pensado mucho —y con frialdad— lo que pienso, y, como buen andaluz, tengo el secreto de la frialdad porque tengo sangre antigua. Yo sé que la verdad no la tiene el que dice «hoy, hoy, hoy» comiendo su pan junto a la lumbre, sino el que serenamente mira a lo lejos la primera luz en la alborada del campo.

Yo sé que no tiene razón el que dice «Ahora mismo, ahora, ahora» con los ojos puestos en las pequeñas fauces de la taquilla, sino el que dice «Mañana, mañana» y siente llegar la nueva vida que se cierne sobre el mundo.

Presentación de Pilar López y Rafael Ortega
en la Residencia de Estudiantes*

Queridos amigos residentes:

El «largo larguero» de [José] Orbaneja os va a leer estas líneas disculpándome por no poder estar con vosotros esta noche. (Se prohíben los abucheos.)

Necesito estar en el Coliseum preparando unas canciones que estrena esta noche Lola Membrives, y ella no me deja ir porque tiene *muchos nervios*, como se dice en el argot teatral, y quiere (porque me conoce) que no me escape de su lado. Yo os prometo solemnemente —y estas cuartillas escritas por mí sirven de acta notarial— la conferencia que os tengo prometida sobre tipos y paisajes de la Residencia, donde espero pasaremos todos un buen rato de recuerdo y camaradería.

Yo quería presentaros a Pilar López y a Rafael Ortega, pero no necesitan presentación, sino que los veáis bailar. Ellos están consagrados por los medios más distintos, desde las salas populares de Sevilla, donde entienden más que en ningún sitio, hasta los escenarios de más categoría de París y de Madrid. Es una pareja extraordinaria, donde cada uno es contra-

* Texto leído el 18 de marzo de 1935 en la Residencia de Estudiantes de Madrid.

peso del otro, y fondo donde se mueven confundidos, pero nunca fundidos, en ritmo y gracia.

Pilar es como una hermosa bailarina romana de las que iban de Cádiz a la primera corte del mundo antiguo. La perfección de su estilo y la gracia perfecta de su escuela tienen sus raíces en el arte único de su maravillosa hermana la Argentinita. Es como Cádiz, arquitectura inteligente y apasionada brisa de mar.

Rafael es el gitano de sangre real por excelencia. En las palmas de sus manos y en las «pequeñas» curvas de sus pies tiene el pergamino de su aristocracia única, de su estirpe gloriosa, que ha producido gente como Rita, la prodigiosa bailaora que murió bailando, y como su tío, el ilustre malagueño —marido de Rita— que se abrochaba la camisa con diamantes cuando recibía la visita de su compadre el gran Lagartijo, y como Joselito y Rafael el Gallo, sus primos carnales en la gracia y en las venas. Nadie en el mundo mueve las manos como Rafael, ni nadie posee el sentido dionisíaco de la danza como este ilustre sevillano, honor esplendente del arte andaluz.

La hermosa muchacha Pilar, sensual y pura como corresponde a una gran bailarina que es, y el expresivo, el alegre, el patético Rafael Ortega van a bailar ante vosotros. Si yo estuviera presente, daría un olé como un clavel con clavo al primer *desplante* que tuvieran. Como no estoy, espero que olés, claveles y aplausos rodarán a los pies de esta singularísima pareja.

¡Salud, amigos!

Alocuciones argentinas*

ALOCUCIÓN PRIMERA

Queridos radioyentes de la República Argentina:

Solo por dirigiros la palabra, por voluntad de amor, he venido de mi casa de Granada a este estudio atravesando la Sierra Morena, coronada de nobilísimas encinas, entre ráfagas de plomo y pisando la Mancha de Don Quijote, donde un cielo de vino y una tierra de grandes nubes, en increíble enlace, son los dos elementos propicios para la realidad del sueño y la vida del fantasma, en el espejismo más grande de la literatura española.

Yo venía pensando en la Argentina y en Buenos Aires, llanura despoblada, llanura para nuevas alegrías, donde las hierbas forman un diminuto griterío de esperanza, llanura para el niño y la pura fuente de agua simple; yo venía pensando en la Argentina por esta otra llanura poblada de endriagos, llanura donde por vez primera la vid de Baco se hace sangre de Cristo, llanura para la osamenta del caballo por esta llanura de las lágrimas que es la Mancha de Ciudad Real.

---

* Pronunciadas en 1935 en Transradio Española, entre mayo y el otoño de 1935.

¿Qué les llevo? ¿Qué les doy a mis amigos radioyentes de la Argentina?

Cada día que pasa huyo con más angustia de lo artificioso, para entregarme a una sencillez que ansío en todos mis actos y en toda mi obra, y que me hace buscar la expresión vital con toda la mayor frescura que puedo captarla en el vuelo misterioso de la poesía y la naturaleza. Esta ansia, este deseo me lleva a huir de toda retórica fácil, de todo juego de palabras, de todo ese espantoso vacío que tienen las charlas y los discursos de banquete, donde siempre vemos llorar a ciertas gentecillas que no se conmueven con el terrible espectáculo del mundo actual y derraman sus odiosas lágrimas de cocodrilo sobre pañuelos baratos perfumados con la retórica de modistas literarios y demás reptilitos.

Yo soy un poeta y necesariamente tengo que leer versos, alegres o tristes, pero siempre compuestos humildemente, con el deseo de que cruce por ellos un rumor de sangre viva, de aire vivo, que los haga dignos de la atención de ese espectador de fe que siempre espera.

Aquí, en este estudio, ante el micrófono que ha de llevar mi voz a un hermoso país que quiero, y por el que siento el agradable y triste escozor de la nostalgia, vestido con un traje argentino y con una camisa azul comprada en la calle Esmeralda, lo más sincero, lo más vivo que puedo ofrecer a los radioyentes que tienen la amabilidad de escucharme es una escena de un poema teatral granadino que acabo de escribir.

Se titula *Doña Rosita la soltera o El lenguaje de las flores*. Es *un drama para familias*, que yo titulo, el gran drama poético de la cursilería que culmina en el novecientos con la media negra del cancán, el bis a bis, la guajira y las terribles esmeraldas de la Otero brillando como farolillos de verbena en los ojos rubios del viejo príncipe de Gales. Es el encanto de una época cuyo arte califica mi encantador amigo, el gran Salvador Dalí, de *arte comestible*, donde el merengue tiene una categoría angélica y los libros y las fachadas y los pechos enormes de las señoras se llenan de libélulas, de girasoles, de abejas, de matas de pelo que terminan en espadas, y donde los botijos son cabezas torturadas, o las cabezas, espejos fulgurantes con verdes viscosidades de medusa.

El poema empieza el año ochenta y cinco, ese año en que el aire de la Argentina está todavía turbado por las desaparecidas peinetas nacionales, inmensas como colas de pavo real, ese año ochenta y cinco de suma tristeza en España, año de hambre que imprime virtudes forzosas a mi delicada protagonista, Rosita, que se queda soltera a través de treinta otoños de espera y melancolía.

El novio de mi protagonista se marcha a Tucumán, se casa con una niña rica de esta ciudad y me deja a Rosita en Granada, con un rosario, unas macetas, el sonido de las melodiosas campanas del Albaicín y una colección de cartas amarillas impregnadas de la más tierna, de la más auténtica cursilería.

La gente de Granada habla de Tucumán y ven a través de su ignorancia geográfica un Tucumán ahogado por amarillos bosques de toronjas, con los tejados llenos de faisanes, un paisaje cubierto de nubes enormes donde la riqueza es tan grande que tiene una torre de plata donde el aire canta una canción conmovedora, mucho menos dulce todavía que el español cantado de sus muchachas.

«Para llegar a Tucumán se necesitan cinco meses; nadie vuelve de allí», dicen las criadas. «América es el castillo de irás y no volverás», comenta el botánico de la universidad, estudiando las orquídeas colombianas de Mutis. «Rosita se queda en el poyetón», dice el banderillero de la esquina.

ALOCUCIÓN SEGUNDA
[Ensayo o poema sobre el toro en España]

Señores radioyentes:

El verano con cintas rojas y rumores de oro seco cubre valles y montes de España. El aire enjuto, que teme san Juan de la Cruz porque agosta las metálicas flores de su cántico, aire expirante por cien bocas que cantó Góngora, aire que es un inmenso pecho de arena sembrado de cactus diminutos, lleva nieblas calientes desde los riscos de Pancorbo al muro blanco de Cádiz, que sorprendió el primer sueño de lord Byron. Por el norte, alguna llovizna. Las olas vienen empapadas con el gris-plata de Inglaterra. Pero calor también. Entre los verdes húmedos que quieren ser europeos y no pueden, la torre morena, las acentuadas caderas de una muchacha, el escándalo, el signo o el rastro de la personalidad hispana.

Si yo pienso ahora en la República Argentina, en esa larga antología de climas que es vuestro país, la veo como una gran mujer alegórica, oleográfica y tierna, con la frente coronada por ramas y víboras del Chaco y los pies en las azuladas nieves del sur. Mire por donde mire, el ojo soñoliento del caballo bajo la triste luna de las hierbas o el galope del amanecer entre el mar de crin o el mar de lana.

Balido, relincho y mugido suenan melancólicamente bajo la inagotable cornucopia que os vuelca sin cesar espigas y agua de oro.

Un viejo dirá que la Pampa es un sueño, un muchacho, que es un excelente campo de *football*, un poeta mirará al cielo para verla mejor.

Si vosotros pensáis en esta España desde la que hablo, pensaréis, como yo lo he hecho con vuestro país, en la forma que tiene en el mapa. Los niños saben muy bien que Francia tiene forma de cafetera, Italia, de una bota de montar, que la India tiene una trompa de elefante que empuja suavemente a Ceilán, que Suecia y Noruega forman un rizado perro que nada en el mar del frío, que Islandia es una rosa puesta en la mejilla de la esfera armilar. Los niños no, porque no han podido imaginarlo, pero los mayores sí, porque nos lo han enseñado, sabemos que España tiene la forma de la piel de un toro extendida. No adopta, como Chile, forma de serpiente anaconda, sino forma de piel de animal y de animal sacrificado. En esta estructura de símbolo geográfico está lo más hondo, rutilante, complejo del carácter español.

En mitad del verano ibérico se ve una forma negra, definida, rápida, llena de una pasión que hace estremecer a la criatura más fría, una hermosa forma que salta, a la que se mira con respeto, con miedo y, esto es lo extraordinario, con inmensa alegría, y que lleva *media luna las armas de su frente*, para usar expresión gongorina, que lleva dos cuernos agudos donde reside su potencia y su sabiduría.

En mitad del verano ibérico se oye un mugido que hace llorar a los niños de pecho y atrancar las puertas de las callecitas que bajan al Guadalquivir o que bajan al Tormes. No ha salido de establo este mugido, ni de las dulces pajas del reposo, ni de la carreta, ni de los horribles mataderos provinciales, sucios de continuas hecatombes. Este mugido sale de un circo, de un viejo templo, y atraviesa el cielo seguido por una caliente pedrea de voces humanas.

Este mugido de dolor ha salido de las frenéticas plazas de toros y expresa una comunión milenaria, una ofrenda oscura a la Venus tartesa del Rocío, viva antes que Roma y Jerusalén tuvieran murallas, un sacrificio a la dulce diosa madre de todas las vacas, reina de las ganaderías andaluzas olvidada por la civilización en las solitarias marismas de Huelva.

En mitad del verano ibérico se abren las plazas, es decir, los altares. El hombre sacrifica al bravo toro, hijo de la dulcísima vaca, diosa del amanecer que vive en el rocío. La inmensa vaca celestial, madre continuamente desangrada, pide también el holocausto del hombre y naturalmente lo tiene. Cada año caen los mejores toreros, destrozados, desgarrados por los afilados cuernos de algunos toros que cambian por un terrible momento su papel de víctimas en papel de sacrificadores. Parece como si el toro, por un instinto revelado o por secreta ley desconocida, elige al torero más heroico para llevárselo, como en las tauromaquias de Creta, a la virgen más pura y delicada.

Desde Pepe-Hillo hasta mi inolvidable Ignacio Sánchez Mejías, pasando por Espartero, Antonio Montes y Joselito, hay una cadena de muertos gloriosos, de españoles sacrificados por una religión oscura, incomprensible para casi todos, pero que constituye la llama perenne que hace posible la gentileza, la galantería, la generosidad, la bravura sin ambiciones donde se enciende el carácter inalterable de este pueblo. El español se siente de pronto arrastrado por una fuerza seria que le lleva al juego con el toro, fuerza irreflexiva que no se explica el mismo que la siente y está basada en una emoción en la que intervienen los muertos asomados en sus inmóviles barreras y contrabarreras de luz lunar.

Se dice que el torero va a la plaza por ganar dinero, posición social, gloria, aplausos, y no es verdad. El torero va a la plaza para encontrarse solo con el toro, al que tiene mucho que decir y al que teme y adora al mismo tiempo. Le gustan los aplausos y lo animan, pero él está embebido en su rito y oye y ve al público como si estuviera en otro mundo. Y, efectivamente, está. Está en un mundo de creación y de abstracción constante por el público de los toros: es el único público que no es de espectadores, sino de actores. Cada hombre torea al toro al mismo tiempo que el torero, no siguiendo el vuelo del capote, sino con otro capote imaginario y de manera distinta de la que está viendo.

Así pues, el torero es una forma sobre la que descansa el ansia distinta de miles de personas, y el toro, el único verdadero primer actor del drama.

La gana, el deseo de torear muerde en el muchacho como un gato garduño que le saltara a los ojos, mucho antes de que este sepa que el toreo es un arte exquisito, que tiene genios, épocas y escuelas. Esta gana, este deseo es la raíz de la fiesta y puede existir porque late en todos los españoles de todos los tiempos. Por eso pueden ser actores en la plaza al mismo tiempo que el torero, que es el especializado; por eso pueden encontrar natural y no milagroso el espectáculo increíble de una verónica de la escuela de Belmonte o un farol, en la misma cabeza del toro, del antiguo temple de Rafael el Gallo.

Este deseo profundo de ir al toro constituye, en gran parte de la juventud popular española, un tormento tan grande que es preferible la muerte antes que sufrirlo. Muchos jóvenes se arrojan a la plaza desde los tendidos con un trapito rojo y una caña en vez de espada, como verdaderos *ecce-homos* de la fiesta, para dar unos pases que acaban muchas veces con la muerte; o se desnudan para pasar el río y torear desnudos a la luz de la luna expuestos a las mil y una heridas de un cuerpo sin defensa; o emprenden verdaderas odiseas a través de montes y llanos siempre con el terrible deseo de una muerte hermosa o la maravilla de doblarse el cuerpo de la fiera a sus cinturas juveniles de elegidos. No hace mucho me decía un joven que se quiere dedicar a torero: «Ayer estuve solo en el campo y me entró de pronto una afición tan grande que me eché a llorar».

La *Fortis salmantina*, torre de Salamanca que se asoma al espejo del Tormes, y la Giralda de Sevilla, enjaezada como una mula de feria, torre que se mira en el Guadalquivir, son los dos minaretes bajo los cuales se desarrolla la afición al toro de los españoles. Claro que todo viene del sur: el paso-doble torero tiene en todos los casos sangre andaluza y toda escuela y ciencia taurina brotan de Sierra Morena para abajo. Pero hoy la Castilla dorada de Salamanca tiene ganaderías bravas, toros de sangre que juegan con ímpetu en las plazas de la nación. El toro de lidia es una fiera que solamente puede crecer con la hierba mágica de las marismas del Guadalquivir, río de Fernando de Herrera y de Góngora, o con las praderas del Tormes, río de Lope de Vega y fray Luis de León; que es una verdadera fiera, inservible para la agricultura, y que si se lleva a la ternura pacífica de Galicia se convierte en buey útil, a la primera generación.

Alrededor de estas dos torres insignes, teología la salmantina y canto la sevillana, se desarrolla en drama vivo esta apetencia, esta gana de toro de que os hablo, que en este instante, entre cintas rojas y rumores de oro seco, estremece valles y montes de España. Entre las campanas de la torre salmantina, empapadas de cultura universitaria renacentista, y las campanas de Sevilla, plateadas de oriente medieval, hay un rosario de pechos heridos, un zigzag de borlas de oro, de banderillas de papel, y un gigantesco toro negro, cantado y analizado ya por el gran poeta difunto Fernando Villalón, un maravilloso toro de sombra a cuyo mugido se cierran las puertas de los pueblecitos y que hace sonar clarines de muerte en los pechos de los muchachos pobres, de los muchachos aficionados que lo ansían.

En mitad del verano ibérico, esperando ver siempre nuevas corridas, me despido de los radioyentes argentinos, que me oirán ahora acariciados por las nieblas del Río de la Plata.

Nadie sabe ni se imagina la emoción simple y profunda que rodea mi corazón como una corona de flores invisibles, al saber que en estos instantes mi voz se está oyendo en América y que, sobre todo, está vibrando en Buenos Aires enredada en el gran altavoz del bar o disminuida en la pequeña radio que tienen en su cuarto el estudiante o la muchachita que hace escalas en su piano. ¡Salud, amigos!

Aquí, en Madrid, está ahora lloviendo. Llegan brisas frías del Guadarrama y la fuente de la Cibeles sigue con las ruedas paradas entre el gentío charolado de los automóviles. ¿Qué brisas, qué gentes, qué colectivos sonarán en este momento por la alegrísima calle Corrientes, sensual y rea, por la calle Florida, calle de las sonrisas y las miradas, por las románticas orillas de San Isidro oscurecidas bajo los sauces, por la inmensa Plaza del Once, que nunca se verá llena de gente? ¡Qué gritos! ¡Qué nubes! ¿Están ya abiertas las flores moradas del jacarandá? Desde la tremenda Avellaneda, llena de esqueletos, de cuchillos rotos, de camas inservibles, de balcones que dan a la muerte, Avellaneda ansiosa de flores y agua, hasta los maravillosos lagos, los hermosos eucaliptos y el encanto especialísimo de Palermo, mi nostalgia cruza con verdadero amor la inmensa ciudad de América, deteniéndose en los maravillosos elevadores de grano, en los anuncios lumínicos, en el Teatro Avenida, donde tan generosos fuisteis con mi modesta persona, en las cenas inolvidables del Smart y en la dulce neblina roja del gran río, desmayada en los árboles de la Costanera. Desde aquí busco las caras de mis amigos y sé que mi voz ha de saludar con profundo cariño a don Alfonso Danvila, gran embajador de España y admirador apasionado de la Argentina, ha de sonar con ternura en un saloncito de la calle Charcas, en un palacete de la calle Ocampo, en un apartamento de la calle Esmeralda, en las redacciones de algunos diarios siempre teñidas de amanecer, en el final de Suipacha, al pie del Espantapájaros, en la casita estilo almeriense donde comí cordero asado y canté montañesas asturianas, y ha de sonar mi voz con tono de queja, de cariño, de añoranza, de alegría, en Junín y en Colodrero y en San Martín y en Ayacucho y en todas las casas y en todos los tejados. Por el aire en forma de un ala que haga caer violetas por las chimeneas; por la calle en forma de mano cordial que salude con gozo a todos los que dicen el *che* con verdadero gusto; voz que sea un recuerdo para los que me vieron pasar y una moneda de diez centavos en los esperanzados boliches de los canillitas. Nadie sabe, Buenos Aires lejano, Buenos Aires abierto en el fondo del tallo de mi voz, el interés y la jugosa inquietud que me embargan cuando recuerdo tu trágica vitalidad, tan sentida por mí, y el aire de añoranza que mueve los árboles de mi pensamiento al recordar lo generoso, lo hidalgo, lo comprensivo que fuiste con mi mensaje de poeta, hidalguía y generosidad que ha prestigiado mi obra en el ámbito de habla castellana.

A las floristas de la Rambla de Barcelona*

A propósito de *Doña Rosita la soltera*

El domingo pasado, al acabarse en el Principal Palace la representación de Doña Rosita la soltera *dedicada a las floristas de la Rambla, García Lorca leyó, en honor a estas, las líneas siguientes:*

Señoras y señores:

Esta noche, mi hija más pequeña y más querida, Rosita la soltera, la señorita Rosita, doña Rosita, sobre el mármol y entre cipreses doña Rosa, ha querido trabajar para las simpáticas floristas de la Rambla, y soy yo quien tiene el honor de dedicar la fiesta a estas mujeres de risa franca y manos mojadas donde tiembla de cuando en cuando el diminuto rubí causado por la espina.

La rosa mudable, encerrada en la melancolía del carmen granadino, ha querido agitarse en su rama al borde del estanque para que la vean las flores de la calle más alegre del mundo. La calle donde viven juntas a la vez las cuatro estaciones del año, la única calle de la tierra que yo desearía que no se acabase nunca, rica en sonidos, abundante de brisas, hermosa de encuentros, antigua de sangre: la Rambla de Barcelona.

Como una balanza, la Rambla tiene su fiel y su equilibrio

---

* Leída en el Principal Palace de Barcelona el 22 de diciembre de 1935 y publicada en *La Publicitat* el 25 de diciembre.

en el mercado de las flores, donde la ciudad acude para cantar bautizos y bodas sobre ramos frescos de esperanza y donde acude agitando lágrimas y cintas en las coronas para sus muertos. Estos puestos de alegría entre los árboles ciudadanos son como el regalo del ramblista y su recreo, y aunque de noche aparezcan solos, casi como catafalcos de hierro, tienen un aire señor y delicado, que parece decir al noctámbulo: «Levántate mañana para vernos; nosotros somos del día». Nadie que visite Barcelona puede olvidar esta calle que las flores convierten en insospechado invernadero, ni dejarse de sorprender con la locura mozartiana de estos pájaros, que, si bien se vengan a veces del transeúnte de modo un poquito incorrecto, dan en cambio a la Rambla un aire acribillado de plata y hacen caer sobre sus amigos una lluvia adormecedora de invisibles lentejuelas que colman nuestro corazón.

Se dice, y es verdad, que ningún barcelonés puede dormir tranquilo si no ha paseado por la Rambla por lo menos una vez, y a mí me ocurre otro tanto en estos días que vivo en vuestra hermosísima ciudad. Toda la esencia de la gran Barcelona, la perenne, la insobornable, la grande, está en esta calle, que tiene un ala gótica donde se oyen claras fuentes romanas y laúdes del quince, y otra ala abigarrada, cruel, increíble donde se oyen los acordeones de todos los marineros del mundo y hay un vuelo nocturno de labios pintados y carcajadas de amanecer.

Yo también tengo que pasar todos los días por esta calle para aprender en ella cómo puede persistir el espíritu propio de una ciudad.

Amigas floristas, con el cariño con que os saludo bajo los árboles como transeúnte desconocido os saludo esta noche aquí, como poeta, y os ofrezco, con franco ademán andaluz, esta rosa de pena y palabras: es la granadina Rosita la soltera.

Salud.

Semana Santa en Granada*

El viajero sin problemas, lleno de sonrisas y gritos de loco-
motoras, va a las fallas de Valencia. El báquico, a la Semana
Santa de Sevilla. El quemado por un ansia de desnudos, a Málaga. El melancólico y el contemplativo, a Granada, a estar solo
en el aire de albahaca, musgo en sombra y trino de ruiseñor
que manan las viejas colinas junto a la hoguera de azafranes,
grises profundos y rosa de papel secante que son los muros de
la Alhambra. A estar solo. En la contemplación de un ambiente lleno de voces difíciles, en un aire que a fuerza de belleza es
casi pensamiento, en un punto neurálgico de España donde la
poesía de meseta de san Juan de la Cruz se llena de cedros, de
cinamomos, de fuentes, y se hace posible en la mística española ese aire oriental, ese ciervo vulnerado que asoma, herido
de amor, por el otero.

A estar solo, con la soledad que se desea tener en Florencia; a comprender cómo el juego de agua no es allí juego como
en Versalles, sino pasión de agua, agonía de agua.

O para estar amorosamente acompañado y ver cómo la primavera vibra por dentro de los árboles, por la piel de las deli-

---

* Publicada en *Heraldo de Madrid* el 4 de abril de 1936 y, con algunos
cambios, en *Política*, Madrid, el 5 de abril, así como en *El Defensor de
Granada* el 9 de abril de 1936.

cadas columnas de mármoles, y cómo suben por las cañadas arrojando a la nieve, que huye asustada, las bolas amarillas de los limones.

El que quiera sentir junto al aliento exterior del toro ese dulce tictac de la sangre en los labios, vaya al tumulto barroco de la universal Sevilla; el que quiera estar en una tertulia de fantasmas y hallar quizá una vieja sortija maravillosa por los paseíllos de su corazón, vaya a la interior, a la oculta Granada. Desde luego, se encontrará el viajero con la agradable sorpresa de que en Granada no hay Semana Santa. La Semana Santa no va con el carácter cristiano y antiespectacular del granadino. Cuando yo era niño, salía algunas veces el Santo Entierro; algunas veces, porque los ricos granadinos no siempre querían dar su dinero para este desfile.

Estos últimos años, con un afán exclusivamente comercial, hicieron procesiones que no iban con la seriedad, la poesía de la vieja Semana de mi niñez. Entonces era una Semana Santa de encaje, de canarios volando entre los cirios de los monumentos, de aire tibio y melancólico como si todo el día hubiera estado durmiendo sobre las gargantas opulentas de las solteronas granadinas, que pasean el Jueves Santo con el ansia del militar, del juez, del catedrático forastero que las lleve a otros sitios. Entonces toda la ciudad era como un lento tiovivo que entraba y salía de las iglesias sorprendentes de belleza, con una fantasía gemela de las grutas de la muerte y las apoteosis del teatro. Había altares sembrados de trigo, altares con cascadas, otros con pobreza y ternura de tiro al blanco: uno, todo de cañas, como un celestial gallinero de fuegos artificiales, y otro, inmenso, con la cruel púrpura, el armiño y la suntuosidad de la poesía de Calderón.

En una casa de la calle de la Colcha, que es la calle donde venden los ataúdes y las coronas de la gente pobre, se reunían los *soldaos* romanos para ensayar. Los *soldaos* no eran cofradía, como los jacarandosos *armaos* de la maravillosa Macarena. Eran gente alquilada: mozos de cuerda, betuneros, enfermos recién salidos del hospital que van a ganarse un duro. Llevaban unas barbas rojas de Schopenhauer, de gatos inflamados, de catedráticos feroces. El capitán era el técnico de marcialidad y les enseñaba a marcar el ritmo, que era así: «porón..., ¡chas!», y daban un golpe en el suelo con las lanzas, de un efecto cómico delicioso. Como muestra del ingenio popular granadino, les diré que un año no daban los *soldaos* romanos pie con bola en el ensayo, y estuvieron más de quince días golpeando furiosamente con las lanzas sin ponerse de acuerdo. Entonces el capitán, desesperado, gritó: «Basta, basta; no golpeen más, que, si siguen así, vamos a tener que llevar las lanzas en palmatorias», dicho granadinísimo que han comentado ya varias generaciones.

Yo pediría a mis paisanos que restauraran aquella Semana Santa vieja, y escondieran por buen gusto ese horripilante paso de la Santa Cena y no profanaran la Alhambra, que no es ni será jamás cristiana, con tatachín de procesiones, donde lo que creen buen gusto es cursilería, y que solo sirven para que la muchedumbre quiebre laureles, pise violetas y se orinen a cientos sobre los ilustres muros de la poesía.

Granada debe conservar para ella y para el viajero su Semana Santa interior; tan interior y tan silenciosa que yo recuerdo que el aire de la vega entraba, asombrado, por la calle de la Gracia y llegaba sin encontrar ruido ni canto hasta la fuente de la plaza Nueva.

Porque así será perfecta su primavera de nieve y podrá el viajero inteligente, con la comunicación que da la fiesta, entablar conversación con sus tipos clásicos. Con el hombre océano de Ganivet, cuyos ojos están en los secretos lirios del Darro; con el espectador de crepúsculos que sube con ansias a la azotea; con el enamorado de la sierra como forma sin que jamás se acerque a ella; con la hermosísima morena ansiosa de amor que se sienta con su madre en los jardinillos; con todo un pueblo admirable de contemplativos, que, rodeados de una belleza natural única, no esperan nada y solo saben sonreír.

El viajero poco avisado encontrará con la variación increíble de formas, de paisaje, de luz y de olor la sensación de que Granada es capital de un reino con arte y literatura propios, y hallará una curiosa mezcla de la Granada judía y la Granada morisca, aparentemente fundidas por el cristianismo, pero vivas e insobornables en su misma ignorancia.

La prodigiosa mole de la catedral, el gran sello imperial y romano de Carlos V, no evita la tiendecilla del judío que reza ante una imagen hecha con la plata del candelabro de los siete brazos, como los sepulcros de los Reyes Católicos no han evitado que la media luna salga a veces en el pecho de los más finos hijos de Granada. La lucha sigue oscura y sin expresión...; sin expresión, no, que en la colina roja de la ciudad hay dos palacios, muertos los dos: la Alhambra y el palacio de Carlos V, que sostienen el duelo a muerte que late en la conciencia del granadino actual.

Todo eso debe mirar el viajero que visite Granada, que se viste en este momento el largo traje de la primavera. Para las grandes caravanas de turistas alborotadores y amigos de *cabarets* y grandes hoteles, esos grupos frívolos que las gentes del Albaicín llaman «los tíos turistas», para esos no está abierta el alma de la ciudad.

Homenajes

Sainz de la Maza*

El jueves 20, se presentó ante el público de Granada uno de los artistas más interesantes de la juventud española, interesante por su vida y por su arte.

Es, como Lloret y Segovia, un caballero andante que con la guitarra a cuestas recorre tierras y tierras bebiéndose los paisajes y dejando los sitios por donde pasa llenos de melancólicas músicas antiguas. (El mástil de la guitarra sirve muy bien de lanza.) Este Regino Sainz de la Maza es ante todo un hombre lleno de inquietud.

¡Y es también un melancólico!

Melancólico, como todo el que quiere volar y nota que lleva los zapatos de hierro; melancólico, como el que va lleno de ilusión a la gruta de una bruja y se la encuentra decorada con muebles ingleses; melancólico, como todos los que no podemos lucir las espléndidas alas que Dios nos puso sobre los hombros.

¡Anatole France sabe muy bien esto! El ideal de Sainz de la Maza es andar, ver cosas nuevas, mudar de horizontes; por eso siente tanta admiración por Frank Wedekind, el maravilloso errante que quería saber ¡cómo está hecho el globo! y

* Publicado el 27 de mayo de 1920 en *Gaceta del Sur*, Granada.

escandalizaba a los burgueses de Alemania con sus canzonetas atrevidas, pero admirables. Este mismo afán de buscar la vida, de gozar flores nuevas y desconocidas en su camino, lo lleva en el arte a sacar de los arcones viejos, donde cubiertos de telarañas dormían quizá el sueño del olvido, a los vihuelistas españoles del siglo xvi. ¡Y esto es lo que debemos agradecer de todo corazón a Sainz de la Maza! Él nos levanta el papel de la vieja calcomanía y el siglo xvi enseña una viñeta galante. No son los cascos acerados ni la enorme espada, ni el puente levadizo lo que surge, sino unos ojos grandes y una sonrisa de amor. Vemos el hilo eterno de la pasión perderse en la niebla de los tiempos y observamos que traspasa nuestro corazón moderno y humorista. Sainz de la Maza hace el milagro con su arte.

Este gran artista de la guitarra ha sabido ponerse al lado de los que pacientemente van descubriendo y divulgando la música antigua española. ¡Es una doble obra de artista y de patriota!

Los vihuelistas españoles del siglo xvi se apoyan casi siempre en las melodías populares para sus composiciones, dándoles un desarrollo sencillo dentro de un timbre encantador e ingenuo.

Salvo algunos casos en que las melodías tienen la influencia de los trovadores franceses (la terrible influencia francesa), en los más de los casos triunfa el acento popular. Las melodías toscas y llenas de pasión que el pueblo forja son recogidas por los vihuelistas para trasladarlas a la corte donde adquieren ese acento fino y amatorio que las caracteriza. Estos admirables músicos seiscientistas que vieron nacer a la fuga y al canon, y abrieron el camino que habían de cruzar Bach y Mozart, han despertado en sus tumbas polvorientas... Un joven valiente y pasional nos hace admirar esas flores antiguas a través de un temperamento nervioso y vibrante.

La melancolía y la alegría de un Diego de Narváez y Mudarra y la tristeza oculta de aquel delicado artista Luis Milán (Miraflor) se oyen otra vez en el siglo xx español gracias a este eminente guitarrista que ha buscado con cariño los amarillentos pergaminos en las viejas bibliotecas y ha dignificado a la pobre y calumniada guitarra de una manera definitiva.

En las demás interpretaciones, Sainz de la Maza revela su temperamento nervioso y apasionado; Bach, Chopin, Sors, Tárrega, Mendelssohn, Granados, etc., son dichos de una manera justa y emocionada. A veces con demasiada pasión. ¿Por dónde dejar mejor la emoción que por esas seis venas líricas que tiene el dificilísimo instrumento?

A pesar de que este músico no es de la escuela expresionista, su manera de decir conmueve profundamente y sin artificios. Las personas que le oyeron el jueves en el Palace quedaron encantadas de su técnica y de su sencillez.

Se trata de un artista en flor.

Su granazón será estupenda.

[Homenaje a Aureliano del Castillo]*

Don Aureliano del Castillo era un caballero granadino, católico y franco, de maneras corteses y charla exquisita. Usaba capa y chambergo, conservaba el viejo aire de sus antepasados románticos y sabía penetrar sin guía por los azules y difusos laberintos del arte.

Fue poeta de emoción contenida, y gustaba de la *buena* música con un criterio moderno y amplísimo. Antes de morir estuvo recordando frases de Chopin y de Schumann, maravillosas frases llenas de luna, cinceles inefables con los cuales había tallado su fino espíritu de artista.

Ha penetrado en el Misterio con una serenidad admirable, purificado por el terrible sufrimiento de la carne y limpio de pecados.

Muerto parecía dormido.

Muchas veces hablé con don Aureliano de serios problemas estéticos y siempre pude admirar su rara sagacidad de explorador artístico y su profundo respeto por las cosas que no sentía.

El alma del rancio hidalgo español temblaba en su corazón sencillo.

* Publicado en *La Voz de Granada* el 1 de julio de 1922.

¡Ha sido una verdadera lástima! Tenía cuarenta y nueve años y un horizonte claro.

Granada pierde un caballero artista, y el periodismo andaluz, un hijo ilustre, cuya labor ha sido utilísima para el desarrollo intelectual de la región.

Yo he perdido un gran amigo, un compañero que siempre alimentó fervoroso mi llama íntima y a quien guardaré un sincero agradecimiento.

[Homenaje a José Murciano]*

[Fragmento]

«¿Las has visto?», le pregunté. «Las he visto... con el rabillo del ojo, pero las he visto.»

Me habló de las hadas toda la tarde en términos de una convicción y poesía tales que yo jamás en mi vida tendré una emoción más fuerte ni más segura.

A mí me convenció y sugestionó de tal manera que Granada ya no era para mí Granada sino una ciudad fabulosa que cambiaba de sentido y de forma cada minuto.

Yo, siempre que nos encontrábamos, le preguntaba por ellas.

«Juegan con la belleza y la transforman —me decía—. Todas las relaciones poéticas que encuentras en el campo o en la ciudad son obra de sus manos. Las hojas secas sobre el cauce, los terroncitos de tierra de formas encantadoras, los ritmos de la arena, los insectos, los pájaros.»

Era indudable que Murciano oía una voz oculta en cada persona y en cada objeto.

Un día leímos su esquela de difunto: «José Murciano y Murciano, médico de Lanjarón».

Los familiares y los amigos de la familia lloran al médico.

* García-Posada fecha este texto inacabado en 1927.

Así lo quiso la bondad de Dios porque era lo justo y lo caritativo. Muertecito gris.

El cuerpo de José Murciano está enterrado en el cementerio de [...].

Alternativa de Manuel López Banús
y Enrique Gómez Arboleya*

gallo presenta a estos dos jóvenes granadinos en su primer
número con toda alegría y esperanza. No hacen su primer pi-
nito literario. Son dos literatos auténticos, llenos de brío, sensibilidad y vocación.

MANUEL LÓPEZ BANÚS

Ya ha terminado de crecer. Es pequeñito. Lleva gafas y a veces
usa mal humor. Su prosa tiene entre muchas cualidades una
especial de simpatía. Baudelaire dejó en su niñez un rastro de
ajenjo que él ha borrado diestramente con polvos de salvade-
ra. Se opone casi siempre a todo lo que se propone y salta muy
bien sobre las sillas y los obstáculos domésticos.

Estudió para militar y colecciona las estampas de los ciga-
rrillos ingleses.

Los lectores de esta revista verán cómo su talento delicioso va enriqueciendo cada número en progresión ascendente.

* Publicado en *gallo. Revista de Granada* el 1 de febrero de 1928.

ENRIQUE GÓMEZ ARBOLEYA

Este es el niño. Resulta increíble sin haber sido jamás precoz.
Entró en las letras con el pantalón corto. Ahora ya casi es un
hombrecito. Antes de pasar la escarlatina era débil, informal,
como un pájaro sin amo. Después de la escarlatina es más sereno, más sentadito, pero su magnífica imaginación emprende *raids* de mayores riesgos. Perdió lo que tenía de flor, para
ganar en fruto jugoso aunque razonablemente no sea todavía
de su propia y única cosecha.

Es pálido. Parece que está iluminado por la luna. Y es un
castigador. En los cines y en los teatros, *castiga* a las niñas con
su gesto originalísimo entre tímido y desafiador de las miradas. Su sensibilidad tiene un temblor de infancia y nuevo día,
de lo más sugestivo que puede hallarse.

¡Salud!

[Elogio de Antonia Mercé, la Argentina]*

Señoras:

El arte de la danza es una lucha que el cuerpo sostiene con la niebla invisible que le rodea para iluminar en cada momento el perfil dominante que requiere el gráfico o arquitectura exigidos por la expresión musical. Pero si el poeta batalla con los caballos de su cerebro y el escultor se hiere los ojos con la chispa dura del alabastro, la bailarina ha de batallar con el aire que la circunda, dispuesto en todo momento a destruir su armonía, o a dibujar grandes planos vacíos donde su ritmo quede totalmente anulado.

El temblor del corazón de la bailarina ha de ser armonizado desde las puntas de sus zapatos hasta el abrir y cerrar de sus pestañas, desde el último volante de su cola al juego incesante de sus dedos. Verdadera náufraga en un campo de aire, la bailarina ha de medir líneas, silencios, zigzags y rápidas curvas, con un sexto sentido de aroma y geometría, sin equivocar nunca su terreno, como hace el torero, cuyo corazón debe estar en el cuello del toro, porque corren el mismo peligro, él de muerte, ella de oscuridad.

* Pronunciada en el Cosmopolitan Club de Nueva York, probablemente el 5 de febrero de 1930.

Llenar un plano muerto y gris con un arabesco vivo, clarísimo, estremecido, sin punto muerto, que se pueda recordar sin maraña: he aquí la lengua de la bailarina. Pues bien, nadie en el mundo ha sabido escribir en el viento dormido este arabesco de sangre y hueso como Antonia Mercé. Porque une a su intuición nativa de la danza una inteligencia rítmica y una comprensión de las formas de su cuerpo que solamente han tenido los grandes maestros de la danza española, entre los que yo coloco a Joselito, a Lagartijo y sobre todo a Belmonte, que consigue con formas mezquinas un perfil definitivo que pide a voces el plinto romano.

Esa española, enjuta, seca, nerviosa, mujer en vilo que está ahí sentada, es una heroína de su propio cuerpo; una domadora de sus deseos fáciles, que son los más sabrosos, pero ya ha conseguido el premio de la danza pura, que es la doble vista. Quiero decir que sus ojos no están en ella mientras baila, sino enfrente de ella, mirando y rigiendo sus menores movimientos al cuidado de la objetividad de sus expresiones, ayudando a mantener las ráfagas ciegas e impresionantes del instinto puro.

Y lo mismo que en el cante jondo andaluz están superados en complejidad, inteligencia y riqueza musical los viejos cantos orientales, oscuros y llenos de monotonía, en la danza española se acusa de manera más fuerte el perfume de las antiguas danzas religiosas del Oriente con toda la cultura y la serenidad y la medida del Occidente, mundo de la crítica. Pero lo maravilloso de la danza española es que en ella, como en el cante jondo, cabe la personalidad, y por lo tanto la perenne modernidad y el genio. Una bailarina actual de la India, aparte de su gracia personal humana, baila como siempre han bailado y, en general, bajo las normas de siempre. Una bailarina española o un cantaor o un torero inventan, no resucitan, crean. Crean un arte único que desaparece con cada uno y que nadie puede imitar.

Aquí quería yo llegar para señalar el arte personalísimo de la Argentina, creadora, inventora, indígena y universal. Todas las danzas clásicas de esta gran artista son su palabra única, al mismo tiempo que la palabra de su país, de mi país. España no se repite nunca y ella, siendo antiquísima, poseyendo quizá la gracia de aquellas bailarinas de Cádiz que eran ya famosas en Roma y danzaban en las fiestas imperiales, teniendo el mismo corazón nacional de aquellas espléndidas danzarinas que entusiasmaban al gentío en los dramas de Lope de Vega, baila hoy en New York con un acento propio y siempre recién nacido, inseparable de su cuerpo y que nunca más se podrá repetir.

Antonia: estas amables señoras del Cosmopolitan Club han querido que yo te salude en esta fiesta para que tu lengua nativa se oiga en el homenaje, y lo hago con el mayor cariño, porque, aunque no es buena, mi palabra al fin y al cabo es española. Por justa ley del tiempo (bendita sea esta ley) tu danza se perderá en el cielo, donde vigilan temblando las voces maestras de Silverio, de Paquirri, de Juan Breva, de los innominados cantores asturianos y las viriles gargantas de Aragón; pero tu ritmo prodigioso, tu ritmo eterno y siempre renovado irá al sitio de donde lo has cogido para venir aquí, al centro vivo donde perfil de viento, perfil de fuego y perfil de roca, hiriendo y depurándose, construye cada día la nueva inmortalidad de España.

[En homenaje a Alejandro Casona]*

El aire del mar que sopla de modo misterioso en el poema de Casona [*La sirena varada*], es un aire de mar nuevo y verdadero que refresca las eternas bambalinas del teatro. Yo brindo con alegría por el futuro de este autor y le deseo que más adelante mueva, bajo los telares y las diablas, una sirena de verdad donde se agudice la norma y la forma de su poesía. Deseo para bien del teatro y de Alejandro que *La sirena varada* sea pronto sirena alada.

* Publicado en *Inspectores de Primera Enseñanza en España. Homenaje a A. C.* (1935).

[De mar a mar]*

Homenaje al poeta Feliciano Rolán

La angustia de Feliciano Rolán nos va llenando cada vez con más intensidad, a medida que su cuerpo se va disolviendo entre los brazos definitivos de nuestra madre la tierra.

Yo he visto noticia de su muerte escrita con sangre blanca sobre las hierbas de Galicia, por donde bogarán ahora sus zapatos de poeta ahogado en niebla y apretada espuma.

De mar a mar hemos oído una voz pura cuyas últimas sílabas son ya secreto del agua. *De mar a mar* hemos visto huir un cuerpo que llevaba un tesoro para la muerte...

* Publicado en *De mar a mar. Homenaje a Feliciano Rolán*, Madrid, 1935.

[Homenaje a Luis Cernuda]*

Salud. No vengo yo en este momento a esta mesa como amigo de Luis Cernuda, ni amigo vuestro, ni a ofrecer este banquete para cumplir un rito gastado ya en tantas farsas con discursitos decorados con envidias cubiertas de veneno y lágrimas de cocodrilo. No vengo tampoco dispuesto a que mi voz se la lleve el aire para recibir, en cambio, como tantas veces, una bandeja de aplausos coronada por un «muy interesante» de merengue. Yo vengo para saludar con reverencia y entusiasmo a mi «capillita» de poetas, quizá la mejor capilla poética de Europa, y lanzar un vítor de fe en honor del gran poeta del misterio, delicadísimo poeta Luis Cernuda, para quien hay que hacer otra vez, desde el siglo XVII, la palabra divino, y a quien hay que entregar otra vez agua, junco y penumbra para su increíble cisne renovado.

No me equivoco. Lo que voy a decir es verdad y está en la conciencia de toda persona sensible. La aparición del libro *La realidad y el deseo* es una efeméride importantísima en la gloria y el paisaje de la literatura española. No me equivoco, porque para decir esto aquí yo he luchado a brazo partido con el libro, leyéndolo sin gana al acostarme, al levantarme; leyén-

* Publicado el 21 de abril de 1936 en *El Sol*.

dolo con dolor de cabeza, sacando ese poquito de odio que sentimos todos contra autores de obras perfectas; pero ha sido inútil. *La realidad y el deseo* me ha vencido con su perfección sin mácula, con su amorosa agonía encadenada, con su ira y sus piedras de sombra. Libro delicado y terrible al mismo tiempo; como un clave pálido que manara hilos de sangre por el temblor de cada cuerda. No habrá escritor en España, de la clase que sea, si es realmente escritor, manejador de palabras, que no quede admirado del encanto y refinamiento con que Luis Cernuda une los vocablos para crear su mundo poético propio; nadie que no se sorprenda de su efusiva lírica gemela de Bécquer y de su capacidad de mito, de transformación de elementos que surgen en el bellísimo poema «El joven marino» con la misma fuerza que en nuestros mejores poetas clásicos. Entre todas las voces de la actual poesía, llama y muerte en Aleixandre, ala inmensa en Alberti, lirio tierno en Moreno Villa, torrente andino en Pablo Neruda, voz doméstica entrañable en Salinas, agua oscura de gruta en Guillén, ternura y llanto en Altolaguirre, por citar poetas distintos, la voz de Luis Cernuda erguida suena original, sin alambradas ni fosos para defender su turbadora sinceridad y belleza.

La pluma que dibujó los primorosos mapas de los árabes, la que inventó clavellinas y negras mariposas en las cintas de los niños muertos, la pluma que ha escrito con sangre una carta de amor sobre la que después se ha escupido, la que ha copiado con temblor un torso de Apolo en la agonía de los institutos, pluma de pena y frenesí de rocío, es la que ha sostenido entre sus dedos Luis Cernuda mientras oía la voz que dictaba su *Realidad y el deseo*.

Desde que el poeta canta en 1924:

Va la brisa reciente
por el espacio esbelta
y en las hojas, cantando,
abre una primavera.

empieza un duelo con su tristeza, con su tristeza de sevillano profundo, duelo elegantísimo, con espadín de oro y careta de narciso; pero con miedo y sin esperanza, porque el poeta cree en la muerte total. Este duelo sin esperanza de paraíso, que hace que el poeta quiera fijar eternamente los hombros desnudos de un navegante o una momentánea cabellera, anima todas sus páginas, hasta que al fin cae victoriosamente rendido:

Fortalecido estoy contra tu pecho
y augusta piedra fría,
bajo tus ojos crepusculares,
¡oh madre inmortal!

en el grave himno de la «Tristeza», uno de los últimos de *La realidad y el deseo*.

No es hora de que yo estudie el libro de Luis Cernuda, pero sí es la hora de que lo cante. De que cante su espera inútil, su impiedad, y su llanto, y su desvío, expresados en norma, en frialdad, en línea de luz, en arpa.

No me equivoco. No nos equivocamos. Saludemos con fe a Luis Cernuda. Saludemos a *La realidad y el deseo* como uno de los mejores libros de la poesía actual de España.

Apuntes y fragmentos

Apuntes para la conferencia sobre las hadas[*]

Las hadas son pequeñas. Las que yo he visto, como las sirenas, acaban de irse.

Juan Ramón

Los hongos (Diccionario enciclopédico)
La cabaña, la niña perdida.
Los dulces y las hadas.
Dulces preferidos por las hadas.
Fonética de la palabra *hada*.
En el hada en las cocinas.
Los cinco dedos de la mano.

—La música de las hadas—

Demostración de la existencia de las hadas y medios de acercarse a ellas.

La moda en las hadas.
Pájaros, fuentes y ramas.

[*] García-Posada fecha estos apuntes en 1928-1929. En nuestro Apéndice publicamos una reproducción de la hoja original depositada en la Fundación Federico García Lorca.

Las ranas y los peces.
El cuento de niños y sus hadas.
Las hadas en Inglaterra.
Las hadas en España.
Hadas de nieve y hadas y [*sic*] de sol.
El prestidigitador y las hadas.
Lecciones de cosas.
Condiciones de humedad para su existencia.
En las flores no hay jamás hadas.
El odio que las hadas tienen a las flores.

[Escala del aire]*

Los paisajes donde la poesía se mueve y transforma, fondos o primeros términos, están apoyados en los cuatro elementos de la naturaleza: agua, aire, tierra y fuego. De ellos parten infinitas escalas y gradaciones que llevan al número, a la luna, al cielo desierto o a la pura luz imaginada. Cuatro mundos distintos y enemigos. Cuatro estéticas acabadas, de belleza idéntica, pero de expresiones irreconciliables. Se puede agrupar a los poetas por el elemento natural que aman o prefieren, y se puede medir su valor por el dominio con que lo expresan o su capacidad respiratoria de buceadores. Poned en el circo donde se resuelven las cuestiones con la sangre o espíritu a un elemento de la naturaleza y un poeta, y observad la dramática lucha de lo que no tiene medida dentro de lo humano y lo que es ritmo, límite, amor ceñido. El elemento tiende a borrar, a dormir, a engañar con fronteras que no posee. El poeta tiende a concentrar, a inventar, a imponer leyes imposibles que después serán las verdaderas cuando el elemento vencido lama sus manos con lengua de fuego, de aire, de agua o de roca. Diariamente verifica el poeta con la naturaleza la misma lucha que, por amor de límite

* Lo publicó por primera vez Christopher Maurer en *Federico García Lorca escribe a su familia desde Nueva York y La Habana (1929-1930)*, revista *Poesía*, 23 y 24 (1986), Madrid, Ministerio de Cultura.

y seguridad de vida inacabable, realizan los pueblos y han realizado siglo a siglo. El elemento permanece impasible, como ajeno al hombre, desplegando sus bellezas y claves con el impudor casto de lo que no tiene corrientes de sangre.

El poeta, solo con el mecanismo del amor, y no llevando su imaginación más allá de la escala lógica de sus proporciones físicas, ha de quedar, herir, dominar la belleza invisible que lo rodea por medio de su interpretación, o sea, por su proyección sobre el elemento.

Se ha de decir: nadie quería asomarse al mar. Un niño quiso mojar sus pies, y esta mañana ha devuelto el mar su cadáver. La gente que sabe no se acerca, y los que no saben huyen hasta escapar del ámbito de su ruido. Pero el poeta se ha metido hasta la cintura y, luchando toda la noche, ha descubierto que el mar es un gran caballo. Ahí están en medio de la plaza para el que quiera verlos. Y yo añado: exacto. Lo que parece imposible será posible por la necesidad, por el ansia de armonía y de claridad que animan a la inteligencia y al espíritu del hombre. Lo que es invención y chispa momentánea será después norma y arquitectura de piedra.

El hombre no ha podido dormir tranquilamente hasta que los primeros mitos tuvieron forma definitiva, hasta que la piel de tortuga y elefante del Apolo prehistórico no se convirtió en la renovada y pura [...] que daba su frescor al laurel griego, como no pudo surcar el mar, a pesar de tener inventadas las naves, hasta que el poeta dibujó, creó las inefables criaturas que lo pueblan, y dio latido y músculo a los que dirigían el sentido de las olas.

Basta enunciar una verdad, herir su clave, arrancar su máscara, para que esta tome cuerpo y vida ante nuestros ojos. Porque no vienen las verdades a buscarnos a nosotros, sino nosotros somos los que tenemos que luchar con las verdades.

Apuntes para la conferencia «La Virgen en Alfonso X el Sabio y en Gonzalo de Berceo»*

—Berceo—

Cruzáronse romeos para ir a ultramar
saludar el sepulcro, la vera cruz orar.

Ovieron vientos bonos luego de la entrada,
oraje muy sabroso, toda la mar pagada;
avién gran alegría la alegre mesnada,
en tal tiempo aína, avrién la mar pesada.

—El náufrago salvado— XXII
La imagen respetada (fuego magníficamente narrado)

*

y hay paisaje (introducción del libro)

—Cid —no hay luna ni viento.
Hay alboradas constantes y sol y paisajes espléndidos.
    Únicos en la poesía castellana —
—Encinar de Corpes— Ciudades a lo lejos, etc.

* Lorca habló de este proyecto en una de sus cartas desde Nueva York a su familia, en septiembre de 1929. Lo publicó por primera vez García-Posada, *op. cit.*